워킹 데드 해방일지

위킹 데드 해방일지

퇴사욕구와 인정욕구 사이에서 좀비화한
요즘 직장인을 위한 일 철학

시몬 스톨조프 지음
노태복 옮김

웅진 지식하우스

일 너머에도 삶이 있다는 모범을 보여주신

나의 부모님께

삶을 일의 주변에 끼워 넣는 대신 삶 안에서 일을 설계하는 방법에 대한 설득력 있는 이야기. 번아웃에 시달리는 직장인과 인류애를 잃어버린 리더들에게 경종을 울리는 책이다.

— 애덤 그랜트(펜실베이니아대학교 와튼스쿨 교수, 「싱크 어게인」 저자)

굉장하다! 이 책은 우리의 일이 우리 삶의 의미와 자아정체성과 공동체의 중심이 되어야 한다는(혹은 될 수 있다는) 생각에 대한 흥미롭고 통찰력 있는 도전이다. 책 속의 실제 이야기들은 독자들로 하여금 우리가 일을 제자리에 되돌려놓음으로써 더욱 효과적으로 일하고 풍요로운 삶을 누릴 수 있을 것이라는 해방감을 안겨준다.

— 올리버 버크먼(《가디언》지 기자, 「4000주」 저자)

'일' 관련 컨퍼런스에서 발표를 한 적이 있다(글쎄, 발표 제목이 '일 잘하는 척 하는 법'이었다). 발표 후 사회자가 "명수님에게 일이란 무엇인가요?" 하고 묻길래 거의 뜸 들이지 않고 "재미없는 것을 재미있게 하는 거요"라고 내뱉었다. 20여 년 동안 9곳의 회사를 다니며 스스로에게 '뭘 위해 일을 하는가?'라는 질문을 숱하게 던지면서 얻은 여러 답들 중 하나였는데, 나름 당당한 고백이긴 했으나 누군가에겐 재수 없는 과시적 멘트일 수 있으리라(고백하자면 몇 군데 회사는 정말 재미없고 끔찍했다. 의미는 늘 사후에 벌어지는 창작에 가깝다).『워킹 데드 해방일지』를 좀 더 일찍 만났더라면 아마 다르게 대답을 했을 것 같다.

이 책은 내가 자랑스러워하던 일의 정의를 더 널따랗게 벌려서 생각지 못했던 다른 이면을 보게 해준다. 예를 들면 자신의 '일'을 '미션'으로 삼아 거룩하게 여기는 나 같은 부류가 보다 편안한 마음으로 온갖 잡다한 일들을 '잡다하고 지질하네, 하하' 하며 그 자체로 넉넉하게 바라볼 수 있도록 안내해주는 식이다. 극단으로 치우쳤다가 균형점을 찾아나가는 다양한 사람들이 직접 증언하는데 믿어야지 별수 있겠나. 당분간은 누군가 일의 의미를 물으면 이렇게 대답할 것이다. "일은 재미있을 수도, 재미없을 수도 있지만 일에 의미를 과도하게 부여하다가는 일이 없을 때 재미도 없는 사람이 됩니다."

— 한명수(우아한형제들 CCO, 『말랑말랑 생각법』 저자)

일은 중요하다. 그런데 일이 너무나 중요한 나머지, 때로는 나 자신보다 더 중요하게 느껴질 때조차 있다. 일이 자신의 일부가 아니라 일이야말로 곧 자기 자신이라고 생각하는 독자라면 『워킹 데드 해방일지』에 빠져들지 않을 도리가 없을 것이다. 일은 일이고 나는 나고 여가는 여가라고 말하면서도 삶의 희로애락 많은 부분이 일과 관련되어 있음을 알았을 때 번아웃을 경험한 나로서는, 이 책이 들려주는 이 시대의 '일중심주의'라는 화두가 나의 것이라고 느꼈다. 또한 나의 친구들의 것이라고도. 신 대신 일에 의지하는 시대를 살아가는 모두에게 권한다.

— 이다혜(《씨네21》 기자, 『출근길의 주문』 저자)

친숙하면서도 놀라운 사람들의 이야기로 가득한 책이다. 이 신선하고 자극적인 책은 여러분이 일에 대해 생각하는 방식을 바꾸게 만들 것이다.

— 앤 헬렌 피터슨(『요즘 애들』 저자)

시몬 스톨조프는 우리의 일이 '잘' 사는 삶에 기여하는 많은 요소들 중 하나가 되어도 괜찮다고 말하면서, 일을 미화하거나 악마화하려는 현대의 충동에 훌륭한 개선책을 제공한다.

— 칼 뉴포트(조지타운대학교 부교수, 『열정의 배신』 저자)

이 책을 읽기 시작하면 도저히 멈출 수 없다. 오늘날의 직장 문화에 대한 날카로운 분석과 함께 노동자로서 생산성에서 의미를 분리하려고 노력한 사람들의 생생한 이야기로 가득하기 때문이다. 이 책을 통해 내 자신을 돌아보며 깜짝 놀랐다. 당신도 그럴 것이다.

— 바우히니 바라(『불멸의 왕 라오The Immortal King Rao』 저자)

이 책은 우리의 일이 곧 우리 자신이 아니라는 사실을 철저하게 파헤쳐, 우리에게 너무나도 필요한 깨우침을 준다. 스톨조프는 왜 현대 세계가 워키즘의 주문에 쉽게 빠지는지, 그 손아귀에서 스스로를 꺼내려면 어떻게 해야 하는지 보여준다.

— 리즈 포슬린(마케팅 컨설턴트, 『노 하드 필링스』 공저자)

이 책을 읽어라. 그리고 스스로에게 좋은 직업으로 멋진 삶을 설계할 기회를 주어라.

스톨조프는 르포와 연구, 문화 비평의 현란한 혼합을 통해 우리의 직업이 우리의 정체성을 추월해버린 여러 방식들을 탐구하고, 보다 건전하고 인간적으로 일과 삶의 균형을 회복하는 길을 보여준다. 나는 이 책을 꼭꼭 씹어 삼켰고, 그 결과 더 좋게 바뀌었다.

스톨조프의 촌철살인 발언들은 우리의 기업 문화를 완전히 무너뜨린다. 일 중독자들이라면 이를 직접 확인해봐야 한다.

만약 당신의 삶과 정체성에서 일이 얼마나 많은 부분을 차지하는지 고민하고 있다면, 이 책이 신선한 출발점이 될 것이다.

"지족자부知足者富,
만족할 줄 아는 사람이 부자다."

– 노자

일은 어쩌다 직업 이상의 의미를 갖게 되었나

한 사업가가 작은 어촌의 해변에 앉아 있는데, 갓 잡은 물고기를 들고서 뭍으로 다가오는 어부가 보였다. 싱싱하고 큼직한 물고기에 놀란 사업가는 어부에게 그것을 잡는 데 얼마나 걸렸는지 물었다.

"아, 그냥 잠깐요." 어부가 답했다.

"그럼 낚시를 더 오래 해서 더 많이 잡지 그러세요?" 사업가가 다시 물었다.

"이것만 있으면 되거든요."

"흠, 그래요? 선생님께선 보통 뭘 하면서 하루를 보내시나요?"

"늦게까지 자다 일어나서 물고기를 몇 마리 잡고, 아이들과 놀다가 아내와 낮잠을 한숨 자요. 그러고 나서 동네 친구들과 와인을 마시고 기타도 치죠."

어부의 대답에 사업가는 혀를 끌끌 차더니 자신이 MBA 출신 사업가라며, 만약 자기가 알려주는 대로 따르겠다면 어부가 사업을 키우도록 도와주겠다고 말했다.

"선생님은 더 큰 배를 살 수 있을 겁니다. 그 배로 더 많은 물고기를 잡아서 더 큰돈을 벌면 통조림 공장을 직접 운영할 수도 있고요."

"그러고 나면요?" 어부가 물었다.

"그다음엔 도시로 나가서 유통 센터를 차릴 수 있죠."

"그러고 나면요?"

"그다음엔 사업을 국제적으로 확장할 수 있고, 최종적으로는 회사를 상장시킬 수 있겠죠. 때를 잘 만난다면 회사 지분을 팔아서 엄청난 부자가 될 수도 있고요!"

"그러고 나면요?"

"음……. 그다음엔 작은 어촌으로 가서, 늦게까지 자다 일어나서 물고기를 몇 마리 잡고, 아이들과 놀다가 아내와 낮잠을 한숨 잘 수 있죠. 동네 친구들과 와인을 마시고 기타도 치고요."

그 말을 듣자 어부는 사업가에게 빙긋 웃음을 짓더니 유유히 해변을 떠났다.

"당신은 뭘 하는 사람입니까?"

내가 좋아하는 이 이야기는 1963년에 발표된 이후 번역되어 널리 읽힌 독일의 단편소설을 각색한 내용이다.[1] 그런 데 이야기에 등장하는 사업가의 일 가치관에는 아주 미국적인 데가 있다. "나는 생산한다. 고로 나는 존재한다"라는 모토가 깊숙이 배어 있기 때문이다.

미국인들은 낯선 사람과 만나면 으레 "뭘 하십니까What do you do?"라는 질문부터 건넨다. 나는 언젠가 한 호스텔에서 만난 칠레 남자에게 이 질문을 한 적이 있다. 그러자 그는 마치 은행계좌 잔고를 알려달라는 질문을 받기라도 한 표정으로, "하는 일 말인가요?"라고 되물었다. 물론 우리는 살면서 온갖 활동을 한다. 하지만 미국에서는 어떤 사람이 누군지가 '돈을 어떻게 버는지'로 결정된다. 생계가 삶 그 자체가 되어버렸다.

퓨 리서치 센터Pew Research Center의 여론조사관들이 미국인을 대상으로 인생의 의미가 무엇인지 물었더니, 직업이라고 답한 사람들이 배우자라고 대답한 사람들보다 2배 남짓 많았다.[2,3] 일은 신앙과 친구보다 더 강력한 의미의 원천이었다. 또 다른 연구에 의하면, 미국의 십대 중 95퍼센트(무려 십대다!)는 마음에 드는 경력이나 직업 갖기를 '성인으로서 지극히 또는 매우 중요한' 우선순위에 올렸다.[4] 성취감을 느끼는 직업은 돈 벌기와 어려운 사람 돕기 등보다 더 높은 위치를 차지했다.

그런데 일에 대한 집착은 미국만의 문제가 아니다. 점점 더 국제화되어가는 세계에서 '바쁘게 일하기'는 국경을 가리지 않고 성행하고 있다. 일 문화와 관리 체계는 빅맥과 리바이스 청바지만큼이나 대표적인 미국의 문화 수출품이다.[5] 미국인이 일과 맺는 관계에서 엿보이는 여러 경향과 사례가 다른 나라 사람들(특히 소득이 아주 높은 사람들)에게서도 흔히 나타난다는 걸 이 책을 읽는 여러분은 잘 알고 있을 것이다.

화이트칼라 전문직 종사자들 사이에서는 직업이 종교적 정체성과 비슷해졌다. 그들에게 직업은 급여와 더불어 삶의 의미, 공동체, 나아가 목적의식까지 부여한다. 《애틀랜틱》의 기자 데릭 톰슨Derek Thompson은 이 새로운 현상을 가리키는 신조어로서 '워키즘Workism'을 제안했다. '일중심주의'라는 뜻이다.[6] 이를 따르는 사람인 '워키스트workist'는 종교가 있는 사람이 신앙에서 의미를 찾듯 일에서 의미를 찾는다. 데릭에 따르면, 지난 20세기 동안 일은 하기 싫은 짓에서 하나의 지위로 높아지더니 자기실현의 수단으로까지 진화했다. 이 이론을 뒷받침하는 예로 내 가족사를 소개해보려 한다.

이탈리아 사람인 나의 외할머니는 일이 당신의 정체성을 나타내리라곤 생각조차 하지 못했다. 외할아버지가 돌아가신 뒤 할머니는 다섯 자식을 먹여 살리기 위해 직업전선에 뛰어들었다. 할머니는 부츠 모양인 이탈리아의 발꿈치쯤에 있는 어느 작은 마을에 카페를 차렸고, 30년 동안 거기서 일했다. 에스프레소 기계의 수동 레버를 수없이 반복해서 잡아당긴 할머니의 팔에는 두툼한 이두박근이 자리 잡고 있었다. 그런 할머니의 정체성은 간단했다. 첫째는 신앙을 가진 여자였고, 그다음은 어머니이자 할머니이자 자매였으며, 또한 신선한 파스타를 만드는 사람이었다. 카페에서 일하는 걸 즐기고 소중하게 여겼지만, 그 일이 할머니를 규정하진 않았다.

내 어머니는 할머니의 카페가 있는 그 이탈리아 마을에서 자랐고, 지금도 어머니의 형제자매들은 모두 그곳에 산다. 만약 어머니가 예정된 길을 따랐다면 지역 대학에 갔을 테고, 어릴 적 살던 집에서 걸어갈 수 있는 거리에 있는 집을 샀을 테고, 매일 오후 한 시쯤에는 가족들과 함께 오레키에테orecchiette 파스타를 먹었을 테다(어머니의 고향에는 오후 중 몇 시간 동안 상점과 사무실의 문을 닫고 일 이외의 우선순위 활동, 이를테면 가족과 함께하기, 식사 및 휴식 등을 취하는 리포소riposo 문화가 있다).

하지만 어머니는 장학금을 받아 로마에 있는 대학으로 진학했고, 스위스로 휴가를 갔다가 귀여운 미국 남자를 만났고, 그와 함께 샌프란시스코로 건너왔다. 이후 정신분석학 석사 학위 과정을 밟았는데, 개인적 관심만큼이나 경제적 안정을 바랐기 때문이다. 어머니는 자신의 일을 사랑하지만, 일은 목적을 위한 수단이라고 여기는 편이다. 그녀가 일을 하는 건 채소 가게에서 유기농 토마

토를 사거나, 매년 여름 이탈리아로 날아가거나, 아들의 교육비를 대기 위해서다.

내 아버지도 정신과 의사인데, 아마 우리 가족 중 워키스트에 가장 가까울 것이다. 한번은 아버지에게 그가 가장 가치 있다고 여기는 자선사업이 뭔지 물은 적이 있다. 그러자 아버지는 이렇게 말했다. "나는 내가 하는 일이 일종의 자선사업이라고 본단다. 세상에 베푸는 내 나름의 방법이지." 아버지는 환자들의 이름을 기억할 수 있는 한 오래 일하고 싶어한다. 심지어 코로나 봉쇄 기간 동안에도 가능하면 진료실에 출근했다.

내 가족사는 이 책의 중심 주제 몇 가지를 짚어준다. 첫째, 워키즘은 다른 나라에도 존재하긴 하지만 특히 미국적인 것이다. 둘째, 워키즘은 다른 계층에도 존재하지만 특히 특권층에 흔하다. 마지막으로 워키즘은 비교적 새로운 현상으로서 조부모 세대보다 내 세대에서 더 흔하다. 워키즘이라는 현대의 이데올로기는 별개의 추구 대상 두 가지(돈과 내적 충만)를 통합하길 요구한다. 이 두 가지 추구 대상이 늘 같은 방향을 향하지 않는데도, 우리는 직업이 그 둘을 모두 만족시켜주길 바란다.[7]

군이 내 가족사를 약간 흘린 까닭은 내가 어떤 사람인지 여러분이 짐작하길 원해서다. 내 이름은 시몬이고, 나는 워키스트다. 혹은 적어도 회복 중인 워키스트다. 지금껏 나는 기자, 디자이너, 변호사, 외교관, 시인 그리고 샌프란시스코자이언츠 야구팀의 유격수가 되길 바랐다. 이런저런 경력들을 거치며 소울메이트 같은 직업, 즉 그냥 봉급을 주는 직업이 아니라 나의 정체성에 딱 맞는 직업을 찾아왔다.

그러나 이 책이 나의 회고록은 아니다. 내 정서에 맞는 주제를 다룬 책이긴 하지만, 왜 일이 나뿐만 아니라 아주 많은 사람들의 정체성의 중심에 놓이게 되었는지를 파헤치고 싶었다. 그래서 100명이 넘는 직업인들(맨해튼의 로펌 변호사부터 알래스카의 카약 투어 가이드까지, 코펜하겐의 집 안에만 틀어박힌 부모부터 캘리포니아의 패스트푸드 매장 직원까지 다종다양한 사람들)을 인터뷰해서, 앞으로 각 장에서 소개할 9명을 선별했다. 이때 주로(하지만 전적으로는 아니고) 화이트칼라 노동자들에 초점을 맞추었는데, 다음 두 가지 이유에서다.

첫째, 현재 미국은 역사와 논리를 거부하는 전국적인 흐름의 한가운데에 있다. 역사를 통틀어 부富는 노동 시간과 반비례 관계에 있었다. 즉, 더 부자일수록 덜 일한다. 일을 안 해도 먹고살 여유가 있기 때문이다. 그런데 최근의 반세기 동안 노동 시간의 증가에 가장 큰 영향을 미친 부류는 소득이 가장 많은 사람들이었다.[8] 다시 말해서, 덜 일해도 되는 사람들이 이전보다 더 일하고 있다.

둘째, 화이트칼라 노동자야말로 일을 통해 의미와 정체성을 가장 많이 추구하는 편이기 때문이다. 이 현상은 전 세계의 고소득자 모두에게 해당된다. 스웨덴부터 대한민국에 이르기까지 더 부유하고 더 많이 교육받은 사람들은 저소득자 및 대학 학위가 없는 사람들에 비해 직업을 의미의 원천이라고 여기는 비율이 2배쯤 높다.[9] 다른 이유로, 고소득자들은 조직화된 종교와 같이 삶의 의미를 가져다주는 다른 원천이 있을 가능성이 낮다.

전문직 문화에서는 일이 중심축이 되어 나머지 삶이 이 축을 기준으로 돌아가겠지만, 세계의 대다수 사람들은 자기실현을 위해 일하지 않는다. 단지 생존을 위해 일할 뿐이다. 18년 동안 한 파키스탄 식당에서 일한 요리사 함자 타스킴Hamza Taskeem은 내게 이렇게 말했다. "자기가 하는 일을 좋아하는 사람들은 축복받은 거죠. 저는 그저 먹고살려고 일한답니다."

사실 미국에서도 워키즘 '문화'에 면역된 사람들은 거의 없다. 계층을 막론하고 나와 인터뷰했던 거의 모든 이들은 자존감과 일이 긴밀하게 얽혀 있는 나라에서 사는 압박감을 토로했다. 이곳에서 자본주의는 단지 경제체제만이 아니라 사회철학이기도 하다. 사람의 가치가 생산량으로 결정된다는 철학 말이다. 미국에서 생산성은 하나의 측정값 이상의 의미를 지니는데, 한 마디로 도덕적인 선이다.

더 많이 일하게 된 사람들의 새로운 직업윤리

오늘날 미국의 워키즘을 이해하려면 어떻게 지금 상황이 되었는지 되돌아봐야 한다. 200년 전만 해도 직업을 가진 사람이 거의 없었다. 적어도 발전과 변화의 과정이라고 여겨지는 지금과 같은 의미의 직업은 없었다. 대부분의 사람들은 농부였고, 그들의 부모와 조부모도 마찬가지였다. 농부의 시간은 태양이 결정하지 사장이나 일정관리 알고리즘이 결정하지 않는다. 일의 강도는 계절의 순환주기를 따른다. 수확 철엔 바쁘고 겨울에는 한가하다. 하지만 산업혁명이 닥치면서 우리는 생산성이 더 이상 계절과 햇빛의 제약을 받지 않는 시대로 들어섰다. 19세기 중반이 되자, 공장 노동자들은 하루 10시간에서 12시간, 한 주에 6~7일씩 일했다.

오늘날 '9시에서 6시까지'는 일일 노동 시간과 거의 동의어처럼 쓰이게 되었지만, 하루 8시간 근무나 주 52시간 근무 그리고 이틀간의 주말과 같은 현대의 표준이 늘 표준이지는 않았다. 조직적인 노동운동을 통해 노동자들이 쟁취해낸 결과다. "8시간 일하고 8시간 쉬고 8시간은 하고 싶은 것 하기"는 1886년 시카고에서 열린 첫 노동절 시위의 구호였다. 이후 우리가 언제, 어떻게 그리고 왜 일하는지에 관한 관례가 표준화되긴 했지만, 그런 관례는 결코 태생적이지도 고정적이지도 않다. 이전에 협상한 결과일 뿐이며, 또 다른 협상으로 다시 바뀔 수도 있다.

일을 덜 하는 사회는 미국인의 오랜 꿈이었다. 1930년에 발표한 「우리 후손들을 위한 경제적 가능성Economic Possibilities for Our Grandchildren」에서 경제학자 존 메이너드 케인스John Maynard Keynes는 '2030년이면 일주일에 15시간만 일하게 될 것'이라는 아주 유명한 예측을 했다.[10] 그는 21세기의 가장 긴급한 문제 중 하나가 '어떻게 여가를 보내느냐'일 것이라고 여겼다. 하지만 1965년에도 미국 의회는 코앞에 닥친 주 20시간 근무제 시행을 논의하기 위해 기나긴 청문회를 열었다.[11] 심지어 2000년이 되어서도 선출직 공무원들은 노동자들에게 휴가가 너무 많이 주어져서 늘어난 여행 수요를 충족시키려면 전국의 기반시설을 점검해야 할 것이라고 우려를 표했다. 안타깝게도 5일간의 주말과 넘치는 여가 시간이라는 비전은 아직 실현되지 않았다.

거의 20세기 내내 이뤄진 노동조합의 압력과 기술 발전으로 인한 생산성 향상 덕분에 평균적인 미국인들의 노동 시간은 줄어들었다. 하지만 20세기 말 무렵이 되자 다른 선진국 사람들의 노동 시간은 계속 줄어든 반면, 미국인들은 이전보다 더 많이 일하기 시작했다. 1975년에만 해도 미국인과 독일인의 평균 노동 시간은 동일했는데, 2021년에는 미국인이 30퍼센트 더 오래 일했다.[12,13]

왜 미국인은 지독하게 많이 일하냐는 질문에 내놓을 수 있는 답은 수두룩하다. 우선 경제적 요인이 있다. 정체된 임금 때문에 예전처럼 식료품을 사려면 더 많이 일할 수밖에 없다. 정치적 요인도 있다. 1950년대에는 미국의 노동자 3명 중 1명이 노동조합 가입자였는데, 2021년에는 10명 중 1명으로 줄었다.[14] 그래서 많은 노동자들이 더 나은 조건을 요구하기 위한 단체협상력을 잃고 말았다. 여기에 이념적 요인들도 있다. 결론적으로 자본주의와 프로테스탄트 노동윤리라는 두 가닥이 결합하며 미국의 DNA를 형성하게 되었다.

또한 미국은 수십 년에 걸쳐 위의 요인들을 증폭시키는 엄청난 문화적 변화를 겪었다. 그 결과로 일이 개인의 자아실현과 의미의 원천이 되어야 한다는 인식이 커지고 있다.[15] 이를 가리켜 새로운 미국식 직업윤리라고 하자. 이 새로운 윤리는 수백만 명의 사람들이 일과 맺는 관계를 바꿔놓았다. 많은 화이트칼라 노동자들이 서로 다른 역할이나 분야, 계층에 걸쳐 여러 사람들과 더불어 일하는 노동이라기보다 개인의 열정과 정체성의 반영으로서 일을 바라보기 시작했다. 사회학자 제이미 맥컬럼Jamie K. McCallum은 저서 『과도하게 일하기Worked Over』에서 이렇게 이야기했다. "일이 더러운 것이었을 때는 덜 하는 게 나았다. 일이 의미 있어진 지금은 더 하는 게 나아졌다."[16]

일은 일일 뿐이라는 진실에 대하여

책의 원제목인 『그 정도면 괜찮은 직업The Good Enough Job』은 '그 정도면 괜찮은 양육'의 개념에서 빌려왔다. 이것은 영국의 심리학자 겸 소아과 의사 도널드 위니컷Donald Winnicott이 1950년대에 고안한 이론이다. 위니컷은 양육이 자꾸만 이상화되는 경향을 목격했다. '완벽한' 부모일수록 아기가 고통을 느끼지 않도록 최선을 다했고, 아기가 부정적인 반응을 보이기만 하면 이를 감정적으로 받아들였다.

위니컷은 부모와 아이 둘 다에게 완벽함보다는 충분함의 방식이 더 이롭다고 생각했다. 완벽한 부모와 달리 '그 정도면 괜찮은' 부모는 아기를 도와주긴 하지만, 충분한 여지를 주어 아기가 스스로 안정을 찾는 법을 배우게 한다. 그 결과 아기는 회복력을 기르고 부모는 아이의 감정에 매몰되지 않는다.

이와 비슷한 이상화 경향이 직장에서도 나타나고 있다. 이런, 나는 지금 이 글을 위워크WeWork의 한 공유 사무실에서 쓰는 중인데, 공교롭게도 이곳의 머그잔에는 "언제나 당신이 좋아하는 일을 하라"라는 문구가 커다랗게 적혀 있다. 우리가 일에 쏟는 시간이 엄청나기에, 할 일의 선택(적어도 선택의 특권이 있는 이들에게는)이야말로 가장 중차대한 결정이 아닐 수 없다. 그러니 삶의 동반자를 찾을 때와 같은 열정으로 직업을 구해야 하지 않을까?

이 질문에 간략히 답하자면, 일이 늘 충만감을 안겨주리라는 기대가 오히려 고통을 불러올 수 있다. 연구에 의하면, 일에 대한 '집착적인 열정'은 높은 비율로 번아웃과 일 관련 스트레스를 초래한다.[17] 다른 연구에서는 일본과 같은 나라들이 기록적인 저출산 문제를 겪는 주된 원인으로 일 중심으로 돌아가는 생활 방식을 꼽았다.[18] 그런가 하면 미국의 젊은 층 사이에서 우울증과 불안증을 앓는 비율이 심각하게 높아진 배경에는 직업적 성공에 대한 부풀려진 기대심리가 있다.[19] 전 세계적으로 해마다 말라리아로 사망하는 사람보다 과로 관련 증상으로 사망하는 사람이 더 많다는 통계도 있다.[20]

이러한 연구 결과들은 제쳐두더라도, 아주 높은 기대감이 실망의 원료가 된다는 건 누구나 직관적으로 알고 있다. 일이 자기실현의 길(꾸준히 우리에게 동기를 부여하고 충족감을 주는 수단)이라고 기대하면, 그보다 덜한 상태가 실패처럼 느껴질 수 있다. 아기와 마찬가지로 직업도 항상 우리 뜻대로 할 수 있진 않다. 자존감을 직업과 결부시키는 것은 위험천만한 게임과도 같다.

하지만 '일에 무관심해지기'와 같은 단순한 해법은 통하지 않는다. 보통의 사람들은 평생의 3분의 1(약 8만 시간)을 일하는 데 쓴다. 그 시간을 어떻게 쓰는지가 중요하다. 그렇다면, 관건은 의미 있는 일하기와 일 때문에 존재를 잠식당할 위험성 사이의 균형을 어떻게 맞추느냐다.

이를 위해 위니컷 박사의 지혜를 되짚어보자. 완벽함에 비해

'그 정도면 괜찮음'은 훨씬 너그러운 이상이다. 직업이 줄 수 있는 바를 낭만적으로만 보지도 않고, 그렇다고 일이란 끝없는 고역이라고 보지도 않는다. '그 정도면 괜찮음'은 충분함이 어떤 의미인지를 스스로 정하라는 권유다. 일이 여러분을 규정하게 하지 말고, 여러분과 일의 관계를 스스로 규정하라는 제안인 셈이다.

대학 졸업반일 때 평소 좋아하던 작가 겸 시인 아니스 모이가니Anis Mojgani를 인터뷰할 기회가 있었다. 당시 모이가니는 전성기였는데, 시 창작 경연대회인 내셔널 포에트리 슬램National Poetry Slam에서 연거푸 우승한 참이었다. 그는 내가 처음으로 만난 글과 공연으로 먹고사는 사람이었다. 전 세계의 대학 캠퍼스나 야외무대에서 시를 읊는 그는 운율(라임)로 대스타가 될 수 있다는 산증인이었고, 나의 직업적 우상이었다. 미지의 세계로 들어서고 싶어하는 스물두 살의 시인 지망생이었던 나는 그가 당연히 "너의 열정을 따라라" 같은 격려의 말, 그러니까 그 무렵 내게 꼭 필요했던 말을 해주겠거니 기대했다. 하지만 아니었다.

"좋아하는 일을 한다면 평생 단 하루도 노동하지 않는 것이다"라는 명언에 동의하냐고 물었을 때, 모이가니는 내가 결코 잊지 못할 대답을 했다. "일은 그냥 일일 뿐이에요. 누군가는 좋아하는 걸 일로 삼아요. 다른 누군가는 일하지 않을 때 좋아하는 걸 하기 위해 일하기도 하죠. 둘 다 거기서 거기랍니다."

특히 마지막 문장이 충격적이었다. 그때까지 나는 할 일을 찾는 것이야말로 인생의 궁극적인 사명이라고 여겼다. 작가 애니 딜러드Annie Dillard의 유명한 문장인 "하루하루를 어떻게 보내느냐가 인생을 결정한다"를 나는 '내가 선택한 일은 내가 무엇을 하는지뿐만 아니라 내가 누구인지도 결정해준다'라고 해석했다. 그런데 내가 갈망하던 직업을 가진 전업 시인을 만났더니 평범한 일을 해도 괜찮다는 게 아닌가!

최근에 알았는데, 딜러드의 그 말은 결코 분주한 문화를 옹호하는 모토 내지는 필생의 직업을 줄기차게 좇으라는 당부가 아니었다. 사실 그 문장이 속한 글의 나머지 내용을 읽어보면 딜러드의 요점은 오히려 그 반대. 그녀는 "이 시간에 하는 것과 그 시간에 하는 것, 그게 바로 우리가 하고 있는 일이다", "정신의 삶에는 필요한 게 적다. 시간은 넉넉하고 그 흐름은 달콤하다"라고 적었다.[21] '위로 오르기'가 아니라 '여기에 있기'를 요청하는 말이다.

일에 완전히 파묻힌 삶은 우리 자신의 다른 측면들을 몰아내버린다. 심리치료사 에스더 페렐Esther Perel에 의하면, 너무 많은 사람들이 자기한테 있는 최상의 것을 일에 줘버리고 그 나머지를 가정에 갖고 온다.[22] 에너지를 몽땅 직업적 삶에 쏟아버리면, 우리 각자의 내면에 존재하는 다른 정체성들(이를테면 배우자, 부모, 형제자매, 이웃, 친구, 시민, 예술가, 여행자 같은)은 성장을 위한 영양소를 얻을 수 없다.

투자자가 투자처 분산을 통해 이득을 얻듯이, 우리도 자신의 정체성과 의미를 분산하면 이득이 된다. 의미는 우리한테 부여된 것이 아니다. 우리가 창조해내는 것이다. 그리고 다른 여느 창조 행위와 마찬가지로 의미를 만들어내는 데에는 시간과 에너지가 든다. 일이 아닌 활동에 투자할 시간과 실제로 그러기 위한 에너지가 필요하다.

이 책의 구성은 이렇다. 각 장마다 미슐랭 스타를 받은 레스토랑의 셰프, 월스트리트의 은행원, 구글 주차장에 있는 밴에서 생활하는 소프트웨어 엔지니어 등등 다양한 업계의 종사자가 나온다. 이들의 이야기를 통해 우리는 현대의 일 문화를 지배하는 공통의 착각들을 하나씩 살펴볼 것이다. "가족 같은 회사"부터 "좋아하는 일을 한다면 평생 단 하루도 노동하지 않는 것이다"까지, 일터를 둘러싼 익숙한 신념들은 자세히 살펴보면 모호하고 흐릿하다.

여러분이 직업이나 일 관련 다른 책들을 읽었을지는 모르겠지만, 이 책은 실제 사람들의 이야기를 전한다는 점에서 다르다. '일과 자존감을 쉽게 분리시키는 3단계'라든가, '다음 실적 평가 때문에 잠 못 드는 삶에서 벗어나기 위한 열 가지 팁' 같은 건 어디에도 없다. 바라건대, 이 책을 교과서라기보다 거울처럼 대해주면 좋겠다. 다시 말해 이 책을 통해 여러분이 직업과 어떤 관계를 맺고 있는지 살펴보길 바란다. 이 책을 쓰면서 내가 그랬듯이 말이다. 책에 등장하는 한 명 한 명의 삶의 여정은 내가 가지고 있던 소신을 흔들었고, 덕분에 나는 인생에서 일이 맡아야 할 바람직한 역할에 대해 재정립할 수 있었다. 여러분도 그랬으면 한다.

1장부터 나올 이야기들은 일을 목적을 위한 수단으로 보기와 일 자체를 목적으로 보기 사이의 긴장(역사가 스터즈 터클Studs Terkel의 표현을 빌리자면 "매일의 빵과 더불어 매일의 의미를" 찾는 과정)을 담고 있다.[23] 일과의 관계를 정의하기는 지속적인 과정이다. 사무실에서 좀 더 일하다 갈지 아니면 주말에 이메일을 확인할지 결정할 때마다 우리가 고심하게 되는 그런 과정 말이다. 이 책은 일에서 충만감을 찾는 것에 반대하는 강령도, 일을 필요악으로 대해야 한다는 주장도 아니다. 일과 자신의 관계를 정립하기 위해 애써온 사람들의 이야기를 통해 일과의 관계를 더 건강하게 키워가기 위한 안내서다.

일과의 건강한 관계를 키워나가는 것은 일 그만두기나 뜨개질 시작하기처럼 간단하지 않다. 모두가 자신의 시간을 마음대로 쓰거나 전문직을 선택할 능력이 있지는 않다. 하지만 자신의 직업에 거는 기대만큼은 우리 뜻대로 할 수 있다. 일을 삶 위에 두기보다는 삶을 일 위에 두는 선택을 할 수 있다. 그러려면 우선 간단한 사실부터 인정해야 한다.

바로 여러분이 하는 일이 여러분 자신은 아니라는 것이다.

차례

이 책을 향한 찬사   6

들어가며 | **일은 어쩌다 직업 이상의 의미를 갖게 되었나**   13

"당신은 뭘 하는 사람입니까?" · 더 많이 일하게 된 사람들의 새로운 직업
윤리 · 일은 일일 뿐이라는 진실에 대하여

 그만큼의 가치가 있습니까?   35
　　　　　 – 내가 하는 일이 곧 나 자신이라는 착각에 관하여

인생 첫 멘토로부터 뒤통수를 맞다 · 일을 내려놓고 나서 되찾은 자신과 자
유 · 일 바깥에서 가치를 만들어내야 하는 이유

일, 새로운 종교가 되다   59
　　　　 – 직업이 삶의 바탕이자 핵심이라는 착각에 관하여

사람들은 왜 신 대신 일에 의지하게 된 걸까? · 일 숭배자들이 필연적으로
맞닥뜨릴 두려움 · 의미 있는 삶은 연봉이나 직위로 결정되지 않는다

당신의 사랑스럽고 부당한 노동 83
– 좋아서 하는 일이라는 착각에 관하여

꿈이 현실이 되면 정말 꿈만 같을까? • '신성한 노동'과 '열정페이'의 상관 관계 • 우리의 열정은 종종 부조리의 먹잇감이 된다

 일에 일상을 바치는 사람들 109
– 나의 가치가 실적으로 결정된다는 착각에 관하여

생산하는 인간과 생산'도' 하는 인간 • 당신의 정체성들을 하나의 바구니에 몰아 담지 말 것 • 거리를 두었을 때 비로소 보이는 진짜 의미

 우리는 한 가족일 수 없다 137
– 친밀할수록 좋은 직장이라는 착각에 관하여

직장 내 '가족애'가 무너지는 순간 • 우리가 한 가족일 수 없는 이유 • 회사 안에 필요한 것은 가족이 아닌 건강한 권력 관계다

6장

불이 꺼지지 않는 사무실 167
　　– 오래 일하는 만큼 일을 잘하게 된다는 착각에 관하여

점점 더 오래 일하는 사람들의 사정 · 우리를 사무실에 가둬버린 일의 저주 · 덜 일하고, 적당히 벌고, 더 가치 있는 삶 · 적게 일할수록 스스로와 더 가까워진다

 7장

편리함에는 대가가 따른다 197
　　– 사내 복지는 무조건 좋다는 착각에 관하여

일하는 공간에는 러닝 머신도 장난감도 필요 없다 · 당신은 통합자입니까, 아니면 분리자입니까? · 재택근무와 열린 사무실의 모순 · 어떤 방식으로든 경계선은 필요하다

8장 **일의 게임에서 얻어야 할 보상** 223
– 위로 올라가야만 성공이라는 착각에 관하여

지위라는 양날의 검을 다루는 법 · 나의 성공은 나를 기준으로 결정된다 ·
나의 가치와 세상의 가치가 조화를 이룬다면

 9장 **진짜 나를 위해 일한다는 것** 251
– 일과 조금 멀어져도 괜찮다는 진실에 관하여

일하지 않고도 먹고살 수 있다면, 당신은 일할 것인가? · 특명: 삶의 중심에
서 일을 끄집어내라 · "당신은 무엇을 하길 좋아하십니까?"

나오며 | 일을 위한 삶과 삶을 위한 일 276

감사의 말 283
주 288

1장

그만큼의 가치가 있습니까?

- 내가 하는 일이 곧 나 자신이라는
착각에 관하여

- 이 장은 실화를 바탕으로 썼다. 실명을 비롯해 신원을 드러낼 만한 특징들은 프라이버시 보호를 위해 바꾸었다. 중재 회의 부분에 나온 내용들은 회의록에서 발췌했다. 스티븐 피서 측은 해당 사건에 대한 언급을 거부했다.

충족은 가난에서 두 단계 위 혹은 풍족함에서 한 단계 아래 같은 것이 아니다.
'거의 충분함'이나 '충분함 이상'을 나타내는 척도도 아니다.
충족은 결코 어떤 양이 아니다.
그것은 경험이자 우리가 만드는 문맥이며, 우리는 가진 것이 충분하고 이만
하면 넉넉하다는 선언이자 지식이다.[1]

– 브레네 브라운Brene Brown

　　　　　디비야 싱이 자신의 대학 기숙사 방에 앉아 있을
때였다. 그때 룸메이트의 남자친구 코디가 건넨 한 마디가 그녀
의 인생을 바꾸었다. "네가 지원하더라도 그 레스토랑의 인턴 자
리는 얻지 못할 거야."

　윤이 나는 앞머리와 왼쪽 뺨의 보조개를 가진 디비야는 요리
전문 대학에 다니는 열아홉 살의 인도계 미국인으로, 영양사가
되려고 공부하고 있었다. 그녀의 꿈은 《본 아페티Bon Appétit》나 《사
뵈르Saveur》 같은 고급 요리 잡지에 자신의 레시피가 실리는 것이
었다. 하지만 코디의 그 말 때문에 꿈이 조금 달라졌다. 미국 중
서부 출신에 키가 큰 코디는 자신이 고급 식당 요리사의 길을 걷
게 될 것이라 자신만만해했다. 아직 학생인데도 경력 많은 남자

셰프들한테서나 볼 법한 허세를 내뿜었다. 하지만 그가 잘 모르는 게 있었는데, 디비야가 가장 듣기 싫어하는 말이 바로 '못한다'라는 것이었다.

디비야와 코디가 다니는 요리 학교에서는 매년 학생 한 명에게 미국 내 최고 식당 중 하나로 널리 인정받는 레스토랑에서 인턴으로 일할 기회를 주었다. 그 식당은 얼마 전에 미슐랭 스타 3개를 받았고, 그곳 소속의 유명 셰프 스티븐 피셔에 대해 대서 특필된 적도 있다.

인턴십을 결정하는 것은 학교의 교수진 중 한 사람인 랜디 가르시아인데, 그 레스토랑에서 일한 적이 있다. 그는 일차적으로 학생들의 칼 다루는 실력을 테스트한 다음, 선별한 학생들이 일했던 곳에서 평가를 모았고, 개별 면접을 봤다. 디비야는 고급 식당에서 일한 적이 없었다. 하지만 코디의 말을 듣고 그 레스토랑을 목표로 삼은 뒤부터는 학교에서의 남은 시간 전부를 고급 식당에서 일하는 데 썼다.

그해 말, 디비야와 코디 두 사람 모두 레스토랑 인턴십에 지원했고, 디비야가 뽑혔다. 가르시아의 말에 따르면, 디비야는 이제껏 그가 추천한 학생 중에 가장 준비가 잘 되어 있었다고 한다. 인턴으로 선정된 후에도 디비야는 인턴십을 시작하게 될 여름에 대비해서 계속 가르시아의 수업을 들으며 양파나 당근, 셀러리 썰기 연습을 했다.

디비야가 일하게 된 레스토랑은 고급 식당의 아이콘이었다. 20세기 초에 살롱이었던 전원풍 석조건물은 1970년대에 식당으로 바뀌었다. 주방을 리모델링할 때 피셔는 건축가에게 레스토랑이 루브르 박물관을 닮았으면 좋겠다고 말했다. 전통과 현대가 잘 어우러졌으면 좋겠다는 이야기다. 짙은 청색의 정문부터 주방의 바쉐론 콘스탄틴 시계 밑에 걸린 '급박감Sense of Urgency'이란 문구에 이르기까지 레스토랑 구석구석 피셔의 손길이 닿지 않은 곳이 없었다. 아홉 가지 음식으로 이루어진 그곳의 코스 메뉴 가격은 1인당 350달러다.

대다수의 고급 식당 주방은 이른바 '여단 체계brigade system'로 구성되어 있다. 19세기의 한 프랑스 셰프가 유럽 군대 주방의 위계질서를 바탕으로 조직한 이후 흔히 쓰이고 있는 체계로, 수석 셰프가 지시를 내리면 나머지 요리사들이 충실히 따르는 방식이다. 해병대 출신 아버지를 둔 피셔는 여단 체계를 자신의 모든 식당에 적용했다. 주방보조인 디비야는 피라미드의 맨 아래에 있었고, 처음 6개월 동안 할 수 있는 말이라고는 "네, 셰프님"과 "아뇨, 셰프님" 단 두 가지뿐이었다.

디비야의 하루하루는 잘게 썬 타라곤tarragon 잎과 깍둑 썬 꾀꼬리버섯chanterelle의 연속이었다. 주방보조가 썰어놓은 재료를 셰프가 매일 검사했는데, 기준에 맞지 않으면 폐기되었다. 그곳에서 요리사로 일하기는 픽사 스튜디오에서 애니메이션을 제작하거나 빈 필하모닉 오케스트라에서 첼로 단원을 맡는 것과 비슷했다. 최고 중의 최고에 속한다는 도취감을 안겨주었지만 일이 너무나 힘들었다. 그 레스토랑의 전 총괄 매니저는 이런 말을 하기도 했다. "그곳에서의 시간은 개의 시간으로 흐르죠. 그곳의 1년은 다른 곳의 7년 같은 느낌이니까요."

인턴십이 끝났을 때 디비야는 계속 일해달라는 제안을 받았다. 하지만 지시대로 요리해야 하는 단조로운 과정이 끌리지 않았고 학교도 졸업하고 싶었다. 그래서 학업을 마치기로 결정했고, 대신 나름의 방식으로 그 레스토랑에서 다시 일할 계획을 궁리했다. 분자요리가 대유행이었던 2000년대 중반 무렵, 디비야는 독자적인 연구개발을 하는 유럽 식당들에 관한 글을 접했다. 그런 곳에선 식품과학과 화학을 이용하여 새로운 요리법을 개발하고 있었다. 피셔의 레스토랑에서는 매일 메뉴를 바꿔야 해서 셰프들이 최첨단 요리법을 시험할 시간이 없는 편이었다. 요리 학교 졸업반이 되어 직무설명서를 작성할 때 디비야는 이 부분에 주목했고, 그 결과 스물두 살에 그 레스토랑의 초대 R&D~Research&Development~ 셰프로 뽑힐 수 있었다. 졸업 후 몇 달이 지나 그 레스토랑에 복귀한 그녀는 바닷물로 셔벗 만드는 법과 베샤멜~béchamel~ 소스를 거품 형태로 만드는 법을 실험했다.

R&D 셰프로서 디비야의 담당 업무 중 하나는 음식을 가려 먹어야 하는 사람들을 위한 메뉴를 개발하는 일이었다. 그 레스토

랑의 대표 메뉴로 타피오카 푸딩과 리크leek 수플레가 있었는데, 그녀는 여러 달에 걸쳐 우유 성분이 들어가지 않은 대체 메뉴를 개발해냈다. R&D 주방은 메인 식당과 떨어진 별도 건물에 있었음에도, 가끔씩 우유 없이도 맛있는 메뉴를 만들어낸 마법사를 찾아 손님들이 방문하곤 했다. 한번은 7년 동안 낙농 제품을 먹지 못했던 한 여성이 디비야를 찾아와 그녀가 개발한 우유가 들어 있지 않은 브리 치즈를 한입 깨물고서 얼마나 감격했는지 모른다며 울먹인 적도 있다. 디비야는 스스로 잘해내고 있다는 느낌이 들기 시작했다.

디비야는 R&D 주방에서 배운 바를 가정의 요리사들에게 전해주는 비즈니스 모델의 가능성을 포착했다. 가정에서 우유 성분 없는 대체 식재료들을 사용하려면 평소와는 다른 방식으로 요리해야 하는 경우가 대다수다. 여기서 디비야는 가정에서 거의 모든 메뉴에 간편하게 넣을 수 있는 대체 식재료 제품군을 개발하자는 아이디어를 착안해냈다. 그리고 이를 '파니르(치즈를 뜻하는 힌디어) 위에서 놀기'라는 의미의 '프래미어Prameer'라고 부르기로 했다.

하지만 디비야는 여전히 그 레스토랑의 직원이었기에 자신의 프로젝트가 이해관계의 충돌로 비치길 바라지 않았다. 그래서 프래미어를 독립적인 벤처 사업으로 시작할 수 있도록 허락을 구하려고 셰프인 피셔와의 회의 자리를 마련했다.

회의가 있던 날, 디비야는 빳빳하게 다린 흰 요리사 복 차림에 머리는 포니테일로 바짝 당겨 묶었다. 디비야는 피셔와 일대일로 만난 적이 없었다. 피셔의 사무실 밖에 놓인 간이의자에 앉아서 그가 나오길 기다리는데, 심장이 빠르게 뛰는 것이 느껴졌다. 스물네 살의 초짜 요리사가 세계 최고 수준의 셰프와 만나려던 참이었다. '스티븐 피셔가 내가 누군지 신경이나 쓸까?' 하는 생각이 그녀의 머릿속을 맴돌았다.

인턴 자리를 얻으려던 때처럼 디비야는 준비를 단단히 했다. 우유 없이 빵 만들기에 대한 동향을 담은 리서치 자료와 경쟁 업체 분석 차트까지 가져왔다. 그런데 뜻밖에도 사무실에서 나온 피셔는 다정한 대학 교수님 같은 모습으로 그녀를 맞아주었다. 그가 빙긋 미소를 띠며 말했다. "어려워할 것 없어요. 그냥 평소대로 하세요."

디비야의 사업 소개가 끝났을 때, 피셔는 그녀에게 맞장구 이상의 반응을 보여주었다. "내가 도우면 어떨까요?" 피셔의 질문에 디비야는 깜짝 놀랐다. 30분의 시간을 내준 것만으로도 고마웠는데, 무려 스티븐 피셔가 그녀를 돕겠고 나선 것이다! "난 바라는 게 없어요. 의욕적이고 야심찬 디비야 씨의 모습을 보니 도와주고 싶을 뿐이에요. 우리, 사업 파트너가 되면 어떨까요?" 회의하러 올 때 아이디어와 함께였던 디비야는 나갈 땐 사업 파트너와 함께였다. 둘은 프래미어의 소유권을 반반씩 가지기로 했다.

그다음 몇 주 동안 피셔는 디비야를 든든하게 받쳐주었다. 미슐랭 등급의 여러 식당을 운영하느라 지독하게 바쁜 사람인데도 특별히 짬을 내어 디비야를 챙겼다. 둘은 정기적으로 만나 사업의 미래를 논의했다. 한때 디비야의 꿈이었던 유명 잡지에도 함께 실렸다. 디비야는 프래미어 사업을 매일 진척시켜나갔고, 피셔는 자신의 조언과 경험을 아낌없이 나누어주었다. 그 시절을 회상하며 디비야는 "나한테 멘토가 생긴 건 그때가 처음이었어요. 아버지 같은 분이셨죠"라고 말했다.

그녀가 사업 때문에 짜증이 잔뜩 난 채 피셔를 찾아간 적이 있다. 그의 사무실은 레스토랑 정문에서 조금 떨어진 정원에 있었다. 디비야가 걱정거리를 털어놓자 피셔는 그녀의 기억에 영원히 남을 말을 했다. "내가 디비야 씨를 진심으로 자랑스러워한다는 걸 디비야 씨도 알았으면 좋겠어요." 대화를 마친 후 디비야는 곧장 주차장에 있는 자기 차로 갔다. 운전석에 앉자 안도감과 함께 눈물이 쏟아졌다. 그녀는 살면서 누구한테서도 그런 말을 들어본 적이 없었던 것이다.

프래미어 사업이 성장하자 CEO로서 디비야의 자신감도 점점 커졌다. 그녀는 제품을 개발했고, 브랜드를 창조했으며, 6명의 직원들로 꾸린 팀을 관리했다. 우유가 함유되지 않은 음식을 다루는 블로그부터 《뉴욕타임스》에 이르기까지, 프래미어의 제품들은 어디에서나 좋은 평을 받았다. 디비야가 스물여섯 살이 된 해에는 《포브스》에서 그녀를 올해의 인물 30명에 포함시켰다. 회사는 빠르게 성장했다. 전국에 수백 곳의 매장을 열었고, 제품군을 확대해 우유가 들어 있지 않은 크림과 요거트까지 내놓았다.

하지만 회사가 커지면서 디비야와 피셔의 관계가 삐걱댔다. 사업이 초기 단계를 벗어나자 피셔는 뒤로 물러나기 시작했고, 디비야의 의중은 그룹의 최고재무책임자를 거쳐 피셔에게 전달되었다. 디비야는 패키지 제품 브랜드를 다뤄본 경험이 있는 투자자들한테서 자금을 모으고 싶었지만, 피셔는 그로 인해 자신이 가진 회사에 대한 권리가 줄어드는 것을 꺼렸다. 투자자를 끌어들이는 만큼 디비야와 피셔의 지분을 투자자에게 양보해야 했기 때문이다.

대신 회사는 새로운 임원을 들였다. 대형 브랜드와 일한 경험이 있는 중년의 식품 업계 중역이었는데, 디비야와 그 사람은 잘 맞지 않았다. 디비야는 그 임원이 그녀를 가르치려 들 뿐 CEO로서의 지도력을 인정하지 않는다고 느꼈다. 그런데 디비야가 피셔에게 그 사람을 내보낼 것을 건의했더니, 피셔는 그녀가 '애송이처럼 굴고 있다'며 묵살했다.

6년이 지났다. 프래미어는 훨씬 나아지고 있었지만 디비야는 그렇지 않았다. 회사는 홀푸즈Whole Foods나 코스트코 같은 대형 유통 업체에도 입점했다. 하지만 디비야는 피셔와 멀어졌고, 사업에 시간과 노력을 쏟아부은 탓에 무척 지쳐 있었다. 그녀는 경험 많은 식품 기업들에게 지원을 요청했는데, 잠재적인 조언자들이 찾아올 때마다 피셔가 돌려보냈다. 피셔는 디비야가 왜 내부 조직을 벗어나 밖에서 조언을 구하는지 알 수가 없었고, 디비야는 피셔가 왜 회사의 성장을 도울 지원을 가로막는지 이해할 수 없었다.

제품군을 확장하고자 디비야가 팀원들과 함께 달걀 대체품을 개발하던 중에 결국 문제가 터지고 말았다. 소매업체와 계약을 체결하고 제품 생산에 들어갔는데, 출시가 두 달도 남지 않은 시점에 피셔가 움츠리기 시작한 것이다. 그는 신제품의 포장 디자인에서 레스토랑과의 연관성이 보이지 않는다며 불만스러워했다. 새로운 고객을 유입시키고자 디비야가 결정한 디자인이었다. 피셔는 달걀 대체품 출시 계획을 전면적으로 반대하고 나섰다. 그러자 디비야도 더는 버틸 수가 없었다. 지난 여러 달 동안 협의해왔던 공급 업체와 유통 업체에 일일이 전화를 걸어 신제품 출시가 무산되었음을 전해야 했다. 디비야는 프래미어가 자신의 회사라고 믿고 싶은 마음이 굴뚝같았지만, 그녀만의 것이라고 말할 수는 없었다. 디비야는 사직서를 내기로 마음먹고 피셔에게 면담을 요청했다.

둘이 만난 자리에서 디비야는 프래미어를 시작했을 때의 열정이 사라졌고, 힘든 결정이지만 회사를 떠나고 싶다고 솔직하게 밝혔다. 그리고 그동안 한 번도 본 적이 없던 피셔의 일면을 보게 되었다. 피셔는 그녀가 배은망덕하며 자기가 준 기회를 함부로 날려버렸다고 말했다. 그는 눈을 가늘게 뜨더니 목소리를 높였다. "디비야 씨는 나 없이는 아무것도 아니란 걸 알았으면 좋겠군요. 아무것도 아니라고요. (내가 아니었으면) 당신은 지금도 주방에서 죽치고 있었을겁니다."

디비야는 그의 말에 어느 정도 동의했다. 질책을 받긴 했지만, 사업 파트너이자 멘토인 피셔에게 신세를 지고 있다고 느꼈다. 그래서 사임 후에도 몇 달간 회사에서 계속 일하기로 했다. 피셔의 지도와 보살핌에 여전히 감사한 마음이었다. 그녀는 이렇게 말했다. "몇 년 동안 제 마음은 늘 그런 식이었어요. 그리고 그게 여러 면에서 맹점을 만들어냈다고 생각해요. (……) 그 사람한테 큰 은혜를 입었다는 심정에 사로잡혀 있었죠."

그렇게 7년에 걸쳐 프래미어를 개인적인 아이디어에서 성공적인 사업으로 성장시킨 디비야는 마침내 회사를 떠났다. 처음에는 그 전환의 과정이 너무나 힘겨웠다. "제 정체성에 구멍이 뻥뚫린 것만 같았어요. 프래미어를 떠나고 나니까 나 자신이 누군지를 모르겠더라고요." 그녀는 스스로 너무 고갈되어버려서 신체적으로 다른 어떤 것도 할 수 없는 상태라고 여겼다. 하지만 일을 하지 않는 바로 그 시기 덕분에 자신이 누구인지 다시 알아차리기 시작했다.

일을 내려놓고 나서 되찾은 자신과 자유

디비야는 6주 동안 혼자 태국을 여행했다. 그곳에선 누구도 그녀를 스티븐 피셔의 심복으로 보지 않았다. 여행을 마치고 집으로 돌아온 그녀는 지난 7년간 제쳐두었던 취미 활동을 시작했다. 주말이면 삼나무 숲에서 캠핑을 했고 주중에는 해변에서 서핑을 즐겼다. 스케이트보드 타는 법을 스스로 익혔고, 요리하는 즐거움을 다시 발견했다. "다른 방식으로 자기계발을 할 수 있었죠. 그럴 여유가 있었거든요."

디비야는 더 이상 단지 '일하는 사람'이 아니었다. 그녀는 스케이트보드 타는 사람이었고, 그림 그리는 사람이었으며, 모임을 만드는 사람이면서 서른 살 먹은 장난꾸러기였다. 느닷없이 친구들을 도시의 별난 장소로 데려가고, 핼러윈 복장으로 암벽등반을 하고, 하우스메이트들에게 즉석에서 사모사samosa 만드는 법을 보여주길 좋아했다.

한 심리학 연구 자료에 의하면, 디비야의 경우처럼 인간은 자기 자신의 색다른 면에 투자할 때 어려움을 더 잘 극복한다. 반대로 어느 한 측면으로만 자신을 규정할수록 회복이 더디다. 가령 패트리샤 린빌Patricia Linville 교수의 연구에서는 스스로를 다채로운 사람이라고 여기는 피실험자(그녀는 이들을 가리켜 더 큰 '자기복잡성'을 지닌 사람이라고 명명했다)일수록 스트레스를 겪고도 우울증과 신체적 질병이 덜 하다는 결과가 나왔다.[2] 자기복잡성이 낮은 사람일수록 스트레스가 삶의 다른 부분으로 '쏟아져 들어갈' 가능성이 더 컸다.

이는 직관적으로 봐도 맞는 말이다. 여러분의 정체성이 어느 한 측면으로만 정해져 있으면, 그것이 직업이든 순자산이든 부모로서의 '성공' 여부든 한 가지 걸림돌(설령 어쩔 수 없는 것일지라도)이 자존감을 망가뜨릴 수 있다. 하지만 자기복잡성이 크고 의미의 원천이 다양하면, 인생의 어쩔 수 없는 위기에도 잘 대처하게 된다.

자신의 한 측면만을 자신과 지나치게 동일시하면 위험할 수 있다. 미국 NFL National Football League에서 12년간 뛰었던 미식축구 수비수 주니어 세아우Junior Seau의 예를 들어보자. 그는 샌디에이고차저스의 주장을 맡아 슈퍼볼 대회에서 팀의 우승을 이끌어냈으며, 올스타전Pro Bowl 12년 연속 출전이라는 기록을 세운 전설적인 선수였다. 하지만 은퇴 후 3년도 지나지 않아 극단적인 선택을 하고 말았다. 팀 동료였던 마일스 맥퍼슨Miles McPherson은 세아우의 사망 후 ESPN과의 인터뷰에서 이렇게 말했다.[3] "운동선수로 자라서 항상 칭찬을 듣는 세계에서 살다보면 (……) 칭찬을 듣는 빈도가 점점 늘어나요. 그러다가 어느 날 딱 멈추는 거예요. 하지만 몸과 마음과 심장은 높은 수준의 흥분, 아드레날린 분비와 도전에 맞춰져 있으니, 마치 마약을 끊은 것처럼 금단 상태에 빠지고 마는 거죠(주니어 세아우의 사망 후 부검한 결과, 그는 만성 외상성 뇌병증

CTE,Chronic Traumatic Encephalopathy을 앓았다고 한다. 이것은 머리를 반복적으로 부딪힌 것과 관련된 퇴행성 뇌 질환이다)."

안타깝게도 세아우의 이야기는 아주 드문 사고가 아니다. 전업 운동선수부터 제대군인까지, CEO부터 슈퍼모델까지 누구나 직업 정체성을 잃으면 자아 시스템에 충격을 받을 수 있다. 특히 인생의 다른 의미 원천에 투자할 시간이 없거나 노력을 기울이지 않았을 때 더욱 그렇다.

프래미어에서 손을 떼는 게 디비야한테 중요하지 않았던 까닭은 덕분에 휴식을 취하고 사업 운영 스트레스에서 벗어날 수 있었기 때문이다. 게다가 일 바깥에서 자기정체성을 찾을 수도 있었다. 그녀는 끝없이 이어지던 사업 생각과 피셔에게 인정받으려는 욕구에서 차츰 벗어났다. 하지만 옛 동료한테서 갑자기 걸려 온 전화 한 통에 그녀의 회복은 중단되고 말았다.

프래미어에서 손을 뗀 후 디비야는 식음료 산업에 경험이 있는 한 법률 조언자와 함께 일하기 시작했다. 그가 K-1(사업 파트너십의 재정적 세부사항을 담은 세금 신고서)을 포함한 디비야의 서류를 검토하던 중에 놀라운 사실을 발견했다. 그는 디비야에게 전화를 걸어 이를 알렸다. "이 신고서를 보니 디비야 씨의 프래미어 소유권은 0퍼센트예요. 피셔가 당신의 지분을 없애버렸어요."

디비야는 실수일 거라고 생각했다. 그도 그럴 것이, 불과 일주일 전에 피셔로부터 생일을 축하한다는 연락이 왔었다. 피셔는 언론에도 굳이 디비야가 자기 파트너라고 밝혔다. 그녀는 7년이 걸려 밑바닥부터 회사를 일구었다. 무엇보다 처음부터 50퍼센트의 소유권을 그녀가 가지기로 하고 시작한 일이었다. 바람 부는 기차역에 서서 디비야는 피셔에게 전화를 걸었다.

"K-1에 실수가 있었던 거죠?"

"아뇨." 디비야의 물음에 피셔는 차분한 목소리로 답했다.

"디비야 씨가 떠났으니 조정을 해야죠."

"어떻게 제 지분을 이런 식으로 빼버릴 수 있어요? 저와 함께 세운 회사잖아요. 제가 피와 땀과 눈물을 쏟아부은 회사란 걸 잘 알면서, 어떻게 빼앗아갈 수 있나요?"

"디비야 씨, 미안하긴 하지만 이건 비즈니스일 뿐이에요."

하지만 디비야는 그렇게 생각하지 않았다. 그녀에게 둘의 파트너십은 단순한 비즈니스가 아니라 훨씬 더 큰 의미였다. 피셔는 그녀의 첫 멘토였다. 서로 의견이 달라도 그녀는 보통의 요리사가 주방장에게 하듯이 언제나 존경심을 담아 대화에 임했다. "비즈니스일 뿐이다"라는 말은 그녀가 줄곧 우상으로 여겼던 사람의 이미지를 산산조각냈다. 그녀가 어떤 경우에도 의지할 수 있다고 여겼던 사람이었다. 얼마 전까지만 해도 가족이나 마찬가지라고 생각했던 사람이었다.

"제가 쉽게 물러나지 않으리라는 걸 아셨으면 좋겠네요." 디비야는 10년 전 기숙사 방에서 코디와 이야기를 나눌 때 품었던 것과 같은 결의를 담아 말했다.

"지금 날 협박하는 건가요?"

"아뇨, 꼭 아셨으면 해서 하는 말이에요."

피셔와의 대화는 이게 마지막이었고, 시간이 흘러 두 사람은 중재 자리에서 서로를 마주하게 되었다.

판사 1명과 속기사 1명, 양측 변호사들 그리고 레스토랑 그룹의 최고재무책임자가 디비야와 함께 긴 원목 테이블 주위에 앉았다. 중재실에 있는 사람 중에서 중년의 백인이 아닌 사람은 디비야가 유일했다. 피셔는 맨 마지막에 도착했다. 푸른색 정장과 스카프 차림을 한 그는 마치 디너 파티에서 VIP 손님에게 인사라도 하러 가듯이 곧장 판사에게 다가갔다. 주빈이라도 된 것처럼 피셔는 모두와 악수를 나눈 다음에야 자리에 앉았다.

기차역에서 피셔와 통화를 한 지 1년이 넘었다. 이후 디비야는 자기를 변호해줄 사람을 찾기 위해 여러 변호사와 접촉했다. 그때마다 그녀가 들은 답변은 똑같았다. "진짜로 하시려고요? 소송은 힘듭니다. 이겨도 출혈이 있기 마련이고요." 하지만 디비야의 결심은 확고했다. 그녀의 어머니는 사람들한테 이런 말을 하곤 했다. "디비야한테는 어떤 선이 있답니다. 그걸 넘는 경우엔 아무도 우리 애를 못 말리죠."

마침내 디비야는 성공보수 조건으로 사건을 맡겠다는 변호사를 찾아냈다. 승소할 경우에만 수임료를 받는다는 뜻이다. 그렇긴 해도 디비야는 저금을 털어 소송비용을 대고, 감정인을 고용하고, 유명 셰프로부터 자신을 보호할 여러 방법에 돈을 써야 했다. 그녀는 초창기 프래미어를 성장시키는 데 큰 역할을 했지만 CEO가 받기에는 아주 적은 급여를 받았다. 그리고 이제는 그녀가 가진 모든 것을 소송에 쏟아부었다.

중재 절차는 닷새간 이어졌다. 양측은 각자 재정 전문가를 데려왔는데, 피셔 측은 디비야의 지분을 디비야 측이 책정한 것보다 훨씬 낮게 제시했다. 양측 변호사들이 각각 주장을 펼쳤다. 5년 치 분량의 이메일과 회사 문서들이 쉴 새 없이 넘겨졌다. 디비야와 피셔 측 모두 몇 시간에 걸쳐 심문을 받았고 대질심문도 거쳤다. 중재실 앞쪽의 판사에게 갈 일이 있을 때를 제외하고 디비야와 피셔는 테이블의 끝에 서로를 마주보고 앉아 있었다. 마치 함께 식사라도 하는 듯한 모습이었다.

디비야 측 변호사들은 피셔가 회사 내 디비야의 지분을 희석시킬 근거가 전혀 없으며, 그럼에도 희석시킨 까닭은 피셔 본인이 그 지분을 차지할 수 있다고 생각했기 때문이라고 주장했다. 또한 디비야가 프래미어의 경제적 가치에 대한 자기 지분만큼을 현금으로 지급받아야 하며, 피셔의 조치로 인해 입은 피해까지 보상받아야 한다고도 말했다. 피셔 측 변호사들은 그 희석 행위는 사업에 더 많은 자본을 투자하기 위해 필요한 조치였으며, 디비야가 소유한 지분의 가치는 그녀 측이 주장하는 것보다 훨씬 적다고 응수했다. 결국, 관건은 피셔의 말과 디비야의 말이었다. 당시 중재실 바깥에서는 임박한 브렛 캐버노 Brett Kavanaugh 청문회 (성폭행 미수 의혹이 제기된 브렛 캐버노 연방대법관 지명자의 청문회로, 역시 남자의 말과 여자의 말이 관건이었던 사건)를 두고 벌어진 논란이 뉴스를 장악하고 있었다. 하지만 2018년 늦여름의 그 일주일 동안 디비야와 피셔의 세계는 중재실의 네 벽면 속에 갇혀 있었다.

질의가 이어지던 도중에 피셔가 디비야 측 변호사의 말을 가로막았다. "디비야 씨가 순진해 빠진 소녀라도 되는 것처럼 말씀하시는데, 그녀는 이전에 없던 제품을 개발할 만큼 뛰어난 사람입니다. 그러니 자기가 작성하는 법률 문서를 이해할 수 있는 분석력은 분명 갖추고 있다고요." 그녀를 향해 아무것도 아니라고 말하던 그날의 피셔가 다시 나타났다. 잠시 동안이지만 그의 미슐랭 스타 카리스마에 금이 갔다.

일주일 후, 디비야는 달콤하고도 씁쓸한 소식을 들었다. 중재에서 판사는 디비야의 손을 들어주었지만 현금 지급 대신 디비야의 회사 지분 50퍼센트를 복원시키기로 결정했다는 것이다. 즉, 그녀를 다시 피셔 곁에 두었다. 프래미어에 몸담은 지 10년이 지난 시점에, 디비야가 원하는 건 영원히 손을 털고 나가는 것뿐이었다. 결국 디비야는 피셔와 합의를 통해 프래미어와의 관계를 완전히 정리했다. 지난 시간을 돌려받지는 못하겠지만 그녀는 마침내 자유로워졌다.

일 바깥에서 가치를 만들어내야 하는 이유

얼마 전, 나는 포틀랜드에 있는 디비야의 자택에 찾아갔다. 그녀의 집은 14명의 조합원이 참여한 주택조합건물로, 마운트태버파크Mt. Tabor Park에서 두 블록 떨어진 가로수길에 자리한 빅토리아풍 대저택을 개조한 것이다. 디비야의 하우스메이트들은 나이와 배경이 제각각이었다. 마흔네 살의 기후활동가, 스물아홉 살의 영화제작자 그리고 월든이란 이름의 두 살배기도 있었다. 이들은 서로 식료품을 공유하며 2주에 한 번씩 다이닝룸의 옹이투성이 참나무 식탁에 둘러앉아 '가족 저녁식사' 자리를 갖는다. 그날 밤은 디비야가 요리를 맡았다. 공동 주방에서 그녀가 구운 콜리플라워와 브로콜리를 꺼낼 때 다른 사람들이 그녀의 이야기에서 어떤 교훈을 얻기 바라는지 물어보았다. "사람들한테 일 밖에서 가치를 만들어내야 스스로를 지킬 수 있다는 걸 알리고 싶어요."

구운 채소들을 조리대에 올려놓으며 그녀가 말했다. 프래미어를 떠나기 전에 디비야는 인간으로서 자신의 가치가 일하는 사람으로서의 가치와 결부되어 있다고 생각했다. 다시 말해, 자신의 명성이나 부 또는 피셔와의 든든한 파트너십의 결과가 곧 삶의 가치라고 보았다. "그러다 보면 어그러지고 말아요." 그녀가 덧붙였다. "경계선을 자꾸만 침범당하게 되죠. 왜냐하면 자기 자신의 진짜 가치를 모르기 때문이에요."

요식업체 주방에서 여러 해를 보낸 사람답게 디비야가 숙련된 솜씨로 파르메산 치즈를 깎아 채소 위에 올릴 때, 나는 두 번째 질문을 건넸다. "그 레스토랑에 처음 들어갔을 때부터 10년 후 피셔와의 지분 관계를 최종적으로 정리했을 때까지의 시간을 돌아볼 때 가장 기억에 남는 일은 무엇인가요?"

그녀의 대답은 충격적이었다. 인턴직에 뽑혔을 때도, 피셔가 프래미어 사업의 파트너가 되겠다고 했을 때도, 《포브스》의 '올해의 30인'에 선정되었을 때도, 중재에서 이겼을 때도 아니었다. 디비야에게 가장 인상 깊은 기억은 회사를 떠나 일하지 않으며 지냈던 짧은 기간이었다고 했다. 그녀의 정체성이 직업적 커리어와 완전히 무관해졌던 그 시기 말이다.

디비야의 이야기에서 알 수 있듯이, 일이 삶의 중심에 있는 사람에게는 다른 여유 공간이 없다. 그녀가 프래미어를 일구어나가던 몇 년 동안 일은 그녀의 최상의 시간뿐만 아니라 최상의 에너지도 차지했다. 그러나 한 면만 있는 사람은 아무도 없다. 우리는 일하는 사람이자 형제자매이고, 시민이면서 취미를 즐기는 사람이며, 동네 이웃이다. 이렇게 보자면 정체성은 식물과 같다. 시간과 관심을 기울여야 자란다. 물을 주고 가꾸는 의식적인 노력을 하지 않으면 금세 시들 수 있다.

정체성의 다양화는 실직의 충격을 줄여주는 것 이상의 역할을 한다. 단지 부정적 피드백의 고통이나 은퇴로 인한 방향 상실을 피하려는 목적으로 접근해서는 안 된다. 우리가 정체성을 다양화해야 하는 이유는 그렇게 하면 우리가 더 원만해질 수 있기 때문이다. 세상에 다른 방식으로 이바지할 수 있고, 우리가 만들어내는 경제적 가치를 넘어서 자아존중감을 기를 수도 있다. 그리고 역설적이게도 취미와 관심사 그리고 일 이외의 열정을 지닌 사람들일수록 일의 생산성이 더 높다는 연구 결과도 있다.[4]

그날 대화를 나눠보니, 디비야는 공동생활을 통해 정체성을 기르고 있었다. 최근에는 하우스메이트들과 음악 축제에 갔으며, 다가오는 휴가철에는 미술과 공예품의 밤 행사를 열 계획이다. 또한 자기 방의 한쪽 구석을 차실로 꾸며서 누구나 들를 수 있게 했다. 하우스메이트들은 그녀의 회사 직책, 성공 여부 혹은 스티븐 피셔와의 인연보다 그녀 자체를 더 높게 평가했다. 다들 그녀가 재능 있는 가정 요리사이자 아웃도어 애호가이고, 창의적인 파티 기획자이며 너그러운 친구라고 여겼다.

현재 디비야는 다시 일하고 있다. 새로운 식품 회사를 설립했고, 시드 투자로 400만 달러를 확보했다. 그녀에게 이번 사업이 이전과 어떻게 다르냐고 물었더니, 그녀는 망설임 없이 답했다.

"제 값어치를 알고 있다는 거죠. 저는 일 바깥에서 정체성을 쌓았어요. 그래서 일이 내 정체성과 인생의 많은 부분을 앗아간다면 그 일은 가치가 없다는 걸 알아요."

정체성은 식물과 같다.
시간과 관심을 기울여야 자란다.
물을 주고 가꾸는 의식적인 노력을
하지 않으면 금세 시들 수 있다.

2장

일, 새로운 종교가 되다

**– 직업이 삶의 바탕이자 핵심이라는
착각에 관하여**

세상에 숭배하지 않는 사람은 없다. 누구든 숭배한다.

우리에게 주어진 유일한 선택권은 무엇을 숭배할지에 대한 것뿐이다.[1]

– 데이비드 포스터 월리스David Foster Wallace

　　　　　　도표를 본 순간, 라이언 버지Ryan Burge의 손이 떨리기 시작했다. 그의 몸에 나타나는 일종의 징조인데, 손이 떨릴 때마다 그는 무언가 있음을 알아차렸다. 그날은 2019년 3월 19일, 미국의 종합사회조사GSS, General Social Survey가 2018년의 데이터를 발표한 날이었다. 1972년 이래로 GSS는 미국 사회의 동향(정치적 견해부터 신의 존재에 관한 믿음까지)에 관한 데이터를 모아왔다. 반세기 동안의 종적인 데이터를 갖추고 있는지라, 라이언 같은 사회과학자에겐 금광이나 다름없었다.

　　라이언의 관심은 새로운 데이터가 자신의 전문 분야, 즉 조직화된 종교의 동향에 관해 무엇을 보여줄지에 쏠렸다. 역사적으로 대다수의 미국인들은 한 종교 집단에 속했다. 1990년에만 해도 미국인들의 약 7퍼센트만이 무신론자나 불가지론자, 다시 말해 아무것도 믿지 않는 사람들이었다.[2] 그런데 최근 들어 시류가 바뀌었다. 가장 인기 있던 종교들은 모조리 기반을 잃어가고 있었고, 반면에 '무종교인nones(조직화된 종교에 속하지 않은 사람들의 통칭)'이 증가하고 있었다.

라이언은 둥근 얼굴에다 옅은 갈색 머리카락을 짧게 깎은, 소년 같은 외모 속에 39년간 축적한 지혜를 숨기고 있다. 그는 2배속 오디오북처럼 말했는데, 머릿속 생각은 그보다 더 빠르게 질주하곤 했다. 사람들이 자녀나 좋아하는 스포츠팀에 대해 말할 때처럼, 그는 자신의 연구 방법에 관해 말할 때 한껏 상기되었다. 말하자면 GSS가 새 데이터를 발표하는 날이 라이언에게는 월드컵 축구 결승전인 셈이다.

이번에는 어떤 데이터가 나올지 라이언은 온종일 기대하고 있었다. 강의하는 대학에서 출발해 일리노이주 마운트버논의 집까지 160킬로미터를 운전하면서 수치들을 분석하는 데 이용할 공식들을 구상했다. 집에 도착하자마자 그는 어린 두 아들에게 땅콩버터와 젤리 샌드위치를 먹이고 아내와 함께 아이들을 욕조로 데려갔다. 그러는 내내 어서 서재로 내려갈 수 있게 되기를 바라는 마음이 굴뚝같았다.

라이언은 자신이 무엇을 찾는지 정확히 알고 있었다. 7대 주요 종교에 관련된 지난 2년간의 미국 사회 동향이었다. GSS의 수치들을 훑어보자 사상 최초로 자신이 '개신교'나 '가톨릭' 신자라고 말한 사람보다 '무교'라고 밝힌 사람들이 더 많았다는 사실을 바로 알 수 있었다. 다시 말해, 종교에 속하지 않는 사람들이 오늘날 미국 최대의 종교 집단을 이루었다. 대략 인구 4명당 1명 남짓이었다. 그때부터 라이언의 두 손이 떨리기 시작했다.

라이언은 위층으로 달려가 두 아들을 욕조에서 꺼내서 물기를 닦아내고 다시 서재로 돌아왔다. '이걸 세상에 알려야겠어.' 그는 생각했다. 그리고는 밤 8시 48분에 600명의 트위터 팔로워들에게 무종교인의 증가를 보여주는 도표를 트윗했다. 그리고 침대에서 두 아들에게 동화책을 읽어주었다. 아이들이 잠들었을 즈음, 라이언의 도표는 급속도로 퍼져나가고 있었다.

라이언의 도표는 레딧Reddit(미국 최대의 온라인 커뮤니티)의 메인 화면에 노출되었고, 2,000개가 넘는 댓글들이 달렸다.[3] 《뉴욕타임스》와 《워싱턴포스트》도 이를 전했다. 무종교인의 증가는 전국적인 뉴스가 되었고, 일리노이주의 소도시에 사는 학자인 라이언 버지가 그 중심에 있었다.

하지만 라이언에게 미국 종교 동향 연구는 순전히 연구 활동이기만 한 것은 아니었다. 그는 마운트버논에 있는 '제일 침례교회First Baptist'라는 작은 교회의 목사이기도 했기 때문이다. 그에게 "뭘 하십니까?"라는 질문을 받으면 어떻게 대답하느냐고 묻자 그는 이렇게 말했다. "평생 그런 질문을 받아왔습니다. 저는 정확히 어디에도 속한 적이 없어요. 어느 한 곳에 속하기엔 늘 다른 게 너무 많은 편이죠."

——————— 사람들은 왜 신 대신 일에 의지하게 된 걸까?

　　많은 목사들과 달리 라이언은 돈 때문에 목사직에 임하게 되었다. 대학교 2학년 봄학기가 끝나갈 무렵, 그는 여름방학 동안 할 아르바이트를 찾지 못한 상태였다. 그러던 중 고향에서 40킬로미터 남짓 떨어진 교회에 일자리가 있다는 말을 듣고 청년부 사역자가 되는 데 서명했다. 졸업 후에는 은행 창구 직원으로 일했지만 단조로운 일은 그에게 잘 맞지 않았다. 그래서 그는 정치학 석사 과정을 밟기로 했다. 대학원에 다니면서 약 30명의 은퇴자들이 모인 작은 교회에서 다시 목회자 일을 시작했다. 이후 스물셋의 젊은 나이에 제일 침례교회에 들어가 17년 동안 목사를 맡아왔다.

　　마운트버논은 일리노이주 남부에 있는 인구 1만5,000명의 소도시로, 시카고보다는 세인트루이스에 더 가깝다. 이 소도시의 최상급 직장은 타이어 제조사, 월그린Walgreen 유통센터, '선한 사마리아인Good Samaritan'이라는 가톨릭 병원 등이다. 제일 침례교회는 교외의 깔끔하게 정돈된 땅의 넓은 구역에 자리하고 있다. 메인 건물은 뾰족한 석판 구조인데, 그 안에 예배당과 배의 선체를 닮은 목조 천장이 있다.

마운트버논의 제일 침례교회의 이야기는 미국 전역에 있는 수천 곳의 주류 개신교회의 것과 크게 다르지 않다. 즉, 쇠락의 이야기다. 라이언이 처음 목사가 된 2006년에만 해도, 매주 일요일 예배에 참석하는 신도가 50명이었고, 크리스마스와 부활절에는 300석 규모의 예배당이 만석이었다. 일주일에 며칠씩 교회에서 성경 공부 모임, 자선 행사 그리고 친교 모임이 열렸다. 제일 침례교회는 도시 내 사교 및 자선 활동의 중심지였다.

현재 제일 침례교회의 정기 예배 참석자는 대략 6명이다. 이제 주 예배당 대신 작은 친교실에서 예배를 올린다. 참석자들은 리놀륨 재질의 바닥에 원형으로 놓인 검은색 접이식 의자에 둘러앉는다. 때때로 라이언은 신도 수가 적은 것에 울화통이 터졌다. 그는 자신의 책『무종교인들 The Nones』을 통해 "스스로 실패자라고 생각했다"며, "20년 동안 열심히 일하고 충성을 바쳤지만 결국 해고를 당한 공장 노동자 처지가 된 것 같았다. 노력했건만 왜 보상이 따르지 않는지 도무지 이해되지 않았다"라고 이야기하기도 했다.[4] 하지만 사회과학을 연구해보니 그 상황들을 새로운 각도에서 볼 수 있었다. 마운트버논의 제일 침례교회에서 벌어지는 일은 그의 노력과는 딱히 관련이 없고, 수십 년에 걸친 경향일 뿐이었다.

'조직화된 종교'의 쇠퇴 이유는 간단하지 않다. 교리가 못마땅

해서 종교적 전통을 버리는 사람도 있을 것이고, 주일 예배 시간이 30분 당겨졌다고 떠나는 사람도 있을 것이다. 이유가 무엇이든 한때 많은 사람들에게 소속감과 목적의식, 정체성을 가져다주는 바탕이 되었던 종교 기관이 인기를 잃어가고 있다는 것만큼은 명백하다. 하지만 종교 기관이 쇠퇴하더라도 소속감과 목적의식, 정체성을 바라는 인간의 욕구는 그대로이므로 사람들은 이를 채워줄 다른 곳을 찾아 나선다. 그리고 미국인들이 대부분의 시간을 보내기에 교회보다 낫다고 여기게 된 곳이 바로 사무실이다.

16세기 이전 서양에서는 일이 고된 노동 이상의 무언가여야 한다는 생각이 그리 흔하지 않았다. 고대 그리스인들이 보기에 일은 정신과 영혼의 더 숭고하고 가치 있는 추구를 방해하는 저주와도 같았다.[5] 일이나 업무를 뜻하는 라틴어 '네고티움negotium'의 뜻을 글자 그대로 풀이하면 '즐겁지 않은 행위'다.[6] 독일 신학자 마르틴 루터Martin Luther가 등장한 뒤에야 삶에서 일이 차지하는 역할에 대한 인식이 바뀌기 시작했다.

16세기에 유럽의 가톨릭교회는 면죄부를 팔아 돈을 벌었다. 사람들은 면죄부가 있으면 죄를 사면받고 천국에 갈 수 있다고 믿었다. 1507년에 사제로 임명된 루터는 면죄부 판매를 반대했다. 그가 보기에 운명은 예정되어 있고 천국의 자리는 돈으로 사는 것이 아니었기 때문이다. 또한 사람들은 저마다 주님을 가장 잘 섬길 수 있도록 어떤 자리(구두 수선공은 구두 만드는 일, 대장장이는 쇠붙이 다루는 일)에 부름을 받는다. 그러니까, 노동은 신성한 소명이었다. 우리의 고된 일은 '신성'하기까지 했다.

루터가 사제로 임명된 지 2년 후에 장 칼뱅Jean Calvin이 태어났다. 칼뱅은 '일은 신성한 것'이란 루터의 발상을 더 진척시켰다. 그는 단지 '그래야 하니까 수긍해야 한다'라는 태도를 넘어 힘든 일이 천국으로 가는 길에 오른 이들, 즉 선택된 자들의 핵심 속성이라고 믿었다. 열심히 일해서 얻은 부는 하나님의 호의를 보여주는 외적 징표였고, 이것이야말로 영원한 구원의 증거였다. 따라서 칼뱅주의 교리에서는 천국에 가고 싶은 사람은 열심히 일할 수 있는 직업을 찾을 수 있고, 마땅히 찾아야 한다. 달리 말해, 소명을 찾아야 한다.

독일의 사회학자 막스 베버Max Weber가 저서 『프로테스탄트 윤리와 자본주의 정신』에서 밝혔듯이, 이익을 중시하는 경제체제인 자본주의와 천국에 가기 위해 열심히 일하기를 중시하는 종교체제인 개신교 교리 사이에는 공통점이 있다.[7] 베버는 칼뱅주의(특히 한 개인의 경제활동 능력이 천국 아니면 지옥에 가는 지표라는 생각)가 현대 자본주의의 토대라고 주장했다. 꾸준한 성장이 요구되는 경제체제와 노동을 우상화하는 종교체제가 공존할 때, 일을 숭배하는 사회에 딱 맞는 완벽한 조건이 마련된다는 것이다.

하지만 만약 칼뱅이 지금 살아 있다면, 아무리 그가 자본주의의 원조라고 해도 조엘 오스틴Joel Osteen 같은 오늘날의 '번영 복음

^{prosperity gospel}’ 설교자들을 받아들이기는 어려울 것이다.⁸ 돈 버는 법에 관한 책을 팔아 갑부가 된 사람들 말이다. 번영 복음은 '경제적 성공이 곧 신의 뜻'이라는 대다수 미국 복음주의 신도들의 믿음이다.

오스틴은 매주 일요일마다 텍사스 휴스턴에 있는 NBA_{National Basketball Association} 경기장을 개조한 교회에 모인 수만 명의 신도들 앞에 서서, 신앙과 열심히 일하기가 각 신도의 물질적 부를 늘린다고 설교한다. 오스틴은 이렇게 이야기했다. "때 맞춰 출근하는 것은 하나님을 영광되게 하고, 매일 생산적으로 사는 것은 하나님을 영광되게 합니다."⁹

또한 그는 베스트셀러 저서 『긍정의 힘_{Your Best Life Now}』에 "여러

1972년부터 2021년까지의 무종교인 비율

(%)

분이 받을 것은 여러분이 어떻게 믿느냐와 곧바로 연관되어 있다"라고 적기도 했다.[10] 신앙이 우리를 부자로 만든다는 이상만큼 더 미국적인 것도 없을 것이다.

하지만 수천 명의 신자들이 매주 오스틴의 설교에 귀 기울이고 있음에도, 많은 사람들이 교회를 떠나고 있다. 라이언은 몇 가지 이론을 들어 그 이유를 설명한다.[11]

사람들이 종교를 떠나는 이유에 관련해 유력한 가설들이 여럿 있는데, 이를 전부 종합하면 어떻게 지난 30년 동안 무종교인이 3배 이상 증가했는지가 드러난다. 라이언은 그중 세 가지를 설명해주었다. 왼쪽 그래프를 보면, 1991년에 무종교인의 증가를 촉발시킨 엄청난 사건이 있었던 것만 같다. 실제로 그런 사건은 없었지만, 1990년대 초반은 수십 년 동안 들끓었던 여러 사회적 발전들이 수렴하는 시기였다.

첫 번째는 상업적 인터넷의 등장이었다. 인터넷 덕분에 신앙에 회의적이었던 이들, 이를테면 실라 코널리Sheila Connolly 같은 사람들이 서로를 찾기 쉬워졌다. 실라는 1990년대에 워싱턴주의 한 가톨릭 가정에서 자랐다. 어렸을 때 홈스쿨링을 하다가, 십대 때는 가톨릭 기숙학교에 다녔고 가톨릭 대학에 진학했다. 그런데 자신이 성장해온 종교적 배경에 의심이 들기 시작하면서 그녀는 혼자라는 느낌에서 벗어날 수 없었다.

만약 실라가 인터넷이 없던 시절에 태어났다면 의심을 억누르고 공동체의 전통에 계속 동참했을지도 모른다. 사회과학에서는 이를 '침묵의 나선spiral of silence'으로 설명한다. 개인의 견해가 주변의 사회적 규범과 어긋날 때, 드러내기보다는 침묵을 지키기가 더 쉽다는 것이다. 실라가 자라는 동안 그녀의 지인 중에 교회를 떠난 사람은 단 한 명뿐이었다. 하지만 인터넷 덕분에 그녀는 자신이 속한 가톨릭 세계 너머의 관점들을 엿볼 수 있게 되었다.

온라인 세상에서 실라는 자신처럼 신앙에 회의를 품은 이들의 공동체를 알게 되었고, 마침내 교회를 영영 떠나겠다는 결심을 굳힐 수 있었다. 그녀는 내게 이렇게 말했다. "교회는 교리에 안 맞는 책들을 도서관에서 볼 수 없게 할 수 있지만, 구글 검색 결과까지 자기들 이야기에 맞게끔 통제할 수는 없어요."

실라 외에도 온라인에서 비신자들의 공동체를 찾은 사람들은 아주 많다. 레딧 내의 무신론 커뮤니티의 회원 수는 270만 명인 반면, 기독교 커뮤니티 회원 수는 고작 33만 명에 불과하다.[12,13]

종교인의 감소 이유로 잘 알려진 또 다른 한 가지는 종교의 정치화, 특히 기독교와 정치적 보수주의의 결합이다. 종교적 우파의 기원에 대해서는 학자마다 견해 차이가 있으나, 가장 흔히 인정받는 이론을 이야기하자면 다음과 같다.[14] 1970년대 중반부터 TV 복음 전도사로 유명세를 떨친 일군의 복음주의 목사들이 자신들의 기반을 이용하여 사회의 도덕적 쇠퇴 현상을 개탄했다. 이들은 동성애, 낙태 및 포르노와 같은 민감한 사안들을 주요 논점으로 삼아 설교단에서 정치 무대로 활동 영역을 재빠르게 옮겼다. 학자들은 그 주역으로 '모럴 머조리티Moral Majority'를 꼽는다.[15] 침례교 목사 제리 폴웰Jerry Falwell이 설립한 이 정치 로비 단체는 1980년 대선에서 레이건의 승리에 일조한 개신교 투표수의 3분의 2를 확보해냈다.

이와 동시에 종교가 보수적 정치 사안들과 결부되면서 자유주의자들은 교회를 떠났다. 1972년에는 매주 교회에 나가는 백인 기독교도들 중 55퍼센트가 민주당 지지자였고 34퍼센트가 공화당 지지자였다.[16] 그런데 2021년이 되자, 21퍼센트가 민주당 지지자였고 62퍼센트가 공화당 지지자였다.

무종교인의 증가와 관련해 세 번째로 널리 알려진 이유는 사회적인 고립의 증가다. 사람들은 과거에 비해 사회적 모임에 덜 참가하게 되었는데, 종교 모임도 여기에 포함된다. 하버드대학 정치학 교수 로버트 퍼트넘Robert Putnam은 『나 홀로 볼링Bowling Alone』에서 볼링 동호회와 정치 회원 단체를 연구하여 미국인의 단체 사회생활이 급격히 줄어들고 있는 현상을 분석했다.[17] 그는 사회생활 참여의 감소는 우리를 함께 묶어주고, 목적의식을 부여하며, 자신보다 더 큰 무언가에 속해 있다는 느낌을 주는 사회적 기반을 무너뜨린다고 우려를 표했다. 그의 주장에 의하면, 신앙 공동체야말로 "미국 내 사회적 자산의 가장 중요한 보고寶庫"다. 라이언도 퍼트넘의 견해에 공감했다. "종교는 신학적 또는 심리학적 의미에서가 아닌 사회적 의미에서 우리가 누군지를 답해줘요. 신성한 요소가 포함된 친목 공동체인 셈이죠."

하지만 동호회든 교회든 그 종류를 불문하고 공동체 집단에 참여하는 사람들이 줄어들고 있다. 사회적 고립의 증가에는 세대 요인도 존재한다. 런던에 있는 싱크탱크인 온워드Onward의 연구에 따르면, 밀레니엄 세대로서 나이가 스물다섯 살인 사람들 중 37퍼센트만이 교회, 독서 모임 또는 스포츠 동호회와 같은 공동체 집단에 속했다.[18] 반면에 X세대가 그 나이였을 때는 이 비율이 48퍼센트나 되었다. 그리고 사회적 모임에 덜 참여하게 된 젊은 세대는 그 공백을 일로 채우고 있다.

이처럼, 왜 하필 일이 종교를 대신해 의지할 것이 되었는지를 설명해주는 이유는 많다. 나중에 우리는 '열정을 따르라' 정신의 급부상, 사무실이 사회생활의 중심지가 된 사정, 기업 임원의 신격화 등에 대해서도 자세히 살펴볼 것이다. 하지만 워키즘의 근본은 사람들이 일에 부여하는 엄청난 주관적 가치다. 많은 사람들(특히 대학 교육을 받은 전문직 종사자들)에게 일은 으뜸가는 인생의 의미 원천이 되었다. 하지만 데릭 톰슨이 《애틀랜틱》의 기사에서 이야기했듯이, "워키즘은 사람들을 불행하게" 만들고 있다.[19] 일찍이 사무용 책상을 제단으로 쓰려고 했던 적은 없었다.

일 숭배자들이 필연적으로 맞닥뜨릴 두려움

나는 커리어의 중대한 분기점이었던 스물일곱 살 때 일 숭배의 위험성을 체감했다. 두 군데서 입사 제안을 받아 하나를 선택해야 하는 상황이었다. 첫 번째 제안은 어느 인기 있는 온라인 잡지에서 전속작가로 일해달라는 것이었다. 나는 이십대 내내 딱 맞는 일자리를 찾아 여기저기를 기웃거렸는데(몇 년은 광고업계에서, 몇 년은 테크 기업에서), 최종 목표는 전업 작가였다. 당시 야간과 주말에 프리랜서 기자 일을 조금씩 하고 있었음에도 "작가입니다"라고 말할 때마다 스스로 거짓말을 하는 기분이었다. 전속작가 자리는 내가 제안 받은 것 중에서 든든한 직위가 보장된 최초의 일자리였다.

두 번째 제안은 유명 디자인 회사의 디자이너 자리였다. 대학원 때 그 회사 설립자의 강연을 들은 이후 나는 줄곧 그곳에서 일하고 싶었다. 강연 직후 뒷주머니에 쑤셔 넣고 다니던 수첩을 꺼내 "이 사람을 위해 일하리라!"라고 휘갈겨 쓰기까지 했다. 그로부터 몇 년 후 그 문장이 현실이 될 기회가 생긴 것이다. 급여도 기자 일보다 50퍼센트가 많았다.

나는 몇 주 동안 미적거리며 친한 지인들에게 모조리 연락해 조언을 구했다. 요가 선생님이나 우버 운전사한테도 물었고, 전문 진로 상담사를 찾아가기도 했다. 작가 마이클 폴란에게서 암묵적 동의를 받아, 심지어 환각제가 결정에 도움이 될 수 있는지도 알아보았다(마이클 폴란은 『마음을 바꾸는 방법How to Change Your Mind』이라는 책에서 금지되었던 약물이 심리치료에 다시 쓰이게 된 과학적 검증 과정을 다뤘다-옮긴이). 하지만 모두 아무 소용이 없었다. 나는 쉽게 결정을 내리지 못했다. 한쪽을 선택하기로 마음을 먹을 때마다 다른 일자리가 더 좋아 보이게 하는 온갖 이유들이 떠올랐다.

어느 면에서 보자면, 내 고민은 어처구니없는 것이었다. 매력적인 두 직업 중 하나를 정하지 못해 이토록 고뇌하다니! 스스로 판단하기에도 결정에 너무 큰 의미를 부여하고 신경 쓰고 있었다. 그러나 다른 면에서 보면, 이는 정말로 중요했다. 단순히 직업에 관한 결정이 아니라 내 정체성에 관한 결정이기 때문이다. 이것은 "뭘 하십니까?"라는 질문에 어떻게 답할 것인지의 문제였다. 나는 그 질문을 "도대체 당신은 누구십니까?"라고 해석했다. 두 직업 중 하나를 고르는 게 아니라 나라는 사람의 두 가지 버전 중 하나를 고르는 느낌이었다.

몇 주에 걸쳐 고심한 끝에 나는 디자인 회사를 선택했다. 사실 그 배경에는 복잡다단한 다른 진실이 있었다. 처음엔 거절을 했다가, 나중에 화들짝 놀라서 바로 다음 날 채용 담당자한테 전화를 걸어 마음이 바뀌었다고 번복했던 것이다. 하지만 새 직장에 몇 주 있어보니, 잘못된 선택을 했다는 확신이 들었다. 매일 아침 커피를 마실 때마다 실존적 고뇌가 찾아왔다. 옆길로 샜다가 돌아온 나를 받아줄 언론사가 있을지 고민하면서 링크드인LinkedIn

을 샅샅이 뒤졌다.

나는 한심하기 그지없었다. 나는 형편없는 친구였기에 주변의 누가 고민을 하든 신경 쓰지 않았다. 또한 형편없는 동료였기에 나 자신의 직업 찾기 외에는 일체 말할 줄 몰랐다. 그리고 궁극적으로 형편없는 직장인이었던지라, 나 자신의 개인적 성취 이외의 어떤 것도 생각할 줄 몰랐다.

하지만 차츰 달라지기 시작했다. 어떤 대단한 계시가 있었다기보다는 시간이 해결해주었다. 일에 대한 집착이 줄어들었고 평소 생활로 되돌아가기 시작했다. 동네 축구를 했고 독서를 즐겼다. 친구들과 공원에 갔고 룸메이트들과 함께 요리를 했다. 직장에서는 내가 할 수 있는 온갖 일들을 궁리하는 대신 즐겁게 할 수 있는 일에 초점을 맞췄다. 무엇보다도 내 선택에 지나치게 집착하지 않았다. 현재의 내 직업이 충분히 괜찮다고 여겼다.

이쯤 되자, 워키즘의 덫이 내 앞에 차츰 실체를 드러내기 시작했다. 우선, 일에 자신을 바친다는 것은 인생의 다른 의미 있는 면들을 잃는다는 뜻이다. 그리고 현실에서 직업은 항상 그 자리에 있어주지 않는다. 만약 직업이 한 인간의 정체성 그 자체라면, 직업을 잃게 될 경우 무엇이 남겠는가? 나아가 가장 보편적이고 해로운 세 번째 위험도 도사리고 있다. 직업이 초월적 의미를 가져다준다고 기대했다가는 큰 실망이 찾아올 수 있다는 것이다.

일과 같은 세속적인 추구 활동과 달리, 종교에 믿음을 두면 이

점이 하나 있다. 바로 초자연적인 힘은 우리가 어찌할 수 없는 영역이라는 것이다. 작가 데이비드 포스터 월리스는 『이것은 물이다This is Water』라는 제목의 책으로 출간되기도 한 명강연에서 "어떤 종류든 신이나 영적인 것을 숭배하기로 선택하는 마땅한 이유는 다른 어떤 것을 숭배했다가는 그것이 여러분을 집어삼키기 때문입니다"라고 말했다.[20] 아름다움이나 돈, 권력을 숭배하면 아무리 최선을 다해도 모자라는 느낌만 남을 수 있다는 이야기다. 나 역시 일을 숭배했더니 절대적으로 완벽한 직업 이외의 것에 만족한다면 실패한 인생이 될 것 같은 기분에 사로잡혔다. 일을 내 정체성의 전부가 아닌 일부로 여길 수 있는 바탕을 잃어버렸기 때문이다.

의미 있는 삶은 연봉이나 직위로 결정되지 않는다

일요일 아침, 즉 라이언이 설교단에 있을 때였다. 그 주 초반에 라이언은 지프Jeep 사의 신차 광고를 보고, 이를 주일 설교의 내용으로 삼기로 했다. 그의 눈길을 끈 광고 카피는 "우리가 만드는 것이 우리를 만든다"였다. 친교실의 앞쪽에 있는 자기 자리에서 라이언은 몇 안 되는 신도들에게 말했다. "우리는 우리가 만드는 것을 자신과 동일시해선 안 됩니다. 우리가 누구

나 역시 일을 숭배했더니 절대적으로 완벽한
직업 이외의 것에 만족한다면
실패한 인생이 될 것 같은 기분에 사로잡혔다.
일을 내 정체성의 전부가 아닌 일부로
여길 수 있는 바탕을 잃어버렸기 때문이다.

인지, 누구에게 속하는지를 자신과 동일시해야 합니다." 하지만 마음 한구석에서 라이언은 갈등을 느꼈다. 그래서 이렇게 덧붙였다. "이런 말을 하는 저도 우리는 우리가 하는 일로 규정된다고 여길 때가 많습니다."

라이언은 자기가 하는 일을 정말로 좋아한다. 일에 너무 큰 의미를 두는지라 마흔 남짓의 지금 나이에 은퇴는 생각만 해도 끔찍하다. 그가 내게 말했다. "언젠가 천국의 문에 이르렀을 때 하나님이 '너는 나를 위해 뭘 했고 하나님 왕국을 세우기 위해 뭘 이용했느냐?'라고 물으신다면 내 모든 걸 바쳤다고, 하나도 남겨 놓지 않았다고 말하고 싶어요."

라이언이 트위터에 올린 도표가 널리 퍼진 후로 그의 인지도가 급등했다. 현재 그의 트위터 팔로워 수는 1만8,000명이 넘었고, 《뉴욕타임스》와 미국 공영라디오 NPR에서 종교 동향을 정기적으로 전하는 논평가로도 활약하고 있다. 대형 출판사의 편집자들이 그의 다음 책을 출간하려고 안달이며, 대학교들에서 강연 초청이 쏟아진다. 자칭 '일리노이 촌놈'이 하룻밤 사이에 유명 지식인이 되었다. 논평 기사 투고 및 강연 요청이 쇄도하자 라이언은 21세기의 위대한 역설 하나와 직면했다. 바로, 직업적 성공에 대한 보상이 그저 더 많은 일거리라는 역설이었다.

하지만 생산성의 압력이 강해질수록 라이언의 신앙은 시장의 요구에 맞섰다. 번영 복음에서는 신앙을 일과 결부시키지만, 대다수 종교적 전통은 엄연히 신성과 생산성을 구분한다. 가령 유대교의 안식일 전통처럼 시간으로 구분하거나, 수도원을 나머지 사회와 고립시키듯이 공간으로 구분하거나, 이슬람교에서 하루에 다섯 차례 다른 활동을 중단하고 기도를 올리는 것처럼 행동으로 구분한다. 영성을 연구하는 학자인 캐스퍼 터 카일Casper Ter Kuile은 기도를 하라는 요청은 직접적으로 "시장에 방해가 된다"라고 내게 말한 바 있다. 신앙을 인생의 나머지 부분과 따로 떼어내지 말라는 것이 그의 요점이다. 먹고살기 위해 버둥거리더라도 먹고사는 일보다 더 높은 가치를 지켜내라는 것이다.

라이언에게 일과 생활의 균형, 이른바 '워라밸'은 자립적인 삶을 권하는 글에 나오는 최상의 생활 방식과는 다른 개념이다. 그는 일요일에 이메일을 확인하고, 종종 책상에서 점심을 먹으며, 업무용 컴퓨터로 아들과 포트나이트 게임을 한다. 그런 면에서 그의 일과 생활 사이의 경계는 뚜렷한 선이라기보다는 구멍이 뚫린 체와 같다. 하지만 라이언은 다른 방식으로 균형이 잡혀 있다. 그는 단지 학자만이 아니며, 마찬가지로 단지 개신교도나 아버지, 목사 또는 일리노이 촌놈이 아니다. 그 전부를 합친 것이 라이언이라는 사람이다.

라이언에게 균형이란 수지맞는 강연 기회를 거절한다는 뜻이다. 그래서 온전히 주일 설교를 할 수 있고 아이들과 축구 경기를 응원할 수 있다는 뜻이다. 다른 곳의 대형 연구 기관에서 일자리를 얻기보다는 지역 공동체에서 계속 활동할 수 있도록 마운트버논에 머문다는 뜻이다. 라이언은 "인생의 여러 부분에서 의미를 찾는다는 것은 어느 한 부분에서 문제가 생기더라도 그다지 고통스럽지 않다는" 뜻이라고 말했다. 일은 그가 숭배하는 유일한 것이 아니다.

종교적 전통은 '무엇이 우리 삶을 가치 있게 해주는가?'라는 근본적인 질문에 답을 준다. 종교적 전통은 교훈과 그 실천 방법을 알려주고, 답을 공유할 이들과 공동체를 마련해준다. 하지만 점점 더 세속화되어가는 세상에서 우리는 그 질문에 스스로 답을 내놓을 방법을 찾아야 한다. 일이 하나의 답이 될 수 있다. 교회와 마찬가지로 직장 자체가 일종의 용기container 역할을 한다. 직장은 업무, 정체성 그리고 가치 체계를 담는 용기가 되며, 그 가치는 생산성과 효율성 그리고 벌어들이는 금액으로 측정된다.

일에서 정체성과 의미를 찾는 것이 꼭 나쁘다고 보지는 않는다. 나는 분명 작가의 정체성을 지니고 있고, 내가 성취한 일에서 의미를 찾는다. 하지만 어쨌든 직장은 인생을 의미 있게 해주는 여러 요소 중 하나일 뿐이다. 한 가지 가치 체계를 절대시했다가는 마치 바람 앞의 등불 처지가 된다.

예를 들어 볼링 동호회에 가입하거나 기타 치는 법을 배우거나 친구들과 매주 포트럭 파티를 벌이면, 그런 활동들이 각각 하나의 용기 역할을 한다. 볼링장에서는 누구도 직위를 신경 쓰지 않는다. 기타를 잡았다고 해서 꼭 록스타를 꿈꿀 필요는 없다. 파티에 모인 친구들은 서로를 경제적 생산량을 기준으로 평가하지 않는다(만약 그런 친구가 있다면 다른 친구를 만나는 편이 낫다).

한 연구에 의하면, 의미 있는 삶은 반드시 돈을 얼마나 버는지 혹은 어떤 직위를 갖는지로 정해지지는 않는다. 사실, 똑같은 회사에서 똑같은 직위에 있는 사람들이라도 자기 직업에서 얻는 의미가 서로 천차만별이다.[21] 연구자들은 의미와 상관관계가 있는 한 가지 공통적인 특징을 하나 찾아냈다. 바로 높은 수준의 '자기결정self-determination'이다.[22] 사람들은 무엇이 가치 있는지를 스스로 결정할 때 더욱 의욕이 솟고 성취감이 높아진다는 뜻이다.

여러분이 무엇을 숭배해야 할지 내가 알려줄 수는 없다. 하지만 무엇이 가치 있는지를 결정하는 데 여러분 자신이 적극적으로 나서지 않는다면, 기존 체계의 가치를 그대로 물려받을 뿐이다. 그리고 의미의 여러 원천들에 투자한다면(라이언처럼 무엇이 인생을 가치 있게 만드는지에 관한 정의가 여러 가지라면), 여러분은 회사도 사장도 시장경제도 어쩌지 못하는 자기 자신에게 투자하는 셈이다.

당신의 사랑스럽고 부당한 노동

- 좋아서 하는 일이라는
착각에 관하여

내겐 꿈의 직업이 없다. 나는 노동을 꿈꾸지 않는다.[1]

— 케이시 해밀턴 Casey Hamilton

리처드 볼레스 Richard Bolles가 세계적인 베스트셀러 『당신의 낙하산은 무슨 색깔입니까? What Color Is Your Parachute?』를 출간하기 2년 전, 그는 1980년대 후반 불경기 시절의 다른 많은 사람들과 마찬가지 신세였다. 해고당했다는 이야기다. 15년 동안 성공회 목사로 복무한 볼레스는 예산 감축의 여파로 자리에서 쫓겨났다. 하지만 노동인구로 다시 편입되길 거부하고, 지원금을 받아내 전국을 여행하면서 사람들에게 직업에 대한 강연을 하기 시작했다.

그해 볼레스는 자기 직업을 '버려야 할지' 고민하는 불행한 노동자들을 많이 만났다. 2017년에 세상을 떠나기 전, 볼레스는 《뉴욕타임스》와의 인터뷰에서 이렇게 말했다. "'직업을 버린다'라는 표현을 들을 때면 제 머릿속에는 늘 비행기가 떠올랐습니다. 그러면 이렇게 대답했죠. '당신의 낙하산은 무슨 색깔입니까?'라 고요."[2]

당시로서는 개인적 만족감이 직업적 성공의 중심 요소라는 생 각은 낯설었다. 일반적으로 일은 목적을 위한 수단이라고 보았 다. 사람들은 가족을 부양하거나 사회의 성실한 구성원이 되려고 일했다. 자기가 하는 일을 좋아하기(심지어 사랑하기)는 우선순위 가 아니었다.

볼레스의 생각은 달랐다. 그는 책을 통해 일 덕분에 우리 가 "하나님이 각자에게 특별히 마련해놓으신 장소나 상황에서 (……) 이 세상에 와서 쓸 재능을 발휘할 수 있다"라고 밝힌 바 있 다.[3] 볼레스의 관점에서 볼 때, 구직의 첫 단계는 무엇이 자신을 빛나게 해줄지 결정하는 것이어야 한다. 볼레스의 아들 개리가 말했다. "아버지는 인생의 사명$_{mission}$을 논할 때면 대문자 'M'을 쓰고, 인생의 천직$_{vocation}$은 대문자 'V'를 써서 강조하셨어요."

처음에 『당신의 낙하산은 무슨 색깔입니까?』는 소책자 형태 의 인쇄물이었고, 볼레스가 자신의 거처인 베이에어리어$_{Bay Area}$의 아파트에서 권당 5달러에 직접 팔았다. 초판은 고작 100부였다.[4] 이후 그 책은 1,000만 부가 넘게 팔렸으며 20개가 넘는 외국어로 번역되었다. 시대를 통틀어 가장 유명한 경제경영서 중 하나이 며, 책에 담긴 볼레스의 메시지(우리는 각자의 고유한 재능과 소망이 반영되는 일이어야만 만족감을 느낀다)는 오늘날에도 여전히 지혜의 격언으로 통한다.

개인적 만족을 일과 관련시키는 그의 주장은 혁명을 촉발시켰다. 책의 초판에는 '꿈의 직업'이라는 표현이 없었지만, 전 세계의 일하는 사람들이 자신의 열정을 따라야 한다고 확신하는 데 일조했다. 사람들은 자신의 가치를 실현해주는 일을 찾기 시작했고, 업계도 부리나케 협조에 나섰다. 그 결과, 직업상의 최고 덕목이 안정과 지속성 대신 사랑과 의미로 바뀌기 시작했다. 볼레스의 책 출간 이후 50년 만에 여러 책에서 '꿈의 직업'이란 표현이 언급되는 경우가 1만 퍼센트 이상 많아졌다.[5]

만약 워키즘이 종교라면, 꿈의 직업은 신처럼 숭배되는 대상이다. 하지만 일이 언제나 꿈으로 가득 찬 것이길 기대해서는 곤란하다. 이와 관련해 데릭 톰슨은 이렇게 이야기했다. "이 복음(꿈의 직업은 존재한다. 그러니 이를 찾기를 결코 멈추지 마라!)의 문제점은 심신을 피로하게 만드는 청사진이라는 데 있다. 탈 수 있는 사람이 거의 없는, 매혹적이지만 가능성이 희박한 상을 내걸었음에도, 모두들 영원히 그걸 해야 한다고 여기게 하는 사악한 게임인 셈이다."[6]

꿈이 현실이 되면 정말 꿈만 같을까?

포바치 에타Fobazi Ettarh는 열다섯 살에 꿈의 직업을 결정했다. 뉴저지주 포트리Fort Lee에 있는 고등학교 도서관에서 독자의 손길을 기다리던 책들을 뒤지고 있을 때, 단편소설집 한 권이 눈에 띄었다. 책을 열심히 읽는 그녀였지만, 표준적인 공상과학 소설이 아니면 좀체 집어들지 않는 편이었다. 하지만 시간도 남아돌고 해서 브루스 코빌Bruce Coville이 쓴 「앰 아이 블루?Am I Blue?」라는 단편소설을 들춰보게 되었다.

그 소설에서 열여섯 살의 빈스는 성정체성 문제로 고민하던 중에 요정을 만난다. 요정은 지팡이로 빈스의 눈꺼풀을 두드려서 빈스에게 초능력을 주었다. 동성애자를 만나면 그들이 각기 다른 색조의 푸른색으로 보이는 능력이었다. 빈스가 눈을 떴더니 푸른 경찰과 푸른 농부, 푸른 교사와 푸른 군인, 푸른 부모와 푸른 아이들이 보였다. 빈스는 자기만 정체성이 다른 사람이 아님을 처음으로 깨달았다. 이 이야기에 포바치는 크게 감동했다. "정말 세상에 그런 문제를 겪는 사람은 나뿐인 줄 알았어요." 그 책 덕분에 그녀는 동성애자인 것이 "지옥에 가야 하는 끔찍한 터부가 아니며 (……) 단지 또 하나의 생활 방식"임을 깨달을 수 있었다.

「앰 아이 블루?」를 기점으로 포바치는 동성애 문학 세계에 눈을 떴다. 아울러 그녀의 깨달음에 있어 학교 사서들이 미친 영향에도 눈을 떴다. 매주 그녀는 마치 첫 피임약을 사려는 십대처럼 도서관에 가서 새로운 책을 찾아 읽었다. 하지만 사서들은 결코 그녀를 판단하는 것 같지 않았다. 오히려 발 벗고 나서서 동성애 주인공들이 나오는, 예를 들면 낸시 가든Nancy Garden의 『내 마음의 애니Annie on My Mind』나 앤 피터스Anne Peters의 『너를 비밀로Keeping You a Secret』 같은 책들을 추천해주었다. "만약 그때 한 명의 어른이라도 제게 싫은 소리를 했다면 저는 또 다시 10년 동안 숨어 살았을 거예요." 포바치가 내게 말했다. 그녀는 자신이 학교 사서들에게 도움을 받은 것처럼 다른 이들도 그런 경험을 할 수 있게 돕고 싶었다. 그래서 학교 사서가 되겠다는 목표를 세웠다. 꿈의 직업을 찾았으니 기필코 꿈을 이룰 생각이었다.

커서 뭐가 '되고' 싶은지 아이들에게 묻는 순간부터 우리는 꿈의 직업이 마치 인생의 궁극적인 목표인 양 찬양하기 시작한다. 스티브 잡스는 이미 널리 알려진 2005년의 졸업식 연설에서 스탠퍼드대학원 학생들에게 이렇게 말했다. "좋아하는 일을 찾아야 합니다. 아직 못 찾았다면 계속 찾으세요. 적당히 만족해선 안 됩니다."[7]

하지만 꿈을 따르라는 그동안의 지혜는 그릇된 길로 향할 수 있고, 심지어는 해로울 수도 있다. 좋아하는 일을 찾아 직업으로 삼은 이들한테는 그것이 언제나 꿈과 같길 바라는 마음이 실망의 근원이 된다. 화가 애덤 커츠Adam J. Kurtz는 〈일/삶 균형Work/Life Balance〉이란 작품에서 그 이유를 깔끔하게 요약해냈다. 그는 "좋아하는 일을 한다면 평생 하루도 노동하지 않은 것이다"라는 클리셰 문장의 후반부를 지우고 다음과 같은 새로운 구절을 만들었다. "좋아하는 일을 한다면 쉴 틈 없이 항상 뼈 빠지게 일하게 될 것이며, 만사를 기분 나쁘게 받아들일 것이다."[8]

우리 사회는 소명을 찾지 않은 사람들(돈을 받고 하는 일을 좋아하지 않는 사람들)을 마치 결함이 생긴 것처럼 대한다. 잡스는 스탠퍼드대학원에서 "위대한 일을 하는 유일한 방법은 자기 일을 사랑하는 것입니다"라고 외쳤다. 인스타그램과 링크드인에는 '열정을 좇지 않기엔 우리의 인생이 너무 짧다'라는 류의 격언들이 차고 넘친다. 하지만 자신이 하는 일을 언제나 좋아해야 한다는 생각은 일에 과도한 기대를 하게 만든다. 이는 세상의 모든 일에 존재하는 지루함을 무시하는 발상이며, 꿈의 직업에 깃들어 있을지 모르는 문제를 보지 못하게 만든다. 그리고 일하는 사람이 마땅히 받아야 하는 보상보다 적게 받는 것을 수긍하는 여건을 조장한다.

전업 사서직은 대체로 도서관학이나 문헌정보학 석사 학위가 필요한데, 학위를 얻으려면 보통 2년의 시간과 수만 달러의 돈이 든다. 따라서 포바치처럼 사서가 꿈인 사람들은 종종 빚을 진 채 사서직을 시작한다. 하지만 매일 책으로 둘러싸인 곳에서 지내는 특권은 많은 사람들에게 빚을 내고서도 얻을 만한 가치가 있다. 나와 인터뷰를 한 어느 사서는 이렇게 말하기도 했다. "사서는 만들어지지 않고 태어나요."

델라웨어대학교를 졸업한 후 포바치는 석사 학위 과정을 밟기 위해 럿거스대학교의 대학원에 진학했다. 그곳에서 처음으로 (그녀의 표현을 빌리자면) '업계의 쿨에이드Kool-Aid'를 맛보았다. 그녀는 어떻게 도서관들이 누구나 이용할 수 있고 열려 있는 곳이라는 이상을 바탕으로 세워졌는지 배웠다. 교수들은 도서관이야말로 '마지막으로 남은 가장 민주적인 기관'이라고 떠들어댔다. 하지만 포바치가 연구와 실제 경험을 통해 알아보니 그런 찬양이 현실에 언제나 들어맞지는 않았다.

포용성을 중시하는 분야였음에도 포바치가 보기에 도서관 업계는 놀라울 만큼 다양성이 부족했다. 럿거스대학교만 해도 미국 전역에서 인종적으로 가장 다양성이 높은 대학교 중 하나였지만, 40명의 동료 학생들 중 포바치와 같은 흑인은 단 둘뿐이었다. 이는 교실 안의 문제가 아니었는데, 나중에 알고 보니 시민권 운동 기간 동안 남부의 도서관 중에는 문을 닫는 쪽을 선택한 경우가 많았다.[9] 이런 사정은 그녀의 대학원 교과 내용에서도 쏙 빠져 있었다. 빠진 내용이 또 있는데, 바로 특정 시민들의 도서관 출입을 막는 차별적인 ID 규칙이었다. 도서관은 자기들의 주장처럼 늘 민주적인 기관이진 않았는데도, 이에 대해 아무도 입을 열지 않았다. 이를 두고 포바치는 이렇게 설명했다. "어느 분야든 겉으로 내세우는 이상과 현실 간에 차이가 있어요. 이상의 이면에 있는 추악한 진실은 은폐하기 마련이죠. 그래야 이상을 계속 내세울 수 있거든요."

대학원을 나와 첫 일자리를 얻자, 그 업계의 불완전성을 보여주는 증거는 계속 쌓여만 갔다. 포바치의 상관은 "먹고살 돈을 벌려고 사서가 되는 사람은 없다"고 내뱉었다. 또 어떤 이는, 사서 중 또 한 명의 유색인인 아시아계 동료를 가리켜 "다양성을 위해 뽑아준 사람"이라고 말했다. 대학원 졸업 후 집에 머물고 있을 때 지역 도서관은 포바치에게 도서관 이용증 발급을 거부했다. 그녀가 그 지역에 산다는 걸 도서관 직원이 믿지 못하겠다는 이유에서였다.

도서관 창구 이외에도, 업무량은 많고 임금은 적으며 압도적으로 동질적인 사람들로 구성된 직종이 종종 눈에 띄었다. 그리고 미국 노동통계청에 따르면 석사 학위를 소지한 사서의 평균급여는 시간당 30달러 미만이었다.[10] 또, 사서 다섯 중 넷은 백인이었다.[11] 포바치는 도서관에 대한 그녀의 이미지와 실제 도서관에서 일하면서 경험한 현실 사이의 차이를 인정할 수밖에 없었다. 사서로 일하기가 대학원 교수들이 알려준 다양성의 전당과 어떻게 이토록 다를 수 있을까?

하지만 그 직종의 토대에 균열이 드러날 때마다 포바치는 스스로에게 겁을 잔뜩 먹은 십대 시절에 책과의 소중한 첫 인연을 얼마나 감사하게 느꼈는지를 일깨웠다. 도서관 덕분에 덜 외로웠고, 그런 소중한 느낌을 다른 이들에게도 전하겠다고 결심하지 않았던가. 그녀는 자기 일을 좋아했다. 적어도 내게 계속 말해주기로는 그랬다. 하지만 시간이 갈수록 "누구에게나 열려" 있을 줄 알았던 기관의 위선을 그녀도 점점 더 참을 수 없게 되었다.

'신성한 노동'과 '열정페이'의 상관관계

오늘날 자신의 열정을 따라야 한다는 이상은 자명해 보일 정도로 널리 퍼져 있다. 하지만 늘 그렇지는 않았다. "의미 있는 일"이란 표현이 주류 언어가 된 것은 고작 지난 50년밖에 되지 않았다.[12] 대략 『당신의 낙하산은 무슨 색깔입니까?』가 출간된 이후부터 지금까지일 뿐이다. 그 전까지만 해도 만족은 나중(내세까지는 아니어도 적어도 직장을 떠난 이후)을 위해 미뤄졌다.

책에 "의미 있는 일"이란 표현이 등장하는 빈도

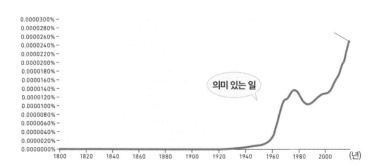

3장, 당신의 사랑스럽고 부당한 노동

거의 20세기 내내 사람들은 포디즘Fordism적 타협(포드Ford 사의 정책에 따라 지은 명칭)을 따라 일과 일하는 사람의 관계를 규정했다. 포드 직원들은 하루에 8시간씩 주 5일 일하는 대가로 괜찮은 급여와 의료보험, 적절한 휴가 및 퇴직금 혜택을 받았다. 이런 조건들은 1941년에 포드 사가 전미자동차노조UAW와의 첫 노사단체협약에 서명하면서 더욱 체계적으로 정리되었다.[13] 이 협약을 통해 노동자들은 보다 표준화된 임금과 안정적인 고용 보장을 약속받았다. 사람들은 일이 의무라고 받아들였으며, 인생의 기쁨은 별도로 찾았다. 그 협약은 시기가 좋을 때나 잘 작동되는(적어도 '충분히' 작동되는) 전제였다. 전후 경제의 호황기가 저물자 사측은 비용을 줄일 방법을 찾았고 노동자들이 그 비용을 부담했다.

기업들이 제조 공장을 해외로 이전하자 국내 임금은 정체되었고, 고용 보장을 비롯한 포디즘 시대의 혜택은 약해졌다. 1970년대 이후로 실질 임금(인플레이션을 감안해 조정된, 노동자에게 지급되는 달러 금액)은 거의 오르지 않았다.[14] 뉴욕증권거래소 회장이었던 윌리엄 배튼William Batten은 1979년에 와튼스쿨에서 진행한 강연에서 이렇게 말했다. "직업적 동기 부여에서 금전 보상이 더 이상 가장 중요한 요인이 아니게 되자 사측은 직업적 만족을 가져다줄, 그러면서도 파악하기 어려운 무형적 요인을 고안해내야 했습니다."[15]

달리 말해, 사측은 직원들을 계속 행복하게 만들 새로운 미끼가 필요했다. 그리고 사측은 결국 성공했다. 나중에 살펴보겠지만, 코닥과 IBM 같은 회사들이 직장을 사회 활동과 개인적 성장의 중심지로 각인시키는 역할을 주도했다. 20세기 후반에는 많은 사람들에게 유연성, 개인화 그리고 의미가 고용 안정, 직장 보호, 그리고 집단적 유대를 대신하게 되었다.

하지만 이는 고용주가 일의 역할을 재규정했기 때문만은 아니었다. 『당신의 낙하산은 무슨 색깔입니까?』와 같은 자기계발서의 영향을 받아 노동자들의 취향이 달라진 결과이기도 하다. 가령 1962년 여론조사에서는 전체 대상자들의 6퍼센트만 직장에서 성공하려면 일의 의미가 중요하다고 여겼다. 20년이 지나자 그 수치는 49퍼센트가 되었다.[16] 그리고 오늘날에는 10명 중 9명이 더 의미 있는 일을 할 수 있다면 기꺼이 돈을 적게 받겠다고 한다.[17] 이와 관련해 노동 전문 기자 사라 자페 Sarah Jaffe 는 저서 『일은 당신을 사랑해주지 않는다 Work Won't Love You Back』에서 다음과 같이 이야기한 바 있다. "일 자체가 우리가 좋아해서 하는 것이라는 믿음이 특히 중요해졌다. 애초에 우리가 일하게 된 이유(청구서의 비용을 지불하기)를 떠올려본다면, 왜 그토록 적게 받고서 그토록 많이 일하는지 의아하지 않을 수 없다."[18]

사서들한테 미국도서관협회 연례 총회는 메카나 다름없다. 2,000명 남짓의 사서들이 매년 그곳에 몰려든다. 포바치는 2017년 시카고에서 열린 총회에 학교 도서관 관련 토론의 패널로 참석했다. 그때 토론자 중 한 명의 발언에 그녀는 발끈했다. 그는 청중에게 사서의 일이 "신성한 의무"라고 말했다.

신성한 의무라는 표현은 포바치한테도 익숙했다. 그녀의 어머니가 장로교 목사였기 때문이다. "이 말을 직업에 쓴다는 사실이 나로선 터무니없어 보였어요." 포바치가 내게 말했다. "그 분야에 온갖 문제점이 널려 있는 마당에 어떻게 이 일이 거룩하다느니 신성하다느니 말할 수 있는지 저는 모르겠어요."

직장의 잘못된 관행을 무시하는 태도는 이른바 '좋아서 하는 일labor of love'에서 흔하다. 도서관학이 '신성한 의무'라는 발상은 수면 부족에 시달리는 의료직 종사자들한테 "환자를 우선에 두라"고 재촉하거나, 교육 자료를 제대로 제공받지 못하는 교사들에게 "아는 지식으로 그냥 때워라"라고 지시하거나, 대학생들에게 "경험을 쌓기 위해 무급 인턴직을 받아들여라"라고 말하는 것과 똑같다.

어떤 직종이 본질적으로 선하다는 메시지를 퍼뜨림으로써, 힘을 가진 측은 불공정한 관행을 (설령 논의를 거치더라도) 체계적인 결함이 아닌 개별적인 사건으로 치부할 수 있다. 포바치는 이를 가리키는 신조어 '직업적 경외vocational awe'를 만들어냈고, 사서들 사이에 이 직업적 경외가 팽배해 있는 문제점에 대한 학술 논문을 작성했다. 논문에서 그녀는 직업적 경외란 도서관과 같은 직장이나 기관이 "본질적으로 선하고 신성한 개념이므로 비판을 넘어서 존재한다"는 믿음이라고 정의 내렸다. 달리 말해서 그 업계의 후광 효과로 인해 사람들이 그 안에 존재할지 모르는 문제점들을 알아챌(또는 그것에 대처할) 수 없다는 말이다. 낮은 보상, 인종차별 또는 성차별과 같은 직장에서의 문제점이 드러나더라도 체계의 결함이라기보다 개별 사안으로 치부된다.

한편, 일을 얼마만큼 잘하는지는 일에 의미를 얼마나 많이 두느냐에 따라 평가된다. 포바치는 이를 두고 이렇게 적었다. "각자의 일의 효과가 핵심 업무의 달성보다는 열정의 양과 직결되어 있다는 것이 직업적 경외의 문제점이다. 좋은 사서인지의 여부가 고생이나 희생, 순종과 직결되어 있다면, 그 일(과 기관)은 더 고생하면서 일할수록 더 '거룩'해진다."[19]

포바치는 2018년 1월 한 소규모 학술지에 이 논문을 발표했는데, 곧 그 내용이 사서 직종을 훌쩍 뛰어넘어 퍼져나갔다. 그해 말, 그녀는 도서관학 총회에서 발표해달라는 요청과 여러 대학에서 초빙 강의를 해달라는 제안을 받았다. 교사부터 셰프까지, 응급실 의사부터 예술가에 이르기까지 수백 명의 사람들이 포바치에게 연락해서 각자의 직종에 존재하는 직업적 경외의 쓴맛을 토로했다. 특히 비영리 및 민간 부문 같은 자선 업계에서 폭발적인 반응이 쏟아져 들어왔다. 거기서는 해당 일을 한다는 '특권'이 그 자체로서 보상으로 여겨질 때가 많기 때문이다.

아마도 동물사육보다 직업적 경외 현상을 여실히 보여주는 직종은 없을 것이다. 도서관에서 일하기와 마찬가지로 보상은 적고 할 일은 많은 직종이다. 대다수의 동물사육사는 대학 학위가 있지만 평균 연봉은 4만 달러 아래다.[20] 긴 근무 시간, 고된 노동 그리고 말 그대로 '배설물'을 치워내야 한다. 어렸을 때부터 이 직업이 자신의 소명이라고 여긴 노동자들이 다수인 직종이기도 하다.

조직행동 연구자인 제프리 톰슨Jeffery A. Thompson과 스튜어트 번더슨J. Stuart Bunderson은 수백 명의 동물사육사들을 인터뷰해서 그들과 일의 관계를 조사했다. 이 기념비적인 연구를 통해 둘이 알아내기로, 동물사육사로서의 소명 찾기에는 장점만큼이나 단점이 뒤따랐다. 그들은 이렇게 설명했다. "소명 의식은 동물사육사와 그가 하는 일의 관계를 복잡하게 만든다. 한편으로는 직업적 정체성과 중요성 및 초월적 의미를 자꾸만 느끼게 하고, 다른 한편으론 굳센 의무감, 개인적 희생 및 철저한 조심성을 요구한다."[21]

많은 동물사육사는 일을 의무라고 여기는데, 이전 장에서 다룬 신성한 소명이라는 칼뱅주의 개념과 비슷하다. 그 결과, 다른 분야에서 일하기로 선택하는 것은 단순한 직업 선택의 문제가 아니게 된다. 제프리와 스튜어트는 그런 선택은 "동료의 재능과 솜씨와 노력을 필요로 하는 이들을 내팽개치는" 짓이 된다고 주장했다. 상황이 이렇다 보니 동물사육사는 착취를 당하게 된다. 낮은 보수, 부족한 복지, 열악한 노동 조건은 온갖 직종에 걸쳐 열정을 추구하는 특권을 지닌 노동자들이 감내해야 하는 숙명일 때가 많다.

저널리스트 앤 헬렌 피터슨Anne Helen Petersen은 저서 『요즘 애들Can't Even』에서 이렇게 이야기했다. "노동을 '열정'이라는 언어로 덮어버리는 바람에 우리는 자신이 하는 일을 그 자체로서 여기지 못하게 된다. 직업이 인생의 전부가 아니라는 생각을 하지 못하게 된다."[22]

우리의 열정은 종종 부조리의 먹잇감이 된다

직업은 언제나 우선적으로 경제적 관계다. 포바치가 논문에서 지적했듯이, 직업을 그 밖에 있는 무언가(열정, 신성한의무 등)로 취급하면, 일하는 사람이 필요한 변화를 요청하고 실행하기가 어려워진다. 이는 일이 집단적 활동이 아닌 개인적 활동이라는 생각이 점점 확산되어온 지난 반세기 동안 특히 두드러진 현상이다. 하지만 직업이 안정성의 원천에서 자기실현의 원천으로 바뀌게 된 것은 더 광범위한 노동시장 동향의 결과이기도하다.

가령 지난 50년간 GDP는 증가했지만 임금은 정체되면서, 수입의 상당 부분이 CEO의 주머니로 흘러들어가는 경우가 많았다. 1965년에 CEO의 수입은 직원의 평균 수입보다 20배 높았는데, 2015년에는 무려 200배 높았다.[23] "좋아하는 걸 하면, 그건

'일'이 아닙니다."²⁴ 세계 최대 사모펀드 회사 중 하나인 칼라일 그룹Carlyle Group의 공동 CEO인 데이비드 루벤스타인David M. Rubenstein은 CNBC와의 인터뷰에서 이렇게 말했다. 자신들이 돈의 대부분을 차지하고 내어줄 생각이 없으니, 우두머리들은 노동자들에게 돈보다 더 큰 것을 위해 일하라고 하기 마련이다.

게다가 제조업처럼 역사적으로 노조가 잘 갖춰진 업계의 일자리는 감소한 반면, 테크 산업처럼 노조가 잘 갖춰지지 않은 업계의 일자리는 증가했다. 고용주들은 그런 자리에 피고용인들을 끌어들이려고 개인적 성취를 겨냥한 구호(이를테면 "세상을 바꿔라!"나 "인생에서 최상의 일을 하라!" 같은)를 들고 나왔다. 하지만 여전히 곤란한 질문 하나가 남는다. 일을 좋아서 하는 게 정말로 그토록 나쁠까?

물론, 자신의 일을 좋아하면서도 행복하고 안정적인 삶을 사는 사람들도 많다. 하지만 좋아서 일하기를 향한 열정이 정당한 보수, 정당한 노동 시간 및 정당한 복지 혜택을 대신하게 되면 노동자는 힘들어진다. 특히 이런 경향은 출판이나 패션 같은 문화적 위상이 있는 업계에서 두드러지는 편이다. 그런 업계에서는 종종 "바깥에 당신의 직업을 차지하려고 혈안이 된 사람들이 줄지어 서 있다"고 내세운다. 무급 인턴부터 종신교수직의 꿈에 천착하는 겸임교수에 이르기까지, 열정을 따르는 이들은 처우가 열악한 자리에 놓이기 쉽다(특히 하층 노동자일수록 더욱 심하다).

"열정을 수지맞는 일자리로 바꿀 수 있는 디딤판과 안전망을 모두가 가지고 있지는 않습니다." 직장에서의 성취를 연구하는 사회학자 에린 체크Erin Cech가 내게 말했다. "누구나 자신의 열정을 따르라는 말을 들으며 살지만, 그럴 수 있는 동등한 놀이터(일터)가 제공되진 않아요. 그런데도 열정을 따르라고 말하는 건 불평등을 키우는 데 일조할 뿐입니다."

교육이나 양육과 같은 '열정 직종', 즉 노동자가 "돈 때문에 종사하지는 않는다고" 기대되는 직종에서는 성별과 인종 기반 임금 격차가 증폭된다. 더불어 이런 열정 직종들 중 다수는 여성화되어 있고, 그렇다 보니 평가절하된다는 점도 짚어봐야 한다. 2021년 기준 여성의 급여는 동등한 자격 조건의 남성이 받는 액수의 83퍼센트에 그쳤다.[25] 이러한 성에 따른 급여 차이는 유색인들에게 더욱 확대된다. 미국 전국여성법률센터National Women's Law Center에 따르면, 흑인 여성은 동등한 자격의 비非라틴아메리카계 백인 남성 급여의 고작 63퍼센트를 받았다.[26]

체크에 따르면 꿈의 직업을 끝없이 찾는 일은 최소한 어느 정도 비난받을 만한 짓이다. 만약 우리가 사람들은 열정에 따라 직업 선택을 한다고 믿게 되면, 임금 격차를 구조적 불공정이라는 현실의 문제라고 인정하기보다 개인적 선택으로 치부하기 쉽다. 이런 유형의 '선택 세탁choice washing'은 소득 불평등이 단지 체계적 개혁보다는 열심히 일하기를 통해 극복될 수 있다는 생각을 영속

물론, 자신의 일을 좋아하면서도 행복하고
안정적인 삶을 사는 사람들도 많다.
하지만 좋아서 일하기를 향한 열정이
정당한 보수, 정당한 노동 시간 및
정당한 복지 혜택을 대신하게 되면
노동자는 힘들어진다.

화한다.

게다가 열정을 직업으로 전환하기는 대다수에게 달성이 불가능한 일이다. 예를 들어 언론계의 경우, 입문 단계의 인턴직과 연구직은 대체로 생활비를 충당하기도 어려운 수준의 급여를 받는다. 그렇기에 입문 단계 일자리는 경제적 여력이 있는 젊은이에게로 간다. 이를테면 주택임대료를 지원해주는 부모를 둔 계층처럼 말이다. 열정을 따르기는 그랬을 때 생기는 내재적 위험을 감당할 특권이 있는 사람들에게나 가능한 일이라는 이야기다. 이와 관련해 피터슨은 『요즘 애들』에서 이렇게 주장했다. "대부분의 경우, 열정이 당신에게 안겨주는 것은 아주 적은 보수를 받겠다는 동의가 전부다."[27]

열정을 찾는 쪽은 노동자만이 아니다. 고용주도 열정적인 노동자를 찾고 있다. 체크의 조사 결과에 의하면, 스타벅스부터 골드만삭스까지 고용주들은 갈수록 열정적인 피고용인들을 선별하고 있는데, 심지어 열정이 일을 잘하는 데 꼭 필요하지 않은 경우에도 그렇다. "바리스타라는 직업은 종일 커피를 만드는 일이다." 체크는 이렇게 말한다. "그러므로 일할 때 열정을 실현하기를 기대하는 것은 커피 만들기라는 본업을 넘어선 추가적 노동을 요구하는 셈이다."

체크는 어느 지역 호텔 체인의 직원의 사례를 들었다. 그 호텔의 직원들은 명찰에 "안녕하세요. 저는 ○○○이고, ＿＿＿에 열정을 품고 있습니다"라는 문구를 넣어야 했다. 이런 식의 열정 실행하기는 '항상 웃으며 서비스하기'를 정신적 차원에서 하는 것과 다르지 않다. 노동자는 일에 열정적이어야 할 뿐만 아니라 그 열정을 온 세상이 다 보게끔 전시하도록 요청받는다.

코로나 바이러스 팬데믹 시기, 많은 직장이 노동자들을 한계 상황으로 몰아붙였다. 간호사들은 잔업을 요청받았고, 교육자들은 온라인과 오프라인의 혼합 강의에 적응하도록 요구받았다. 식당 종사자들은 건강상의 위험을 무릅쓰고 일해달라는 요청을 받았다. 당시에 노동자들은 '영웅'이니 '필수 인력'이니 하는 말들로 치켜세워졌지만, 추가적인 보호나 보상은 별로 없었다. 직업적 경외가 기승을 부리던 때였다.

사서도 마찬가지였다. 많은 사서들이 감염의 위험에서 벗어나게 해달라고 간청했는데도 필수 인력으로 분류되었다. 미국 전역의 사서들은 시 공무원들에게 도서관을 닫게 해주길 탄원했고, 자신들의 비참한 상황을 소셜미디어에 올렸다. 사서 에이미 디글먼Amy Diegelman은 도서관을 계속 열어두라는 결정을 듣고서 이런 트윗을 올렸다. "확실히 말씀드리는데, 시카고공립도서관 직원들은 어리둥절하고 혼란스럽고 충격에 휩싸여 있습니다. 우리는 겁에 질린 동시에 분노해 있습니다."[28]

뉴저지에서 포바치가 일하던 도서관은 계속 문을 열기로 결정했을 뿐만 아니라, 주지사의 행정명령으로 개방 시간을 연장해야 했다.[29] 그 행정명령이 떨어지기 전, 포바치는 면역력이 약화되는 바람에 재택근무를 허락받았다. 하지만 다른 사서들과 관리 직원들은 계속 출근해야 했다. 공공 서비스라는 미명하에 포바치의 사서 동료들 일부는 무료급식소에서 일하도록 배치되거나 다른 필수 인력의 아기를 돌보는 일까지 맡았다. 미 전역에서 수천 명의 사서가 강제 휴직이나 일시 해고를 당했다. 동시에 도서관 직종의 문제점을 지적하는 포바치의 활동은 더욱 수요가 높아졌다. 지역을 막론하고 직업적 경외를 주제로 온라인 강연을 해달라는 요청이 쏟아져 들어왔다. 많은 동료가 내쫓기는 마당에 자신의 경력은 날아오르는 상황이 되자 포바치는 인지부조화를 느꼈다. 한편으로 코로나 바이러스 팬데믹을 계기로, 도서관을 포함해 병원이나 학교 같은 기관들은 해당 분야의 선한 명분에 기대어 공공연하게 직원 착취를 정당화했다.

게다가 대학연구도서관협회Association of College and Research Libraries 같은 곳에서 포바치 같은 인물에게 강연을 요청하는 것은 초과노동으로 악명이 높은 투자은행이 일과 생활의 균형을 강조하는 전문가에게 기조연설을 요청하는 것과 다름없다. 권력을 지닌 이들이 그런 발언들을 정책 변화로 뒷받침하지 않는 한, 인식 확대는 멀리 나아가지 못한다.

다른 활동가들처럼 포바치도 갈림길에 놓였다. 내부로부터의 변화를 촉구하는 일을 지속하는 데 시간을 쏟는 게 나을까? 아니면 직업적 경외를 대중적으로 알리는 활동에 나서야 할까?

처음에 포바치는 이 역사적인 실직 사태 속에서 연구 활동을 겸한 사서라는 일자리를 유지하고 있다는 데 감사함을 느꼈다. 10년 동안 사서가 되는 전문적 교육을 받은 그녀는 앞으로 종신직을 얻게 될 과정에 안착해 있었다. 대다수의 동료 사서들로서는 얻을 수 없는 높은 수준의 안정성과 고용 보장을 확보한 셈이었다. 하지만 포바치는 자신의 신념을 행동으로 뒷받침하고 싶었다. 그래서 2020년 12월 31일에 상관에게 사임의 뜻을 담은 이메일을 보냈다. 단지 자신의 꿈의 직업만이 아니라 사서로서의 경력 전부를 그만두기로 결정했기 때문이다.

"직업적 경외라는 현상이 대단히 위험한 이유를 하나 들자면, 아주 많은 사람들이 자신의 일에 대해 열정(소명까진 아니더라도)을 갖는다는 사실을 먹잇감으로 삼기 때문이에요." 그녀가 내게 말했다. "해당 기관들은 설령 현재 직원이 떠나더라도 더 열정적인 직원이 분명히 온다며 기고만장이고요."

포바치는 다시 학교로 향했다. 도서관 및 정보학 교수가 되려고 공부 중이며, 실천가보다는 학자로서 도서관 개혁을 추진하고자 한다. 학계 역시 직업적 경외가 흔한 분야라는 사실을 그녀도 인지하고 있다. '지식의 추구'라는 고상한 소명과 종신교수직의 약속이 부당한 노동 조건을 정당화하는 데 사용될 수 있음을 안다. 이 글을 쓰는 현재, 미국 전역의 대학원생들은 임금 인상, 의료보험 확대 및 감당할 수 있는 주거 보장을 위해 파업을 벌이고 있다. 포바치는 자신의 새로운 경력에 장애물이 없으리라고 낙천적으로 생각하지는 않는다.

"제게는 더 이상 꿈의 직업이 없어요." 그녀가 내게 말했다. "앞으로는 눈을 똑바로 뜨고 살 거예요."

4장

일에 일상을 바치는 사람들

- 나의 가치가 실적으로 결정된다는
착각에 관하여

시간을 되돌려서 과거의 나에게 한 가지 메시지를 줄 수 있다면, 예술가로서 나의 가치는 내가 얼마나 많이 창작하느냐에 달려 있지 않다고 말할 것이다. 그런 태도는 자본주의에 사로잡혀 있는 것 같다.

예술가로 활동한다는 것은 단 한 명이라도 누군가의 삶을 어떻게 그리고 왜 건드리느냐에 달려 있다. 설령, 창작의 과정에서 그 단 한 사람이 당신 자신이 더라도 말이다.[1]

– 어맨다 고먼_{Amanda Gorman}

매주 월요일 오후, 버클리고등학교의 학생신문《재킷_{Jacket}》의 부원들이 주간 뉴스 회의를 하려고 교실에 모였다. 때는 잔스포츠_{JanSport} 가방, 스케처스_{Sketchers} 운동화, 푸카-쉘_{Puka-shell} 목걸이가 유행하던 1999년 가을이었다. 푸카-쉘 목걸이를 목에 건 사람 중 한 명이 바로 메건 그린웰_{Megan Greenwell}이었다. 열여섯 살의 고등학교 2학년 학생인 그녀는 막 신문사에 들어와서 인생의 두 번째 기사 작성을 준비하고 있었다.

학생 편집자들은 월요일 회의 때마다 칠판에 기사 소재들을 적은 다음에 소재별로 기자를 배정했다. 학기 초반 어느 월요일 회의에서《재킷》의 부원들은 주말에 나온 소식 하나를 논의했다.《샌프란시스코 크로니클》에 실린 뉴스로, 시타 베미레디_{Seetha}

Vemireddy라는 17세 소녀가 일산화탄소 중독으로 사망했다는 내용이었다. "당시만 해도 대단한 사건이 아닌 것 같았어요." 학교 신문사의 지도교사 릭 에이어스Rick Ayers가 내게 해준 말이다. 하지만 희생자가 고등학생에 해당하는 나이인 데다 버클리고등학교에서 두 블록 떨어진 곳에서 살았다는 걸 알고서, 메건이 직접 살펴보기로 했다.

처음 들러본 곳은 등기소였다. 타운에서 유일한 공립고등학교라서 버클리 십대들의 대다수(특히 학교에서 몇 블록 거리 이내에 사는 아이들)는 버클리고등학교를 다닌다. 하지만 등기소에서 베미레디라는 이름을 조회했더니, 등록된 기록이 없었다. 메건은 뭔가 수상하다는 낌새를 느꼈다.

메건은 다른 부원인 17세의 일리아나 몬튀크Iliana Montauk 와 함께 본격적인 조사에 나섰다. 희생자가 인도 사람임을 알아낸 두 청소년 기자는 단서를 찾으려고 남아시아 학생들 및 교사진과 접촉했다. 베미레디를 개인적으로 아는 사람은 없는 듯했지만, 한 교사가 좋은 아이디어를 떠올렸다. 교사는 베미레디가 미국으로 이주하기 위해서 계약 하인indentured servant으로 강제 노동을 했을지 모른다고 짐작했다. 그건 당시 캘리포니아의 남아시아 이민자 사회에서 이미 잘 알려져 있던 문젯거리였다.

2주 넘게 발로 뛰어 취재하고, 언론 전문 변호사들과 상담하고, 수업을 거르면서까지 사건을 추적한 끝에 메건은 상상하지도 못했던 엄청난 사실을 밝혀냈다. 시타 베미레디는 라키레디 발리 레디Lakireddy Bali Reddy의 세입자이자 피고용인이었다. 그는 62세의 부동산 거물로, 현대판 노예 거래 및 불법 성매매 업소를 운영했다. 레디는 더 나은 삶을 살게 해주겠다는 말로 가장 낮은 사회계층의 어린 인도 여성을 꼬드겨 미국으로 데려왔다. 그러나 일단 미국에 도착하면, 레디는 억압적인 조건하에서 여성들에게 무임금 강제노동을 시켰다.

1999년 12월 10일 금요일,《재킷》은 "어린 인도 이민자, 버클리 아파트에서 사망"이라는 표제로 메건의 기사를 실었다. 기사의 부제는 "남아시아 공동체에 따르면 '계약 하인'의 희생양일지도"였다.[2] 한 달 후, 연방 검사가 레디와 그의 아들을 불법 성매매와 불법 이민자 고용 및 어린 소녀를 첩으로 둔 죄로 기소했다. 그는 징역 8년을 선고받았다.

열여섯 나이에 쓴 두 번째 기사로 메건은 많은 기자들이 직업생활 내내 추구해온 수준의 영향력을 달성해냈다.《피플》지는 그녀를 "고등학교의 로이스 레인Lois Lane"이라고 불렀으며(로이스 레인은 DC 코믹스 만화 속에 등장하는 기자로, 슈퍼맨의 연인으로 유명하다-옮긴이),[3] ABC의 TV쇼 '굿모닝 아메리카'에 초대되기도 했다. 미국기자협회Society of Professional Journalists의 지역 지부는 메건에게 올해의 기자상을 수여했다.

그 기사를 발표하며 메건은 칭찬과 인정을 받았을 뿐만 아니라 자신의 정체성까지 얻어냈다. 말 그대로 '기자'가 되었다. "그 후로 '음, 이 일 말고 다른 일은 결코 하지 않을 거야'라는 생각이 들었어요." 메건이 내게 말했다. "그리고 하는 김에 최고가 되어야지 싶더라고요."

결국 메건은 여러 면에서 자신의 목표를 이뤄냈다. 컬럼비아 대학 대학신문의 편집장이 되었고, 졸업 후에는《워싱턴포스트》에 들어갔다. 23세에는 바그다드 특파원으로 파견되어 이라크전쟁을 취재했다. 또한 버지니아공과대학 총격 사건을 다룬 공로로 2008년 퓰리처상을 수상한《워싱턴포스트》팀의 일원이었다. 《워싱턴포스트》를 떠나서는《굿》,《ESPN 더 매거진》그리고《뉴욕》지에서 여러 특집기사를 쓰고 편집했으며 수상했다. 그다음엔 인기 온라인 스포츠 매체인《데드스핀Deadspin》에서 최초의 여성 편집장이 되었다. "정말로 두렵고 스트레스가 크지만 그 일이 진짜 좋았어요." 그녀는 데드스핀의 일자리를 수락한 지 몇 달 후에 롱폼Longform 팟캐스트에 출연해서 말했다. "심지어 스트레스가 활력을 주기도 하고요."[4]

하지만 그런 낙관주의는 오래가지 못했다. 메건이 편집장을 맡은 지 14개월 후,《데드스핀》의 모회사인 G/O 미디어가 그레이트힐파트너스Great Hill Partners라는 사모투자 전문회사에 팔렸다. 인수 후 2주 만에《데드스핀》의 새 경영진은 25명의 직원들을 해고했다. 사측은 직원들의 근무 및 복장 규정을 도입하려 했다. 회사에서 주도적인 역할을 하는 메건 및 다른 7명의 여성은 자리에서 쫓겨났고 남자들이 그 자리에 앉았다.[5]

메건으로선 낙심천만이었다. 자신이 이끌던 뉴스 제작실을 경영진이 만신창이로 만들어버렸다. 그렇게 회사에서 나온 뒤 그녀는 통렬한 글 한 편을 썼다. "디지털미디어의 비극은 불편한 옷차림에다 수익만 쫓는 무자비한 사내들이 운영한다는 사실이 아니다. 전문가랍시고 나서는 사람들이 직원들보다 돈 버는 법을 잘 모르고 직원들 말을 듣지도 않는다는 점이다."[6]

데드스핀을 떠난 후 2019년 여름, 메건은 《와이어드》지 웹사이트의 수석 편집자로 고용되었다. 그녀의 경력에서 여섯 번째 꿈의 직장이었다. 하지만 업계의 꼭대기 자리에 올라보고서야 메건은 무언가가 잘못되었음을 알아차렸다. 딱히 오랜 시간 일하지도 않았는데(적어도 다른 직장에서 일했던 것보다 더 오래 일하지도 않았는데) 귀가하고 나면 "망가져서 껍데기만 남은 사람"이 된 느낌이었다. 일을 많이 해서가 아니었다. "일하지 않고 있을 때에도 일에 신경 쓰는 걸 멈출 수가 없었기 때문이에요." 메건이 내게 말했다.

2020년 말 즈음, 《와이어드》의 편집장 니콜라스 톰슨Nicholas Thompson이 《애틀랜틱》으로 자리를 옮겼다. 《와이어드》가 대체 인물을 찾는 동안 메건이 임시로 편집장을 맡았다. 메건은 정식 직위를 원하기도 했지만, 한편으로는 회사가 정말 편집장을 맡아달라고 할까 봐 두려운 마음도 들었다. 그녀는 번아웃 상태였다. 며칠씩 회의를 거듭해도 즐거웠던 기사 편집 일에 더 이상 설레지 않았다. 걸핏하면 직장과 일에 관한 어수선한 꿈에 시달렸다. 남편(의사 겸 공공의료 연구자 겸 그녀와 마찬가지로 워키스트인)도 걱정이 되었다. 엎친 데 덮친 격으로 그녀의 아버지가 신장병 진단을 받았고, 코로나 사태가 전 세계를 휩쓸었다. 그래서 《와이어드》의 일자리 제안을 수락한 지 1년도 안 된 2021년 4월, 그녀는 쉬기로 결정했다.

메건은 《와이어드》의 동료들과 모기업인 콘데 나스트Condé Nast의 경영진들에게 이메일을 보냈고, 콘데 나스트의 존경받는 최고콘텐츠책임자CCO 안나 윈투어Anna Wintour에게서 답장을 받았다. 자기가 어떻게 해야 메건이 회사에 남도록 설득할 수 있겠냐는 내용이었다. 메건은 우쭐해지기도 했지만, 보수나 역할의 변화로는 자신의 권태감이 사라지지 않으리란 사실을 가슴 깊이 알고 있었다. 결국 윈투어의 제안을 정중하게 거절했다. 서른일곱의 나이에, 남성 주도의 경쟁이 심한 분야의 꼭대기 자리에서 일한 메건은 기업의 승진 사다리에서 내려왔다.

하지만 메건한테 직장 그만두기는 쉬운 과제였다. 정작 어려운 과제는 일하지 않을 때 자신이 누구인지를 알아내는 것이었다. 지난 20년 동안 그녀는 늘 마음 한구석에 기사 아이템을 품고 있었다. 인생이 기자의 시계를 따라 흘렀다. 편집장이 그녀의 마감 시간을 정했고, 자신이 편집장이 된 후로는 자기가 다른 직원의 마감 시간을 정했다. 친구들 역시 대부분 기자였다. 현직 기자로 일하지 않을 때에도 그녀는 프린스턴 하계 언론 프로그램에서 자원봉사로 총책임자를 맡았다. 저소득층 고등학생을 위한 집중 세미나 과정이었다. 언론 일은 단지 생계가 아니라 그녀의 삶 자체였다. "늘 나 자신을 내가 하는 일로 규정해왔어요. 그래서 이 전환 과정이 예상보다 훨씬 힘드네요." 《와이어드》를 떠난 지 몇 주 뒤에 만난 메건이 내게 말했다. "이렇게 버둥거리는 것도 내 자신이 누군지 모르기 때문이고요."

심리학에서는 대인관계의 경계선이 흐릿해진 경우를 '밀착en-meshment'이라는 용어로 설명한다. 밀착은 인간관계의 경계선이 굳건하지 못하고 불명확할 때 한 개인이 독립적 자아를 발달시키지 못하게 만든다. 자존감이 부모의 평가에 긴밀히 연결되어 있는 어린아이, 또는 서로 너무 의존적이어서 둘 중 누구도 상대방과 상의하지 않고서는 스스로 결정을 못 내리는 커플을 떠올리면 이해하기 쉽다. 메건은 다른 많은 의욕적인 전문직 종사자들처럼 밀착되어버렸다. 다만 사람이 아닌 자신의 직업에 밀착되어버렸다.

생산하는 인간과 생산'도' 하는 인간

우리는 고정된 정체성을 갖고서 태어나지 않는다.

정체성은 시간이 흐르면서 우리가 만들어가는 것이다. 정체성 형성에 관한 많은 이론은 독일 정신분석학자 에릭 에릭슨Erik Erikson에게 비롯되었다. 아마도 그는 20세기의 가장 저명한 발달심리학자일 것이다. 에릭슨은 사람은 살아가는 동안 여러 단계에 걸쳐 정체성을 형성하는데, 그중 핵심 단계는 사춘기라고 보았다. 십대는 불안정의 시기다. 신체적으로 부쩍 자랐고 성적으로도 성숙했지만, 인생의 중요한 진로 선택을 앞두고 있다. 에릭슨에 따르면, 이 결정적 단계에서 우리는 변화하고 있는 주변의 모든 상황에 대처하기 위해 정체성을 굳힌다.

"정체성에 대한 이러한 인식 덕분에, 자기 자신을 연속성과 동일성을 지닌 존재로 경험하고 그에 따라 행동할 수 있게 된다."[7] 에릭슨은 가장 유명한 저서 『유년기와 사회Childhood and Society』에 이렇게 기술했다. 십대들은 좋아하는 유명인사와 자신을 지나치게 동일시하기도 하고, 다른 이들을 배척하는 방식으로 자신의 정체성을 확립하고자 패거리에 들기도 한다. 이렇듯 우리는 자랄 때 안정감의 원천으로서 정체성을 선택해나간다. 분명 메건의 경우도 그랬다.

메건의 부모는 도급업자였다. 아버지는 바닥 시공을, 어머니는 창문 덮개 설치 일을 했다. 메건과 여동생은 유치원생부터 고등학생 때까지 학교를 8번이나 옮겼다. 부모가 안정적인 일감을 찾아 미국 서부 해안 지역을 따라 수시로 이사했기 때문이다. 메건은 조금 집착하는 성격이었고, 어린 시절의 여러 단계마다 특별한 활동에 몰두했다고 직접 이야기했다. 초등학교 1학년과 2학년 때엔 전국 글쓰기 대회에 참가했고, 중학교 때에는 뮤지컬에 빠져 살았다. 8학년 때엔 솜씨 좋은 펜싱선수가 되었다. "저는 외적인 성취와 외부의 인정을 받고 싶은 마음이 정말 컸어요." 그녀가 내게 말했다. 기자라는 직업, 즉 언제나 위급상황과 경쟁에 놓여 있고 세간의 인정을 받게 되는 직종이 메건에겐 딱 맞았다.

여기서 에릭슨이 실시한 아주 유명한 연구 하나를 살펴보자. 그는 제2차 세계대전 참전용사들을 인터뷰했다. 《와이어드》를 떠난 뒤의 메건처럼 군인들은 임무를 마친 이후의 세상에서 어떻게 살아가야 할까라는 문제에 직면했다. 오랫동안 그들의 정체성은 군인이었다. 명령 체계에 따라 살았으며, 할 일과 역할이 명확했다. 그걸 잃어버리자 혼란스러워졌다. 에릭슨은 참전용사의 경험을 설명하기 위해 '정체성 위기'라는 용어를 새로 만들어냈다. 정체성의 핵심적 부분을 잃어버려서 생기는 불안정과 불안감의 기간을 가리키는 말이다.

정체성 위기는 내가 이 책을 쓰기 위해 인터뷰했던 야심 많은 전문직 종사자들에게 흔했다. 전직 프로축구선수 트래비스 캔트렐Travis Cantrell은 좋아하던 축구를 그만두기로 했을 때 "자신의 일부를 끄는" 느낌이었다고 했다. 스타트업 직원이었던 앨리스 월튼Alice Walton은 코로나 사태 발발로 회사 직원의 절반에 해당하는 다른 동료들과 함께 해고를 당했을 때의 심경을 이렇게 터놓았다. "제가 무언가에 실패했다는 느낌이 들지 않을 수가 없었어요." 그 해고가 자신의 잘못 때문이 아님을 잘 알고 있었음에도 말이다.

회사에서 7년 동안 일한 후 구조조정으로 해고당한 영상제작자 에즈라 폭스Ezra Fox는 "자기 인생의 중심적 서사와 반대되는 정보를 세상살이를 통해 알게 되면 정말 힘들어요"라고 말했다. 에즈라는 자신을 성공한 사람이라고 여겨왔다. 다년간의 좋은 평점과 승진 때문에 굳어진 서사였다. 하지만 해고를 당하자 그제야 내면의 성찰이 진지하게 일어났다. 자신이 "성공한" 사람이라는 서사와 방금 실직했다는 현실을 조화시킬 수가 없었다.

사회학자 아서 브룩스Arthur Brooks에 의하면, 우리는 자기 인생의 서사에 의미를 부여하는 데 능하지만, 대본이 달라지면 서툴게 대응하는 경우가 많다.[8] 대본 중간의 끊긴 부분(가령 은퇴, 안식년 또는 대량 해고)이야말로 우리의 회복력이 어느 정도인지를 알려준다. 그런 부분을 만나면 우리는 내용을 수정해야 하고, 심지어 어떤 경우에는 이전 대본을 완전히 내다버려야 한다. 하지만 덕분에 우리는 처음부터 새로운 대본을 시작할 기회를 얻는다.

인생의 대본을 다시 쓰는 예로 삼기에 가장 적절한 대상은 만성 질환을 앓는 사람들일 것이다. 만성 질환은 예상하기도 통제하기도 불가능하다. 만성 질환자들은 어떤 날엔 에너지가 가득

찬 채로 깨어나지만, 또 어떤 날엔 침대에서 일어날 기력조차 없다. 메건과 같은 사람들, 즉 자아존중감이 생산력에 달려 있는 사람들은 만성 질환자들처럼 생산력이 통제권에서 벗어날 때가 많은 이들에게서 배울 것이 많다.

리즈 앨런Liz Allen을 예로 들어보자. 리즈는 실력 있는 수영선수였다. 대학에서는 수영과 수구 두 종목에서 1부 리그 운동선수로 뛰었다. 하지만 1학년을 마치고 난 여름에 라임병에 걸리고 말았다. 하루에 4시간씩 수영하던 몸이 몇 달 만에 온종일 집에서 누워 지내야 하는 몸으로 바뀌었고, 어머니가 숟가락으로 치킨 수프를 떠먹여주어야 했다. 다른 합병증으로 만성 피로와 현기증도 앓게 되었다. 하지만 시간이 지나면서 건강은 서서히 나아졌다. 대학 졸업 후에는 콜로라도의 한 중학교에서 6학년생에게 과학을 가르치는 일자리를 얻었다. 리즈는 그 일을 좋아했다. 즐거운 마음으로 일찍 출근해서 늦게까지 일했다.

하지만 교사로 일한 지 3년째가 되던 해, 장시간 근무와 수업 스트레스 때문에 이미 민감해져 있던 면역 능력이 약화되었다. 결국 교실에서 풀타임 근무를 할 수 없게 되는 바람에 소명이라고 느꼈던 교사라는 직업을 그만둘 수밖에 없었다. 스스로 퇴사한 메건과 달리, 리즈가 일을 그만두기로 한 건 자신의 선택이 아니었다.

"누구라도 '나는 누구다'라는 명제를 내가 잃어갔던 속도로 잃어버리게 된다면 계속 살아가기가 두려워질 거예요." 리즈가 내게 말했다. 하지만 그녀는 계속 살아갔다. 그녀는 만성 질환이 자신을 규정하게 되는 상황을 거부한 사람들의 온라인 공동체를 찾아냈다. 그곳에서 자신의 결과물에 바탕을 두지 않고도 "나는 누구다"라는 새로운 명제를 만드는 법을 배웠다. "나는 내 시간에 관대한 사람이고, 사랑이 충만한 사람이며, 잘 듣는 사람이다." 그녀는 스스로에게 그렇게 말했다. 자신이 생산할 수 있었던 것보다는 자신의 변함없는 특성들로 스스로를 규정하기 시작했다.

리즈가 말했다. "바닥을 쳐서 사회가 기대하고 자본주의가 요구하는 방식으로 생산해내거나 세상에 기여하지 못하게 될 때, 우리는 주위를 둘러보고 이렇게 질문해요. 나 자신이 가치가 있나?" 하지만 환우 공동체의 도움 덕분에 리즈는 자신이 이룬 일 이외의 가치를 지닌 다른 기둥들을 세울 수 있었다. 그래서 설령 한 기둥이 무너지게 되더라도 그녀의 토대는 여전히 남아 있게 되었다.

"나는 누구인가" 꼬리표 중에서 가장 미국적인 것은 아마도 '생산하는 인간'일 테다. 노동자는 생산성으로 측정되고, 회사는 성장성으로 측정되며, 국가의 건전성은 GDP로 측정된다. 우리는 '사회의 생산적인 구성원'으로 보이는 사람들을 칭송하고, 복지 서비스에 기대는 사람들을 '복지층'이나 '무임승차꾼'이라고 매도한다. 하지만 단지 우리 국가나 고용주들만이 우리에게 이런 가치 체계를 부과하지는 않는다. 생산성으로 가치를 측정하는 행태는 우리가 스스로에게 부과하는 표준이기도 하다. 그 과정에서 많은 사람들이 지배적 경제체제, 즉 자본주의의 가치들을 내면화했다.

12~13세기 유럽은 봉건 경제체제하에 있었다. 시골에서 영주는 자기 소유의 땅을 소작농에게 빌려주었고, 소작농은 그 땅에 살면서 농사를 지었다. 수확한 것들 중 소작료를 내고 남은 것을 팔아 생계를 일구었다. 도시에서는 업체들이 모여 엄격한 위계질서를 갖춘 길드를 조직했다. 남성만 길드에 가입할 수 있었고, 대장장이나 제빵사와 같은 장인들만이 길드 내에서 생산할 수 있었다. 길드의 목적 중 하나는 경쟁의 최소화였다. 예를 들면 제빵사 길드는 도시의 빵집 개수를 제한하는 방식으로 빵의 공급량이 수요를 초과하지 않도록 함으로써 가격 하락을 방지했다. 수세기 동안 경제는 국소적인 규모였고, 해외 무역은 드물었다. 하지만 16세기에 들어서며 모든 게 달라졌다.

1500년대 초반에 상업 자본가라는 새로운 직종이 등장했다. 상인들은 외국 제품을 값싸게 구매한 다음, 유럽 귀족들에게 팔아 큰 수익을 냈다. 또한 장인들을 설득하여 제품을 구매한 다음, 가장 높은 값을 쳐주는 곳을 찾아 이 도시 저 도시를 돌아다녔다. 장인들이 자기 지역 바깥의 다른 장인들과 경쟁하게 된 것이다. 그 결과 가격을 결정하는 역할이 길드에서 시장으로 점점 넘어가면서 길드는 붕괴되었다.

처음에 상인들은 생산자와 소비자를 단순히 연결해주기만 했지만, 세력이 커지면서 상품 생산 방식에도 개입하기 시작했다. 장인들에게 미리 주문을 넣어 생산을 의뢰했고, 원재료를 제공했으며, 노동에 대한 임금을 지불했다. 상인으로서 거래를 통해서만 돈을 벌기보다 생산 수단을 통제하여 부를 축적해나갔다. 자본가가 된 것이다. 피고용인이라면 누구나 알 듯이, 이런 상황은 노동자의 자율성을 크게 앗아갔다.

가격이 고정되어 있고 소비자가 특정 지역에만 국한되어 있을 때는 노동자들은 필요한 것만 생산해서 팔았다. 대다수 작업은 야외에서 이루어졌기에 태양이 노동 시간을 규정했고 노동 강도는 계절에 따라 달라졌다. 하지만 자본가의 세계에서는 자본을 가진 자들이 노동을 규정했다. 자본을 소유한 계급은 생산 비용을 줄이면 줄일수록, 나중에 더 많은 수익을 거둔다. 그렇기에 더 적은 보수에 더 많이 일하도록 노동자를 압박하기 마련이다. 노동자는 자신의 노동에 필요한 설비에 투자할 돈이 없으므로 임금을 지급하는 이들에게 굴복했다. 그들은 자신이 생산하는 것만큼이었다.

18~19세기에는 기술 발전에 힘입어 수공업과 농장에 기반을 둔 경제에서 벗어나 제조업과 공장에 기반을 둔 경제로 탈바꿈되었다. 노동자들은 시장과 들판에서 일하는 대신 반복적인 업무를

수행하는 분업화된 생산라인으로 몰려갔다. 카를 마르크스가 이론화했듯이, 산업 자본주의 아래에서의 노동은 노동자를 자신이 생산한 제품으로부터 소외시켰다.[9] 노동자는 지역 공동체를 위한 제품보다 머나먼 곳으로 운송되는 제품을 만들었다. 마르크스에 따르면, 이런 유형의 노동은 노동자를 자신이 생산한 제품뿐만 아니라 자신의 인간성(자신이 누구인지를 결정해주는 공동체와 정체성)으로부터도 소외시켰다.

　오늘날의 경제에서 소외는 다른 형태를 띤다. 2017년 미국 공중보건위생국장 비벡 머시Vivek Murthy는 외로움이 공중보건 위기라고 보았다. 《하버드 비즈니스 리뷰》에 실린 글에서 그는 "우리는 문명사에서 가장 기술적으로 연결된 시대에 살고 있지만, 외로움의 비율은 1980년대의 2배가 되었다"라고 이야기했다.[10] 사람들이 극심한 외로움을 느끼는 이유는 다양하다. 그중 하나를 들자면, 메건의 부모처럼 많은 노동자들이 더 나은 일자리 기회를 찾아서 고향과 공동체를 떠나왔다. 머시가 설명했듯, 사회적·종교적 유대 관계가 약해지자 직장이야말로 많은 이들의 일차적인 사회 집단이 되고 말았다.

당신의 정체성들을
하나의 바구니에 몰아 담지 말 것

살면서 주어지는 온갖 역할을 충실히 해내기 위해 단 하나의 기관에 기대는 것은 위험하다. "일에 몰두하다 보니 저는 정말로 많은 달걀들을 하나의 바구니에만 담고 있었어요." 영상제작자인 에즈라가 말했다. "기본적으로 그게 나의 사회생활이고, 삶의 목적의식이고, 자신과 가족을 먹여 살리는 방법이기도 하고요. 문제는 언제든 누군가가 그 바구니를 나한테서 빼앗을 수 있다는 거예요."

나도 할 말이 있다. 내가 일했던 업계(광고, 테크, 언론 및 디자인)들은 업무 시간이 정확히 분리된 편이 아니었다. 업무 시간이 끝난 후에도 참석해야 할 자리나 대답해줘야 할 업무 관련 문자 메시지를 받는 것이 일상이었다. 그게 꼭 나쁘지만은 않았다. 나는 함께 일하는 직장 동료들과 좋게 지냈고, 진짜 친구도 사귀었다.

하지만 일이 중심인 삶에는 분명한 위험이 도사리고 있었다. 나는 오랫동안 직장 동료 외의 다른 사람들과는 별로 연락하거나 만나지 않았는데, 부정적인 사내 평가를 받자 스스로가 실패자란 느낌이 들었다. 또한 일 중심으로 삶을 살아가던 동료들이 회사가 휘청거리자 해고당하는 모습도 목격했다. 내 운명을 수익이 목적인 조직에 오롯이 맡기는 것은 위험천만한 일이었다.

물론, 피고용인이 일과 자신을 동일시하면 고용인한테는 좋다.

수많은 연구 결과가 증명하듯이, 노동자들의 높은 '직업 정체성'은 장기 근속, 생산성 증가 및 일하는 시간의 증가로 이어진다.[11] "그런 공동체가(마음 맞는 사람들의 모임으로 둘러싸여 있고 자신보다 더 큰 무언가에 속해 있다는 것이) 사람들로 하여금 더 열심히 일하고, 일에 더 많은 시간을 들이고, 마냥 즐겁게 살아가도록 북돋웁니다."[12] 위워크의 공동설립자 애덤 노이만Adam Neumann이 2017년 테크크런치 디스럽트TechCrunch Disrupt 행사에서 청중들에게 한 말이다. 하지만 영성 연구자 캐스퍼 터 카일은 내게 이렇게 말했다. "저는 나를 해고시킬 수 있는 권한이 있는 사람과 온전한 공동체를 이룰 수 있다고 생각하지 않아요." 정체성의 달걀들을 직업이라는 하나의 바구니에 전부 담아버리면 위험하다. 특히나 버젓이 구멍이 뚫린 바구니라면 더더욱.

심리학자 재너 코레츠Janna Koretz의 전문 분야는 압박이 심한 직업을 가진 사람들을 돕는 것이다. 그녀가 알아내기로, 점점 더 많은 내담자들이 자신의 가치는 일을 통해 내놓은 실적만큼이라고 생각하도록 스스로를 '속이고' 있었다. 코레츠의 내담자들은 메건처럼 뭐든 잘했던 사람들이다. 학교에서도 성적이 좋았고 직장에서도 일을 열심히 해서 승승장구했다. 하지만 이들은 늘 "이게 다야?"라는 질문에 봉착한다. 많은 내담자들이 그런 모호한 실망감을 느끼는 이유에 대해 코레츠는 이렇게 설명한다. 사다리 오르기에 너무나 집중하면서 성인기를 보낸 까닭에 더 잡고 오를 사다리 칸이 없으면 상실감에 빠지고 만다고.

이처럼 미국의 노동 문화는 닭이 먼저냐 달걀이 먼저냐 하는 식의 문제에 자주 다다르곤 한다. 구체적으로 말하자면, 사람들은 늘 일만 하기 때문에 일하지 않을 땐 뭘 해야 할지 모른다. 동시에 일하지 않을 때 뭘 해야 할지 모르기 때문에 늘 일만 한다. 우리는 주말을 삶의 일부가 아니라 삶으로부터 떨어져 있는 것처럼 대한다. '재충전'과 같이 우리가 휴식과 관련해서 흔히 사용하는 단어에서조차도 쉼은 일로 복귀하기 위한 사전준비라고 가정하고 있음이 드러난다.

이 '닭'과 '달걀'의 고리에서 벗어나기 위해 코레츠는 두 가지 방법을 제안한다. 첫째는 일하지 않는 시간을 위한 여유 공간을 의도적으로 만들어내는 것이다. 유대교 신학자 아브라함 헤셸 Abraham J. Heschel은 일을 금하는 유대교의 주간 관습인 안식일을 가리켜 "시간 속의 성당"이라고 불렀다.[13] 마찬가지로 코레츠는 신전이나 사원 또는 교회와 같은 신성한 장소 주변에 기반시설이 세워지듯이, 신성한 시간 주위에 기반시설을 지으라고 권고한다.

시간의 안식처는 여러 유형(예를 들면 하루에 1시간 동안 휴대폰을 비행기 모드로 두기, 친구와 일주일에 한 번씩 취미 모임 갖기 등)일 수 있다. 하지만 코레츠는 시간의 안식처가 어떤 모습이든 어떤 때든 간에, 일을 선택할 수 없는 시간을 지정하는 게 중요하고 말한다. 가령 교회나 요가 교실 가기의 혜택 중 하나는 그곳에 있는 동안

사람들은 늘 일만 하기 때문에
일하지 않을 땐 뭘 해야 할지 모른다.
동시에 일하지 않을 때
뭘 해야 할지 모르기 때문에 늘 일만 한다.

에는 일하기가 불가능하다는 점이다. 우리 중 많은 사람들이 일을 줄이고 싶어해도, 일에서 벗어나 있는 시간을 적극적으로 확보하지 않는다면 일은 슬금슬금 끼어든다.

또한 코레츠는 상이한 정체성들을 크기별로 다르게 시도해보라고 권하면서, 회복탄력성이 높은 자아의식을 키우려면 일과 무관한 정체성에 적극적으로 투자해야 한다고 이야기한다. 단순하게 말하자면, 일하지 않을 때 자기가 어떤 사람인지 알기 위해서는 일 이외의 것을 꼭 해야 한다. 코레츠에 따르면, 우선 새롭고 굳이 '좋지' 않은 무언가를 스스로 시도해봐야 일 바깥에서 자아의식을 키울 수 있다. "제가 만난 열정 가득한 사람들은 일 외의 다른 것에 시간을 내보라는 말을 들으면, 하나같이 마라톤 대회를 신청하고 싶어해요." 그녀가 내게 말했다. "하지만 그것 역시 번아웃으로 가는 길이죠. 그럴 때 저는 조금 작은 것부터 시작해보라고 권해요. '그냥 달리기는 어때요?'라고 말이죠."

마라톤 대회 신청하기나 1년에 몇 권의 책 독파하기와 같은 목적지향적 취미는 일 이외의 것을 해볼 구실을 마련해줄 수는 있다. 하지만 목표를 위해 애쓰는 것은 우리에게 향상의 틀을 씌우는데, 이는 근본적인 의미에서 일로 다가온다. 그렇다고 이런 유형의 취미 자체가 나쁘다는 말은 아니다. 하지만 정량화된 야망의 길을 걷다 보면 우리가 어렸을 때 다들 알았던 지혜, 즉 놀이의 즐거움을 잃고 만다.

놀이는 워키즘의 천연 해독제다. 놀이는 유용성이 아닌 호기심과 경이로움을 추구하는 활동이다. '더 낫게'를 신경 쓰지 않고 오직 우리의 현재 경험에만 집중한다. 휴식과 마찬가지로 놀이는 회복의 원천이 될 수 있다. 우리 주변에는 놀 기회가 많다. 미술에서는 공예 작품 만들기가 있고, 음악에서는 즉흥 연주가 있다. 내가 개인적으로 좋아하는 것은 춤이다. 내가 놀이터에서 노는 아이의 열정에 가장 가까울 때는 결혼식 피로연장에서 춤출 때다. 놀이는 우리가 생산보다 더 큰 걸 하기 위해 존재한다는 사실을 일깨워준다.

몇 년 전, 메건이 살짝 취한 채로 오리건주의 해변에 앉아 있었을 때의 일이다. 옆에 있던 여동생이 이런 질문을 했다. "전문 분야에서 성공하면 어떤 느낌이야?" 메건은 뜨끔했다. 자신이 그랬다고 여긴 적이 결코 없었기 때문이다. 그녀의 말에 의하면, 2017년(기자로서 첫 번째 상을 받은 지 거의 20년이 지난 시점) 이전까지는 자기가 직장을 잃으면 다른 직장을 찾을 수 없을 것이라고 여겼다. 분명 그녀는 몇몇 업적을 이루긴 했지만, 진짜로 성공했다는 느낌은 받지 못했다. 진정한 언론인답게 메건은 여동생에게 이렇게 반문했다. "생계로 하는 일과 무관한 정체성을 갖는다는 건 어떤 느낌이야?"

메건은 여동생을 부러워한다(그녀가 인정한 사실이다). 여동생은 신용등급회사에서 마케팅 일을 하면서 돈을 괜찮게 벌고, 오후 5시면 퇴근하며, 직장 동료가 아닌 친구들 그리고 취미가 있다. "여동생의 일이 늘 부러워 보였어요. NBA 농구선수들이 부러운 것처럼요. 나로선 결코 살아볼 수 없는 삶이죠." 메건이 말했다. 하지만 메건이 바라는 것은 여동생의 직업이 아니다. 부러운 것은 여동생과 일의 관계다. 메건은 《와이어드》를 나와서 스스로 정한 안식년을 시작했지만, 자신의 직업 정체성에서 벗어나기는 어려웠다.

안식년에 들어간 지 한 달 만에 메건은 자신의 문제가 직무설명서보다 더 깊은 차원의 것임을 깨달았다. "지난달에 극명하게 알게 된 사실인데, 나와 일의 관계에는 대단히 근본적으로 비정상적인 요소가 존재해요." 메건이 내게 털어놓았다. 리즈처럼 그녀도 자기가 내놓은 성과를 자신의 정체성과 연관시키지 않는 법을 스스로 알아내야 했다. "그렇게 하기는 어렵지만 그만큼 소중하기도 한 일이죠."

'익명의 알코올중독자들Alcoholics Anonymous'이란 국제적 모임의 소식지에 이런 글이 실린 적이 있다. "생각한다고 더 나은 행동이 나오는 게 아니라 행동을 해야 더 나은 생각이 나온다. 일하지 않을 때의 자신이 누구인지는 연습해야 알아낼 수 있다. 일 중심적 존재로서의 자기억제, 인정받기 그리고 안락함에서 벗어나야만 스스로에게 다음의 어려운 질문을 던질 수 있다. '생산하고 있지 않을 때 나는 누구인가?'"[14]

메건은 아직도 이 질문에 답하기가 쉽지 않다. 안식년을 갖기로 했을 때 그녀는 저축해둔 돈이 있었다. 배우자도 여전히 전업으로 일하고 있었다. 다시 일로 복귀해야 하기까지 준비 기간도 넉넉했다. 하지만 처음 몇 달이 지나자, 휴식을 취하려고 할 때마다 무언가 생산적이고 싶은(다음 단계를 구상하거나 책 집필 제안서를 쓰거나 하는) 충동을 느꼈다. 하지만 일해야 한다는 그 충동을 따를 때마다, 쉬지 못하는 데에 죄책감을 느꼈다.

마음을 정리하려고 캣스킬Catskill 산으로 산책을 하러 가서도, 그녀는 싣고 싶은 특집기사 거리를 곱씹거나 새로운 미디어 사업 모델 아이디어를 궁리하고 있었다. 오늘날의 노동자들에게 너무나도 흔한 악순환 고리에 여전히 빠져 있었던 셈이다. 경력의 발전뿐 아니라 부업까지 권장하는 문화의 핵심 메시지는 간단명료하다. "앞으로 나아가지 못하고 있으면 뒤처지고 있는 것이다."

거리를 두었을 때 비로소 보이는 진짜 의미

바람이 거센 2월 어느 날 아침, 나는 뉴욕시 브루클린의 윌리엄스버그 지역에 있는 메건의 자택 근처 한 카페에서 그녀를 만났다. 그녀가 상근직에서 물러난 지 9개월이 지난 시점이었다. 이제 유연해진 그녀의 하루 일과에 특전이 하나 있다면, 바로 월요일 아침 11시에 커피 한 잔을 즐길 수 있는 여유다. 그 무렵의 미국 북동부 날씨는 비가 흩날리고 눈이 녹아 진창이 되기도 하기 때문에, 우리는 따뜻한 음료를 들고서 커다랗고 투명한 플라스틱 우산을 펼쳐놓은 듯한 자리로 갔다. 말할 때면 이빨이 떨리고 김이 솟는 와중에도 나는 메건에게 안식년을 지내보니 중대한 변화가 생겼는지 물었다.

"일을 벗어난 새로운 정체성을 찾아야 한다고 압박을 받진 않았어요." 그녀가 말했다. "새로운 취미를 가져보거나 나 자신의 새로운 부분을 발견해야 한다고 스스로를 몰아붙이지 않았죠." 나로서는 놀라운 말이었다. 작년만 해도 메건을 소개하는 헤드라인은 이런 식이었기 때문이다. "막대한 영향력의 언론계 중역, 영화 〈먹고 기도하고 사랑하라Eat Pray Loves 〉의 주인공 그 자체인 여성, 번아웃으로부터 회복하다: 회고록 곧 출간 예정!" 브루클린의 한 카페의 야외 자리에서 메건은 발리로 떠난 즉흥 여행 이야기도 주중에 혼자서 메트로폴리탄 오페라하우스에 간 이야기도 들려주지 않았다. 대신 나는 인생에서 일이 맡을 역할에 대해 여전히 고민하고 있는 목적지향형 전문직 종사자의 목소리를 들었다.

"전 일을 정말 좋아해요. 일하는 게 좋아요." 메건이 거리 쪽을 내다보며 말했다. 찬바람에 그녀의 두 뺨이 발그레했다. "하지만 늘 일을 하려는 내 욕구의 몇 퍼센트가 제가 진짜로 일을 좋아해서인지, 그리고 몇 퍼센트가 일 말고는 제가 다른 걸 할 줄 몰라서인지 진짜 궁금해요."

메건이 일을 많이 하는 동기 중 하나로 돈을 꼽을 수도 있는데, 그녀는 이 관계가 '비합리적'이라고 규정했다. 그녀는 이력이 남다르고 인맥도 넓으며, 의료보험료를 내주는 든든한 배우자도 있다. 그런데도 많은 나이 든 밀레니얼 세대들처럼 그녀는 지난 20년의 직업 활동 동안 자신의 업계를 비롯해 미국 경제 전반이 겪은 불안정 상태의 가장 앞자리에 있었다. 또한 부모 세대에 비해서, 일자리가 자신과 여동생이 사는 장소는 물론이고 크리스마스트리 아래에 놓이는 선물의 개수를 어떻게 정하는지도 잘 알았다. 비록 비합리적으로 보일지는 몰라도, 메건의 직업윤리 중 일정 부분은 그녀의 고용 불안전성에서 비롯되었다. 스스로 정한 안식년 기간 동안에도 일은 그녀가 세상을 바라보는 일차적인 렌즈였다.

메건에게 지금 당장 다른 일자리를 원하는지 물어보자, 그녀는 거의 반사적으로 그렇지 않다고 답했다. "음, 아니에요, 하지만 재미있을 법한 일이 하나 있긴 해요." 빙긋 웃으며 덧붙인 그녀의 짧은 말에서도 내가 고민해왔던 문제를 그녀도 고민하고 있음을 느낄 수 있었다. 즉, 우리는 우리가 하는 일보다 더 큰 존재임을 이해하면서도 자신의 자기실현을 돕는 직업을 찾고 싶은 욕구를 외면할 수 없는 상황이 엿보였다.

《와이어드》를 떠난 지 9개월이 되었는데도 메건은 여전히 언론을 일상의 중심에 둔 채 잠자고 먹고 숨 쉰다. 또한 여전히 언젠가 다른 뉴스 제작실을 꾸리길 갈망한다. 여전히 온갖 기사 거리와 사업 모델에 몰두하고, 아울러 더 많은 여성들을 언론의 지도층으로 만들 방법에 골몰한다. 하지만 교내 신문에 실을 기사를 쓰던 고등학교 2학년 시절 이후 아마도 처음으로, 그녀는 다른 방식으로도 가치를 찾아볼 수 있을 만큼 오랫동안 언론 일에서 손을 뗐다.

우리가 추위에 얼어붙은 손을 주머니 안쪽에 찔러 넣고서 카페 야외자리에 앉아 있을 때, 메건은 일에서 벗어난 여유를 가진 덕분에 지난 가을에 입원한 아버지와 시간을 함께 보낼 수 있었다고 말해주었다. 아버지가 세상을 떠난 후 12명의 가족을 위해 그녀 혼자서 준비했던 추수감사절 저녁식사 이야기도 해주었다. 또한 성인이 된 후의 그 어느 때보다 지난 9개월 동안 주변 사람들에게 더 나은 친구가 될 수 있었다고 했다. "인생이 일에 굴복해 있는 느낌이 들지 않은" 시기였다면서 말이다.

"균형 잡힌 생활이라는 더 나은 일을 했어요." 그녀의 목소리엔 자부심이 배어 있었다. "일 두뇌를 끄는 법을 배웠답니다."

5장

우리는 한 가족일 수 없다

**- 친밀할수록 좋은 직장이라는
착각에 관하여**

조직화된 탐욕을 실현시킬 유일하고 효과적인 해답은 조직화된 노동이다.[1]

– 토머스 도나휴Thomas Donahue

테일러 무어Taylor Moore 는 젊은 산타처럼 생겼다. 너저분한 수염, 펑퍼짐한 체구, 모닥불 근처에 함께 앉아 있으면 무슨 이야기든 술술 늘어놓을 듯한 사내였다. "전 허풍쟁이에요." 코로나 팬데믹의 한가운데를 지나던 어느 일요일 오후에 그가 내게 말했다. "점성술을 전혀 안 믿지만, 성격에 관해서라면 저는 불과 관련된 별자리인 게 틀림없어요."

테일러는 불독처럼 의지가 굳세다. 그런 성격은 술고래로 활약하던 시기에 톡톡히 제 역할을 했다. 그는 서부 앨라배마의 소도시인 페이에트Fayette 출신인데, 젊은 시절엔 미국 남부를 떠돌아다녔다. 바텐더 일도 했고, 초등학교의 학생 상담사 일도 했으며, 버밍햄Birmingham 의 몇몇 밴드에서 밴조banjo 와 기타도 쳤다. 이십대 중반이 되자 그는 '중대한 방향 전환'을 하지 않으면 끝내 버밍햄에서 죽게 될 것 같았다. 편안하기야 하겠지만, 하나도 이룬 것 없이 말이다. 그래서 2006년에 그는 차를 팔고 뉴욕으로 가는 편도표를 끊었다.

뉴욕에서의 처음 몇 년 동안에는 무슨 일이든 닥치는 대로 다 했다. 강아지 산책시켜주는 일, 바텐더, 임시직 사원, 독립영화 제작사의 제작 보조 등의 일을 했고, 어퍼이스트사이드의 어느 가정집에서 베이비시터로도 일했다. 하지만 그런 일자리는 테일러의 진짜 일을 뒷받침하기 위한 수단일 뿐이었다. 평일 밤과 주말이면 그는 코미디 극단 업라이트 시티즌스 브리게이드Upright Citizens Brigade에서 즉흥 공연을 했고, 베드퍼드스터이베선트Bedford-Stuyvesant에 있는 자기 집의 옷장을 직접 개조해서 만든 스튜디오에서 팟캐스트 방송을 했다.

베이비시터 일이 끊겼을 때, 테일러는 한 친구를 통해 킥스타터Kickstarter를 소개받았다. 창립 3년째인 맨해튼의 스타트업으로, 아티스트들이 독창적인 프로젝트에 펀딩을 받게 해주는 플랫폼 회사였다. 회사의 설립 목표에 독립 창작자인 테일러는 크게 공감했다. 킥스타터는 크라우드펀딩을 통해 아티스트들이 기존의 진입장벽과 유행 방식을 우회할 수 있도록 해주었다. 또한 킥스타터의 창립자들은 기존의 테크 회사보다는 문화 운동을 펼치는 데 더 관심이 있는 듯했다. "단일문화는 꺼져!"라는 회사의 구호는 테일러의 마음에 꽂혀버렸다.

2000년대 초반의 많은 젊은 사업가들처럼 킥스타터의 창립자들은 세상을 바꾼다는 원대한 꿈을 공유했다. 그들은 시작할 때부터 킥스타터가 다른 회사들과 비슷하길 바라지 않는다고 분명히 밝혔다. 회사를 매각하지 않겠다고 공언했을 뿐만 아니라, 회사의 도움으로 빛을 본 창의적 프로젝트의 개수나 그런 프로젝트들의 수익 규모로 회사의 성공 여부를 판단하지 않겠다고도 약속했다.[2] 직원들한테도 이 사명에 따라줄 것을 부탁했다. 다시 말해, 시장 평균보다 낮은 연봉을 지급하겠으며 초창기 스타트업에 취업하는 위험성의 대가로 흔히 제공하는 스톡옵션을 주지 않겠다는 뜻이었다. 대신 직원들은 사회적 사명을 품은 채로 뜻 맞는 동료들과 함께 회사를 위해 일했다.

2015년에 창립자들은 자신들의 비전통적인 방식을 한층 더 격상시켜 회사를 '공익기업(일명 B기업)'으로 바꾸었다. 이 법률적 호칭이 붙은 기업의 경영진은 주주들만이 아니라 자신들의 의사결정이 사회에 미치는 영향까지 고려해야 할 의무를 진다. 킥스타터는 영리기업이면서도 수익의 5퍼센트를 체계적 불평등 퇴치를 위해 노력하는 단체 및 예술 교육에 쓰겠다고 공약했다.[3] 경영진은 직원들과 언론에게 돈벌이에만 신경 쓰는 기업보다는 양심을 지닌 인간처럼 행동하고 싶다고 말했다. 당연하게도 창의적이고 가치지향적인 회사 문화는 창의적이며 가치지향적인 성향의 직원들을 불러 모았다. 부업으로 자신의 예술 프로젝트를 추구한 테일러 같은 사람들도 그런 계기로 입사하게 되었다.

2012년, 테일러는 안내데스크 직원으로 킥스타터에 들어갔다. 그는 여러 면에서 회사의 얼굴이었다. 리모델링한 다세대주택 꼭대기 층에 있는 회사 문을 열어 방문자를 맞이한 다음, 칸막이 구분 없는 사무실로 안내했다. 테일러는 일주일에 한 번씩 근처 술집에서 회사 법인카드로 할인시간대 메뉴를 즐겼다. 그는 사무실에서 심야 영화 모임을 주최했는데, 거기서 직원들은 네그로니 negroni 칵테일을 홀짝이며 고전 컬트영화를 보았다. 직원들과 매주 킥스타터 던전&드래곤 게임도 즐겼는데, 여기에는 회사의 두 창립자인 페리 첸Perry Chen과 얀시 스트리클러Yancey Strickler가 정기적으로 참여했다. 킥스타터는 테일러의 사회활동의 중심지가 되었다. 동료들은 단지 동료가 아니었다. 테일러에게 동료들은 친구이자 밴드 멤버였고, 로맨틱한 파트너였고, 정치적 동지였다. 내가 대화를 나눈 다른 초창기 킥스타터의 직원 6명에 따르면, 당시 킥스타터는 회사라기보다는 가족 같은 분위기였다고 한다. 끈끈하게 구성된 스타트업들이 흔히 그렇듯이 말이다.

일부 회사들은 가족 같은 문화를 일구겠다는 바람을 명시적으로 드러낸 바 있다. 영국의 소프트웨어 개발 회사 어스투Ustwo는 "우리는 '팸퍼니fampany(가족family 같은 분위기의 회사company)'를 만드는 데 늘 중점을 둡니다"라고 회사의 '문화 선언'에 적어두었다.[4]

워킹 데드 해방일지

에어비앤비 직원들은 서로를 '에어팸'이라고 부른다. 미국의 소프트웨어 회사 세일즈포스Salesforce는 자사의 기업 문화를 하와이어인 '오하나ohana'로 정의하는데, 이는 '선택된 가족'이란 뜻이다.[5] 킥스타터에서는 가족 같은 문화 일구기가 창립자들의 명시적인 목표는 아니었다. 직원들은 누가 시켜서라기보다는 서로 어울리길 좋아해서 함께 어울렸을 뿐이다.

그럼에도 가족 같은 문화가 조성되었다. 하지만 인기 직업 상담 블로그 '매니저에게 물어봐Ask a Manager'를 운영하는 앨리슨 그린Alison Green에 따르면, 그런 문화는 직원들에게 양날의 검이 될 수 있다. "직장이 가족 같다고 말하는 사내 문화는 직원에게 이득이 된 적이 거의 없어요." 앨리슨이 내게 말했다. "그건 종종 직원이 비합리적으로 낮은 보수를 받으며, 비합리적으로 많은 업무를 비합리적으로 긴 시간 동안 해야 한다는 뜻이죠. 직원이 이 비합리에 조금이라도 반발을 제기하면, '당신은 우리 가족의 구성원이 아니다'라는 말을 명시적으로 또는 묵시적으로 듣게 된다는 뜻이기도 하고요."

회사의 직원이나 임원이 가족 같은 회사라고 말하든 아니든 간에, 그런 정서가 진짜일 수는 없다. 가족과 기업은 서로 근본적인 목적이 다르다. 회사가 가족 같은 직장을 내세울 때의 속뜻은 일할 직원이 필요하다는 것이다. 그러나 가족 관계란 무조건적이다. 임의고용은 그 단어의 정의상 무조건적이지 않다. 기업에 대한 충성이 언제나 직원에 대한 충성보다 앞선다. 회사와 가족이 공유하는 것은 교묘한 역학 관계인데, 결국 테일러도 힘겨운 과정을 통해 이 교훈을 깨닫게 되었다.

직장 내 '가족애'가 무너지는 순간

언뜻 보기에 친밀한 사무실 문화는 좋은 것 같다. 직장 내에 친구가 있는 사람들이 더 건강하고 행복하다는 연구 결과도 있다. 갤럽에서 실시한 한 연구 결과를 보면, 직장에 친한 친구가 있는 사람들은 그렇지 않은 사람들에 비해 직업 몰입도가 7배나 높았다.[6] 직장에 친구가 있는 직원은 생산성, 근속 기간 그리고 직업 만족도가 더 높다고 한다.[7]

고용주도 분명 그 점을 알아차렸다. 많은 회사들이 팀 육성 훈련이나 무료 점심 제공 및 회식을 통해 소속감과 동료애를 북돋운다. 업무 외의 친목 행사가 직원들의 소속감 기르기에 도움을 줄 수 있는데, 이는 회사의 수익에 긍정적인 영향을 미친다고 알려져 있다. 직장 생활 코치 스타트업인 베터업Better Up이 실시한 연구 결과에 따르면, 직장 소속감은 업무 실적을 56퍼센트 높이고 이직 위험성을 50퍼센트 낮추며 직원의 병가 일수를 75퍼센트 감소시킨다고 한다.[8]

하지만 직원의 입장에서는 직장을 일차적인 사회적 공동체로

둔다는 것이 종종 우려스럽다. 사무실에 친구가 있는 직원이 실적이 더 좋은 편이긴 하지만, 동시에 정서적으로 더 많이 소진되며 갈등 회피 성향이 더 강하다. 와튼스쿨 소속 연구자인 낸시 로스버드Nancy Rothbard와 줄리아나 필레머Julianna Pillemer는「혜택 없는 친구들: 직장 우정의 어두운 측면 이해하기」라는 논문에서 우정의 일부 핵심 특징들이 조직의 일부 핵심 특징들과 어떻게 긴장 관계를 이루는지 설명한다. 우정에서는 각자의 역할이 비공식적이다. 관계란 본디 사회적이고 정서적이다. 하지만 직장에서의 관계는 그 역할이 공식적이며, 기업의 목표를 계속 추구하기 위해 기능한다. 만약 한 직원이 친구 사이인 동료의 업무를 문제 삼으면 마찰이 생길 수 있다는 이야기다.

또한 두 연구자는 직원들 사이가 돈독한 직장은 조직 문화가 폐쇄적일 수 있음을 알아냈다. 왜냐하면 정보가 서로 친밀한 조직 내부에서만 돌아다니고, 그 바깥에 있는 사람들에게 전해지지 않기 때문이다. 마찬가지로, 직원들이 친구 사이인 팀에서는 복잡한 결정을 심사숙고하기 어려워질 수 있다.⁹ 친구끼리는 정밀한 분석을 내리기보다는 서로의 견해를 존중해줄 가능성이 높기 때문이다.

샌프란시스코대학의 심리학 교수인 새라 칸Saera Khan이 이끄는 연구팀이 알아내기로, 직원끼리 사이가 가까운 직장일수록 직원들이 잘못된 일에 침묵할 가능성이 더 높다. 의료 스타트업 테라

우정에서는 각자의 역할이 비공식적이다.
관계란 본디 사회적이고 정서적이다.
하지만 직장에서의 관계는
그 역할이 공식적이며,
기업의 목표를 계속 추구하기 위해 기능한다.

노스Theranos의 실제 스캔들을 계기로 실시된 이 연구에서는 참가자들에게 본인이 어떤 생명공학 스타트업에서 일하게 되었는데, 어떤 동료가 제품의 효과를 과장하고 있으며 이를 전혀 멈출 생각이 없는 상황을 상상해보라고 요청했다.[10] 이때 회사 분위기가 가족 같은지 혹은 업무 중심인지에 따라 시나리오의 설명을 조금씩 다르게 알려주었다. 그랬더니 직장이 가족 같을수록 잘못된 일을 덜 신고하는 결과가 나왔다.

"통일체(가족이 그 예다)인 집단을 깨트리기는 정말 어려워요. 잘못된 일을 폭로하기가 바로 그런 경우죠." 새라가 내게 이렇게 말했다. "그랬다가는 '내가 다니는 이 회사는 잘 가고 있는 건전하고 행복한 가족이다'라는 생각을 파괴하는 셈이 되니까요."

직장에서의 우정은 거부할 수 없는 이점일 수 있지만, 그 이점이 누구에게나 고르게 긍정적이진 않다. 로스버드와 필레머는 직장에서의 우정을 유지하기 위한 안전대를 세우라고 권고한다. 가령 언제 업무 외의 주제들을 논의할지를 미리 조율해서 정하고, 집단 사고를 피하기 위해 업무 관련 결정을 내릴 때 외부의 견해를 구하는 데 동의하라고 권고한다. 하지만 현실에서 친구와 동료 사이에 경계선을 긋기란 쉽지 않다. 특히 사내 문화가 즐거움과 동지애에 뿌리를 둔 킥스타터 같은 회사에서는 더더욱 그렇다.

킥스타터 직원들은 서로 사이가 돈독한 문화의 장점과 단점을 둘 다 경험했다. 이들은 정기적으로 업무를 마치고도 사무실에

늦게까지 남아서 함께 음악회를 관람하거나 회사 창립자 중 한 명의 미술 전시회에 다녔다. 설립 초창기 시절에는 경영진과 사원 간에 명확한 구분도 없었다. 전부 다 같이 야간 게임에 참여했으며 다 함께 회식 자리에 갔다. 물론 업무상 경영진의 실책이 있기는 했다.[11] 가령 CEO 페리 첸은 배우들을 고용하여 공룡 복장을 입은 채로 일주일 동안 사무실을 돌아다니게 했다. 회사 안에 어떤 괴짜 기질을 불러일으키기 위해서였다(이 일로 일부 직원들은 항의 차원에서 회사를 그만두었다). 하지만 대개의 경우 킥스타터는 계속 성장했고 그런 비공식적인 문화는 일종의 자산이 되었다.

사업이 잘될 때는 일과 놀이 사이의 흐릿한 경계선이 별문제가 되지 않을 수 있다. 사무실 복도에서 불편한 대화를 나누어야 한다거나, 업무 후 행사 참여가 선택인지 필수인지에 대해 혼란을 느끼는 정도일 뿐이다. 하지만 사업이 어려운 시기로 접어들면, 엄청난 경제적 압박으로 인해 돈독했던 유대가 망가질 수 있다. "인간으로서 우리는 물질적 관계가 아닌 사회적 관계를 원해요." 테일러가 말했다. "회사가 결정권자이면서 아울러 사회적 관계의 원천일 때, 우리는 '괜히 트집 잡지 말자'라고 생각해요. 하지만 회사 상황이 나빠지기 시작하면 벽에 금이 가더라고요." 우정과 동료애의 표면 아래에 사실은 정말로 중요한 것, 즉 돈과 권력이 자리 잡고 있기 때문이다.

2018년 8월 중순, 킥스타터 신뢰안전팀Trust and Safety team (플랫폼의 활동이 사회적으로 문제가 되지 않도록 관리하는 부서)은 사용자들이 폭력을 조장하는 한 프로젝트를 신고했음을 알게 되었다. 이런 프로젝트는 비교적 흔했다. 킥스타터 사용자라면 누구나 신뢰안전팀에 프로젝트를 신고해서 조사를 요청할 수 있다. 문제가 된 그 프로젝트는 『항상 나치를 때려라Always Punch Nazis』라는 코믹 만화책이었다.[12] 인종차별주의를 상대로 한 미국의 싸움을 그린 작품인데, 일군의 슈퍼히어로가 나치를 응징하는 내용이다. 그 만화책은 확실히 풍자적이었으며, 그래픽 노블에서 예상됨직한 '퍽퍽', '푸슝푸슝' 하는 과장된 장면들로 가득했다.

당시 킥스타터의 반폭력 정책에 의하면 권력을 지닌 사람들을 '올려 치는' 풍자적 폭력은 허용되는 반면에, '내려 치는' 폭력 (가령, 권력을 가진 자가 억압받는 집단을 대상으로 가하는 폭력)은 그렇지 않았다. 신뢰안전팀은 『항상 나치를 때려라』 출간 프로젝트가 킥스타터 플랫폼에 오를 수 있다고 결정했다. 그런데 우익 뉴스 사이트인 브레이트바트Breitbart가 킥스타터를 향해 '폭력을 선동하는' 프로젝트를 중단하라고 요구하는 기사를 올렸다.[13] 그다음 주에 킥스타터 경영진은 신뢰안전팀의 결정을 슬며시 뒤집고 그 프로젝트를 내리라고 지시했다.

신뢰안전팀은 전문가 집단으로서 정책을 직접 만들었으며, 회사에서 가장 다양한 구성원으로 이뤄진 팀으로서 소외된 집단 출신의 창작자들에게 그 정책이 어떻게 영향을 끼치는지에 특별한

주의를 기울여왔다. 팀은 백인 주도의 경영진이 프로젝트를 내리라고 결정한 이유를 알고 싶었다. 그 프로젝트가 무슨 정책을 위반했는가? 회사는 왜 브레이트바트가 가한 압력에 굴복했는가?

팀의 간부 한 명이 친구이자 동료인 에이미에게 커피 한잔 마시러 나가자고 했다. 경영진이 어떻게 팀의 결정을 뒤엎었는지 그녀에게 알려주고 싶어서였다. 소프트웨어 엔지니어인 에이미는 테크 업계의 서열에서 상대적으로 고용 안정성이 높았기에, 자기가 나서서 뭐든 해보겠다고 약속했다. 그리고 비록 에두르긴 했지만 그녀는 회사의 슬랙Slack을 통해 그 사안을 공론화했다.

8월 16일, 에이미는 다른 테크 기업에 관한 뉴스를 공유했다. 결제 처리 회사인 스트라이프Stripe가 최근에 대안우파 단체에 대한 결제를 처리해주어 비난을 받았다는 내용이었다. 그녀는 소신을 지키는 회사인 킥스타터에서 일하는 것이 대단히 자랑스럽다고 썼다. 그 포스팅에서 『항상 나치를 때려라』를 명시적으로 언급하진 않았지만 에이미의 목적은 킥스타터의 가치에 대한 폭넓은 논의를 시작하려는 것이었다.

다른 엔지니어 한 명이 『항상 나치를 때려라』를 예로 들며 에이미의 글에 맞장구를 쳤다. 그러자 미리 짠 것도 아닌데 신뢰안전팀의 팀원인 저스틴 레이Justine Lai가 끼어들었다. "음, 우리는 그 프로젝트를 중단할 텐데요. 어떻게 된 일인지는 저도 잘 몰라요." 그제야 비로소 회사의 다른 사람들도 경영진이 그 프로젝트를 중단시켰다는 사실을 알게 되었다. 저스틴의 발언은 직원들이 '슬랙 폭동'이라고 부르는 사건을 촉발시켰다. 회사의 모든 직원이 슬랙에 몰려와서는 경영진에게 질문을 퍼부은 사건이다. 그 프로젝트가 어떤 정책을 위반했다고 판단했는지 묻는 질문이었다. 댓글과 질문이 이어지자 킥스타터 경영진은 사내 도서관에서 회사 차원의 비상대책회의를 소집했다.

우리가 한 가족일 수 없는 이유

회의에서 경영진은 가로로 길게 뻗은 나무 탁자 뒤쪽 의자에 앉은 반면, 직원들은 맞은 편 마룻바닥에 어린아이들처럼 앉아 경영진을 올려다봐야 했다. 토론의 형식을 취하긴 했지만 직원들 말로는 법정에 있는 느낌이었다고 한다.[14] 킥스타터의 설립 이래 노측과 사측의 구분이 그처럼 뚜렷했던 적은 없었다. 킥스타터의 소통전략 임원과 신뢰안전팀 팀장 옆에 앉은 크리스토퍼 미첼Christopher Mitchell이 먼저 입을 열었다. 그는 최근 고용된 법률 고문이었다. 크리스토퍼는 그 프로젝트가 킥스타터의 폭력 정책을 위반했기에 경영진이 중단시켰다고 짧게 설명했다. 많은 직원들은 그 결정을 언짢게 여겼다. 그들은 가치가 이끄는 문화에 끌려서 킥스타터에서 일하기로 마음먹었는데 경영진이 직원들이 마련한 정책을 지지하기는커녕 우익 매체의 압력에 굴복했다는 데 실망하고 위선적이라고 느꼈다. 예술가를 지원한다는 설립 목표를 홍보에 즐겨 사용했던 공익기업이니 더더욱 그랬다.

직원들이 차례차례 마이크를 잡고서 각자의 생각을 말했다. 소프트웨어 엔지니어 브라이언 에이블슨Brian Abelson은 경영진의 결정은 비양심적이며, 만약 그대로 추진된다면 이곳에서 더 이상 일할 수 없을 것 같다고 밝혔다. 만화 담당 부서장인 카밀리아 장 Camilla Zhang(만화계 종사자들의 회의에 킥스타터의 대표로 종종 참석했던 인물)은 만약 그 프로젝트가 정말로 철회되면 예술가 및 작가 협회에서 자신에게 비난을 쏟을 텐데, 그때 경영진이 자신을 어떻게 보호해줄 것이냐고 물었다. 당시 킥스타터에서 5년째 일하고 있던 테일러는 이 사안은 올바른 일을 하느냐의 문제이지, '내부 규칙의 법률적 손질'의 문제가 아니라고 주장했다.

"그 순간, 조직의 모든 권력을 그런 소수의 손에 맡겨두는 건 비윤리적이라는 점이 아주 명백해졌어요."[15] 훗날 테일러가 말했다. "그들은 책임감 있게 권력을 행사하지 못했어요." 직원들은 화를 내며 회의 자리를 떠나면서도 한편으로는 대담해졌다. 경영진이 회사의 명시된 가치를 저버린 데에 분노한 동시에 동료들의 목소리에 용기를 얻었기 때문이다. 그날 회의에서 할 말을 한 것은 킥스타터 직원들의 첫 번째 단체 행동이었다.

그렇게 회의가 끝난 후 테일러는 우편물실에서 브라이언과 마주쳤다. 회의 자리에서 회사를 그만두겠다고 대놓고 말했던 그 직원이었다. 테일러는 동료의 얼굴을 빤히 쳐다보고서 한 단어를 외쳤다. "노조!"

역사적으로 노동자들은 사측과 대항하기 위해 노조를 결성해 왔다. 노동자는 집단 교섭을 통해 정당한 임금, 복지 혜택, 안전한 작업 환경 그리고 전체 조직에 영향을 미치는 결정에 참여할 수 있다. '가족 같은 직장'이 동료애와 신뢰 위에 세워진다면, '노조가 있는 직장'은 계약상의 의무관계 위에 세워진다. 하지만 지난 몇십 년 동안 미국 내 노조원 수는 급격하게 감소하고 있다. 조직화된 노동의 절정기였던 1950년대에는 미국 노동자 3명 중 1명이 노조에 소속되어 있었다. 2021년에는 10명 중 1명만이 노조원인데, 이는 기록상 최저 비율이다.[16]

노조원 수가 감소한 이유는 여러 가지로 설명할 수 있다. 태프트-하틀리법Taft-Hartley Act이나 이른바 '노동권법'과 같은 입법으로 인해 노조 설립이 어려워졌고 회사가 노조를 무너뜨리기는 쉬워졌다. 제조업처럼 노조 참여가 역사적으로 가장 높았던 직종 및 업종은 줄어든 반면에, 노조가 전통적으로 존재하지 않았던 테크 업종과 같은 산업들의 일자리는 그 증가 폭이 가장 컸다.

비상대책회의 다음 날, 소통전략 임원인 카산드라 마케토스Cassandra Marketos가 전 직원에게 이메일을 보냈다. 경영진이 『항상 나치를 때려라』 프로젝트를 내리기로 한 결정을 번복한다는 내용이었다. 직원들은 더없이 뿌듯했다. 자신들의 집단적인 불만 표출이 받아들여졌기 때문이다. 하지만 바로 다음 주가 되자 직원들은 성공의 대가가 무엇인지 똑똑히 알게 되었다.

법률 고문 크리스토퍼는 신뢰안전팀의 다음번 주간 회의에 와서 이렇게 말했다. "개인의 정책과 회사의 정책 사이에는 큰 차이가 존재하는데, 이 둘을 분리할 수 없는 사람은 다른 직장을 알아보아야 합니다."[17] 사명을 추구하는 스타트업에서 흔히 쓰는 비유대로, 회사를 우선에 두거나 아니면 알아서 나가거나 둘 중 하나를 택하라는 말이었다. 그런가 하면 신뢰안전팀 팀장 윌 페이스Will Pace는 팀원들에게 한 명씩 일대일 면담을 진행하겠다고 통보했다.

다시 일주일이 흘렀고, 경영진의 결정을 슬랙에서 처음으로 언급했던 저스틴 레이는 윌과 만났다. 인사팀 팀장 앤드루 블랜카토Andrew Blancato도 함께였다. 세 사람은 창문이 없는 회의실의 테이블에 둘러앉았고, 저스틴은 신뢰가 깨졌으니 퇴직합의서에 서명하는 걸 고려해보라는 말을 들었다. 이튿날, 그녀는 퇴직합의서와 더불어 퇴직에 수반되는 고용계약 종료 조건이 담긴 문서를 받았다. 그녀는 이를 받아들이기로 했다.

이 사태로 인해 테일러는 자신의 내면에 있는 어떤 퓨즈가 끊겨버린 듯했다. 이 "가족"은 슬랙에 올라간 메시지 하나로 식구 한 명을 단칼에 쫓아냈다. 중역들은 걸핏하면 모두가 한 가족이라고 떠들어댔지만 저스틴을 강제로 쫓아냈고, 테일러는 입 밖으로 욕이 튀어나오는 것을 참을 수 없었다. "그들은 우릴 해고할 수 있지만 우린 그들을 해고할 수 없습니다." 그가 내게 말했다. "우리는 한 가족이었던 적이 없어요."

테일러가 생각하기에, 권력의 균형을 다시 잡을 유일한 방법은 노동자들을 조직화하는 것뿐이었다. 저스틴이 쫓겨난 걸 안 다음 날 테일러는 포스트잇 한 뭉치를 꺼내서 노조 결성에 관심이 있을 듯한 동료들의 이름을 적었다. 그리고 바로 연락을 취하기 시작했다. 킥스타터 내 친목 모임의 구심점 역할을 했던 테일러는 조직화에 대한 직원들의 관심을 읽어내기에 좋은 위치에 있었다. 회사를 가족 같은 직장으로 만들었던 사회적 유대가 이번에는 노조 설립을 추진하는 조건들을 마련해주었다. 저스틴의 퇴사 이후, 평사원들은 이런저런 이야기를 나누면서 고립된 사안인 듯 보였던 것(불평등한 보수나 포용적 의사결정의 부족 등)들이 사실은 구조적으로 연결되어 있는 문제임을 알게 되었다.

테일러와 함께 노조 설립을 추진한 지도부(소통전략팀의 트래비스 브레이스Travis Brace, 신뢰안전팀의 RV 도허티RV Dougherty, 창작자지원팀의 클래리사 레드와인Clarissa Redwine)는 킥스타터가 싫어서 노조에 관심을 가진 게 아니었다. 오히려 정반대였다. 킥스타터란 회사와 그 직원들이 매우 가치 있기에 애써서 그 가치를 지켜내야 한다고 생각했기 때문이었다.

클래리사는 테일러가 느닷없이 연락해온 날을 기억한다. 당시 그녀는 회사 유일의 미국 서부 해안 지점에서 근무하고 있었으므로, 그녀가 오후 6시에 연락을 받았다는 건 테일러가 한밤중에 사무실에서 전화를 걸었다는 뜻이었다. 테일러는 회사의 방향을 결정하는 데 킥스타터 직원들의 역할이 미미한 현실을 그녀에게 설명했다. 이번 『항상 나치를 때려라』 사태와 더불어 '드립Drip(테일러를 비롯한 여러 직원들이 지난해에 개발했던 또 하나의 크라우드펀딩 도구)'의 출시를 경영진이 철회해서 논란이 된 일을 예로 들었고, 이어서 본론으로 들어갔다. "직원들 몇몇이 노조 결성을 논의하는 중이에요. 함께하실래요?"

처음에 클래리사는 망설였다. 그녀는 진정으로 자기 일을 좋아했던 데다, 그즈음 캘리포니아를 떠나 킥스타터 본사에 가까운 뉴욕으로 이사 갈 계획을 추진 중이었기 때문이다.[18] 테일러의 시도에 흥미가 생기긴 했지만, 노조 결성 추진은 위험할 것 같았다. 생활 근거지를 바꾸려는 시점에 생계의 위험을 짊어지고 싶지 않았다.

노조 결성에 동참할지 말지 고민하는 직원들은 종종 분란을 일으킬까 봐 주저하곤 한다. 킥스타터 직원들과 노조 설립을 위해 협력했던 국제사무관리직노조Office and Professional Employees International Union의 기획자인 그레이스 레커스Grace Reckers는 《와이어드》지와의 인터뷰에서 테크 업계에 대해 이렇게 말했다. "그런 가족 같은 문화는 매우 평탄하게 느껴져요. 여기에 갈등을 일으킬지 모른다는 두려움이 있는 거죠." 하지만 그레이스는 가족 같은 사내 유대("우리 회사에서는 서로서로 아껴준다!")는 노조를 파괴하려는 흔한 술책임을 어느 누구보다 잘 안다. 직원들은 계약상의 보호가 필요하지, 기업의 사탕발림한 헛소리가 필요한 게 아니다.

밤새 고민한 뒤, 클래리사는 그런 문제에도 불구하고 노조 결성의 장점(현재와 미래의 킥스타터 직원들을 위한)을 깨달았다. 다음날 그녀는 테일러에게 연락해 적극 동참하겠다고 알렸다.

회사 안에 필요한 것은 가족이 아닌 건강한 권력 관계다

뉴욕으로 이사한 후 클래리사는 테일러와 12명 남짓의 다른 직원들과 회사 근처에 벽돌로 지은 테일러의 팟캐스트 스튜디오에서 정기 모임을 가졌다. 냉장고는 맥주로 가득 채워져 있었고, 노조 결성 추진자들은 교대로 피자를 싸들고 왔다. 설립 과정은 대단히 즐거웠다. "어벤저스 같았어요." 테일러가 내게 말했다. 각 직원들이 저마다의 특별한 능력을 선보였다는 뜻이다.

이후 몇 달 동안 노조 결성 지도부는 조직화에 박차를 가했고 다른 직원들을 노조에 가입시켰다. 도허티는 모임 사람들에게 과거의 정치적 조직화 경험에서 배웠던 몇 가지 교훈을 가르쳐주었고, 트래비스는 신입회원 지원을 이끌었다. 하지만 대부분의 사람들은 조직을 만드는 일이 처음이었다. 모임 초기에는 "노조 시작하는 법" 같은 것을 구글에 검색하며 시간을 보냈다.

노조 설립자들은 사측이 아닌 직원들과 일일이 만남을 가졌다. 노조 설립에 동참할 의사가 있는지 알아보기 위해서였다. 이 만남들은 점심시간과 커피 타임, 업무 시작 전 가벼운 아침식사 자리 그리고 퇴근 후 맥주 마시는 자리에서 이루어졌다. 업무 시간에 노조 결성을 추진하지 않는 것이 중요했기 때문이었다. 클래리사는 노조 결성에 동참하기로 결정하자마자 지도부 위원회에 참여해달라는 요청을 받았다. 이로써 그녀는 노조 결성의 전면에 나서게 되었다. 지도부는 전 직원에게 이메일을 보내 노조 설립 활동의 이유를 설명했고, 모든 메시지의 맨 아래에 지도부 개개인의 사진을 넣었다.

노조 결성 지도부의 얼굴 역할을 맡게 되면서 클래리사는 노조에 덜 협조적인 동료들에게서 반발을 사기 시작했다. 내가 이야기를 나눠본 여러 직장 전문가들의 말에 따르면 동료 사이에서 벌어지는 이런 종류의 견제는 노조 운동에서나 긴밀한 사내 문화에서나 흔한 일이다. 블로그 '매니저에게 물어봐'를 운영하는 앨리슨은 이렇게 말했다. "사람들은 회사의 사명에 아주 열정적으로 임한 나머지 경영진이 아닌 동료가 자신들의 시간이나 노동이 어떤 가치를 갖는지 규정하려고 하면 개인적으로 모욕감을 느끼게 됩니다."

모든 직원이 노조 추진에 동참하지는 않았다. IT 전문 매체 《기즈모도Gizmodo》의 웹사이트에 유출된 킥스타터의 전 직원 대상 메모에서 3명의 고참급 직원들은 이렇게 썼다. "역사적으로 노조는 사회의 취약한 구성원을 보호할 의도로 만들어져왔다. 그런데 우리가 보기에 이 노조의 구성은 그러한 중요한 기능을 훼손한다."[19] 또한 이렇게 덧붙였다. "특권을 지닌 노동자들에 의해 노조가 악용되는 상황이 우려된다."

한번은 이런 일이 있었다. 노조 결성 지도부의 얼굴로 떠오른 후 클래리사가 영업팀의 한 동료에게 홍보 문구에 관한 아이디어를 제시했다. 창작자들과 정기적으로 소통하는 그녀에게는 일상적인 일이었다. 하지만 그 동료는 자기 일에 간섭하지 말라고 쏘아붙인 다음 경영진에게 클래리사의 행동을 신고했다. 다른 방식의 반발도 있었다. 입사 후 3년 동안(노조 결성에 가담하기 전까지) 클래리사는 그녀의 매니저로부터 우수한 실적 평가를 받았다. 하지만 노조 결성의 주도자로 알려진 후로는 '성품 피드백', 즉 직원의 업무 수행 능력보다는 성격을 따지는(종종 성별이 반영되는) 악평을 받기 시작했다. 그녀는 "말투가 그다지 좋지 않다"라든가 "경영진과 신뢰를 쌓아가지 못한다"라는 소리를 들었다.

테일러 역시 노조 결성 주도자로 알려진 이후 비판적인 피드백을 받기 시작했다. 하지만 클래리사와 달리 그가 받은 피드백은 일차적으로 업무 수행에 관한 것이었다. 그는 실적 개선 계획에 포함되었고, 만약 회사와 계속 좋게 지내고 싶다면 제시된 목표치를 달성하라는 요구를 받았다. 노조 조직 분야에서는 노조 설립 추진 기간 동안 이런 식으로 실적과 성격을 비판하는 것을 가리켜 '구실'이라고 한다. 노조 설립자들을 해고하고 싶지만 법률상 노조 설립이란 이유만으로 직원을 해고할 수 없는 사측이 일반적으로 사용하는 노조 파괴 전략이다.

클래리사와 테일러를 비롯한 노조 추진 측이 직원들과 일대일로 만나 불평을 듣고 노조에 대한 관심을 부추기자, 킥스타터의 중역들은 이에 반대하는 뜻을 더욱 노골적으로 드러냈다. 2019년에 페리 첸의 뒤를 이어 CEO가 된 아지즈 하산Aziz Hasan 은 전 직원 대상 이메일을 통해 회사는 자발적으로 노조를 인정해주지 않겠다고 선언했다. 그는 노조가 "우리가 함께 작동하고 일해 온 방식을 크게 흔들" 것이며, 회사는 "노조라는 체계 없이 잘해 나가도록 더 나은 구조가 될" 것이라고 밝혔다.[20]

하지만 노조 설립의 노력은 계속 열기를 더해갔다. 일대일 만남에서 설립 추진자들은 단순히 복지와 급여의 평등만을 옹호하는 게 아님을 강조했다. 그들은 회사의 전략적 결정에 직원들이 관여할 수 있게 하기 위해서, 잔업 시간에 비례하여 쉬는 시간을 늘리기 위해서, 또 일자리가 위협받을 때를 대비한 보호 조치를 위해서 싸우고 있었다. 테일러가 말했다. "안전벨트가 필요 없으면 좋겠지만, 우리는 차에 탈 때마다 그걸 차고 있잖아요."

테일러가 노조 설립 문제로 클래리사한테 연락한 지 거의 1년이 지난 2019년 9월, 두 사람은 각각 회의실로 불려갔다. 1년 전 저스틴이 퇴직합의서를 건네받았던 바로 그 유리창 없는 회의실이었다. 둘은 모호한 설명만 듣고 가차 없이 해고당했다. 지난 2분기는 테일러가 킥스타터에서 가장 생산적으로 일했던 시기였는데, 실적 개선 계획에서 제시된 모든 목표치를 훨씬 능가한 실적이었다.

클래리사와 테일러는 폄하금지 서약서에 서명해야만 받을 수 있는 해직 수당을 포기하기로 결정했다. 이어서 두 사람은 전미노동관계위원회NLRB, National Labor Relations Board에 부당해고 신고서를 제출했다. 2019년 9월 12일, 클래리사는 다음과 같은 트윗을 올렸다. "@kickstarter 나는 폄하금지 조항이 포함된 퇴직약정서에 서명하지 않을 테다. 해직 수당은 회사가 가져가도 좋음."[21]

퇴사하는 직원들에게 폄하금지 및 비밀유지 서약서에 서명하도록 요구하는 것은 일반적인 관행으로, 퇴사자들이 회사의 잘못을 퍼뜨리지 않게 하기 위한 기업들의 방법이기도 하다. "투명성 없이는 책임도 없습니다." 페이스북, 구글 그리고 핀터레스트Pinterest의 정책팀 출신인 이페오마 오조마Ifeoma Ozoma는 이렇게 말했다.

그녀는 핀터레스트에서 직장 내 차별을 경험한 후 폄하금지 및 비밀유지 서약서에 서명했더라도 차별이나 괴롭힘에 대한 정보를 공유할 수 있도록 허용하는 캘리포니아의 침묵 금지법Silenced

No More Act 통과에 기여했다. "만약 무슨 일이 있었는지 말하는 것이 법적으로 보장되지 않는다면, 사람들은 자신이 경험한 것과 회사에서 여전히 일어나고 있을지도 모르는 일을 투명하게 밝힐 수 없어요." 이페오마는 공개적인 의사소통이 차별과 괴롭힘, 그 밖의 남용들을 해결하기 위한 필수 조건이라고 믿었다. 그녀가 내게 말했다. "투명성의 보장이 반드시 문제점의 개선으로 이어지지는 않아요. 하지만 사람들이 문제점에 대해 말할 수 없다면 개선 가능성이 아예 없는 겁니다."

테일러와 클라리사가 그들의 이야기를 나와 편하게 공유할 수 있었던 주요 이유 중 하나는 그들이 해고될 당시 폄하금지 및 비밀유지 서약서에 서명하지 않았기 때문이다. 해고된 후 그들은 각자 킥스타터에서 경험한 노조 결성 과정을 공개했다. 이는 킥스타터 직원들이 노조 결성을 계속해나가는 것에 대한 대중들의 광범위한 지지를 불러일으킨 동시에, 킥스타터 경영진에게 노조 결성을 반대하는 관행 중 일부를 축소하도록 압력을 가했다. 하지만 아직 아무것도 얻지 못했다. 노조가 공식적으로 결성되려면 투표가 선행되어야 했다.

2020년 2월, 그러니까 테일러와 클래리사가 해고당한 지 5개월이 지났을 무렵, 20여 명의 킥스타터 직원들이 그린포인트에 있는 킥스타터 본사에서 NLRB의 뉴욕 사무실로 향했다. 지난달에 진행된 노조 투표의 결과 발표를 듣기 위해서였다. 그 투표는 거의 2년에 걸쳐 이루어졌다. 노조가 인정되려면 다수의 자격 있는 직원들이 찬성표를 던져야 했다.

"만약 지루함을 숭배하신다면, 바로 여기가 그 전당이에요." 개표가 이루어지는 NLRB 청문회실을 가리키며 테일러가 말했다. 하지만 정부 기관 특유의 베이지색 배경에도 불구하고, 그날 아침 청문회실은 생동하는 에너지로 가득했다. 테일러는 도허티, 트래비스와 함께 청문회실의 뒤편에 앉아 있었다. 킥스타터에 재직 중인 직원들, 사측 대표들 그리고 회사가 고용한 로펌 소속 변호사들이 앞쪽에 줄지어 앉았다. NLRB 대표가 청문회실 앞쪽에 봉인된 채 놓여 있던 투표함을 개봉했다.

대표가 투표용지를 하나씩 펼쳐가며 읽어나갔다. 직원들은 땀에 젖은 손바닥에서 미끄러지려는 연필을 꼭 쥐고서 그 결과를 차곡차곡 기록했다. 30분 후에 최종 결과가 나왔다. 찬성이 46표, 반대가 37표. 울음 섞인 탄성이 실내를 가득 채웠다. 킥스타터 노조는 미국 테크 업계 역사상 노조가 전면적으로 인정받은 최초의 사례였다. "포스트잇에 노조 설립자 명단을 처음 적었을 때 저는 모루(대장간에서 불린 쇠를 올려놓고 두드릴 때 받침으로 쓰는 쇳덩이)를 집어든 거였어요." 테일러가 내게 말했다. "투표 결과가 나오고서야 그걸 최종적으로 내려놓을 수 있었고요."

그해가 끝나기도 전에 그 투표로 인한 혜택이 노동자들한테 돌아갔다. 2020년 5월, 킥스타터는 코로나 사태로 비롯된 경제적 부담으로 인한 정리해고와 회사 지분인수buyout 때문에 직원 중 39퍼센트를 잃었다. 하지만 노조의 협상 덕분에 퇴사하게 된 직원들은 원래 제시되었던 2~3주 치의 퇴직 수당 대신에 네 달 치의 급여와 더불어 최소한 네 달치의 의료보험 혜택을 받을 수 있었다.

2020년 9월 NLRB가 알아낸 바에 따르면, 킥스타터 경영진이 테일러를 해고한 것은 명백한 노사관계법 위반이었다. 이에 따라 회사는 10월에 테일러에게 소급 급여로 36,598.63달러를 지급하기로 합의했다. 그 합의도 타당한 결과였지만, 테일러로서는 노조 찬반투표의 결과야말로 진정한 승리였다. "권력은 소수에게 집중되어서는 안 됩니다. 절대로요." 그가 내게 말했다. "누군가의 권력 아래에 있는 사람이라면, 그 권력이 어떻게 쓰이는지에 관여할 수 있어야 해요. 그게 내가 믿는 세상이랍니다. 내가 만들고 싶은 세상이고요. 그런 세상을 자신의 원칙으로 삼는 사람이라면 그는 오늘 즉시 자신의 직장을 조직화할 적임자입니다."

직업상의 관계(적어도 사측과 노측 사이의 관계)는 언제나 근본적으로 권력 관계다. 가장 친밀하고 진보적이고 사명이 이끄는 직장이라도 그렇다. 하지만 노조를 통해 권한이 주어진 직장에서는 고용 계약이 명확하며 '가족'이라는 수사법에 의해 권력 구조가 흐릿해지지 않는다.

2022년 6월, 킥스타터 노동자들이 노조 설립 계획을 공표한

지 2년 반 만에 킥스타터 노조가 사측과의 첫 번째 단체교섭 합의안을 비준했다.[22] 합의안에는 연봉 인상 및 임금의 공정성 검토를 보장하고, 정규직 일자리를 우선시하여 계약직 사원 채용을 제한하며, 불만 처리 및 중재 절차를 표준화한다는 내용들이 담겼다. "동료보다 일을 더 잘해야만 보상받는 체계 속에 있는 노동자는 권력 구조 속에 있는 자신의 위치를 아주 건강하지 못한 방식으로 이해할 수 있어요." 클래리사가 내게 말했다. "우리는 서로 공유한 경험과 우정을 통해 노동자를 위한 권력을 만들어냈답니다."

6장

불이 꺼지지 않는 사무실

- 오래 일하는 만큼 일을 잘하게 된다는
착각에 관하여

아버지는 타임머신을 만든 후 그걸로 시간을 더 많이 얻을 방법을 알아내는 데 평생을 바쳤다. 우리와 함께 있을 때도 아버지는 언제나 시간을 더 얻을 수만 있다면, 자기한테 시간이 더 많다면 얼마나 좋을지에 관해 생각했다.[1]

－ 찰스 유 Charles Yu

조시 에퍼슨 Josh Epperson 은 버지니아주 리치몬드에 있는 제임스강 한가운데에 있는 커다란 바위 위에 앉아 마리화나를 말고 있었다. 그의 긴 레게머리가 등을 따라 치렁치렁 드리웠고, 맨발 옆에는 참치 캔 두 통, 말린 망고가 든 플라스틱 통 하나 그리고 라이터 한 개가 놓여 있었다. 이탈리아산 필스너 맥주 한 캔이 그의 왼쪽 신발 속에 들어 있었다.

"호화로운 삶이죠." 그 순간의 무게를 지탱하려는 듯 두 팔을 옆으로 벌리면서 그가 말했다. 조시는 말을 하기 전에 종종 가벼운 미소를 짓곤 하는데, 마치 아는 사람들끼리의 농담을 상대방에게 들려주겠다는 신호 같다. 조시에게 그런 습관이 생긴 까닭은 아마도 서른여덟 살인 그가 남들은 아직 보지 못한 무언가를 이미 경험했다고 느끼기 때문일 것이다. 그는 10년 넘게 회사 생활을 하면서 국제 브랜드상담 업계의 등급을 따라 7번의 승진을 거쳤고, 최근 3년 동안은 자칭 '실험'을 하며 보냈다.

조시의 실험에는 세 가지 지침이 있다. 첫째, 의미 있다고 여기는 일자리만 수락한다. 둘째, 보수가 좋은 일자리만 수락한다(그의 급여는 시간당 130달러다). 셋째, 일주일에 30시간 미만으로 일할 수 있는 일자리만 수락한다. 조시는 보통 일주일에 10~15시간 정도 일하지만, 연간 수입은 10만 달러 가까이 된다. 대다수의 열정적인 전문직 종사자들처럼 전문적 지식과 경력으로 돈을 더 버는 대신, 그는 시간을 더 버는 쪽을 선택했다.

요즘의 관점에서 보면 조시의 상황은 비정상적인 듯하지만, 역사의 거울에 비추어보면 '복고풍'의 생활 방식이라고 설명하는 편이 더 적절할 것 같다. 인류 역사를 통틀어 사람들은 더 많은 부를 축적할수록 더 적게 일했다. 이유는 간단하다. 돈을 더 많이 벌면 더 적게 일해도 먹고살 수 있기 때문이다.

대부분의 문명에서 여가leisure는 지위의 상징이었다. 이 단어의 어원인 라틴어 '리세레licere'는 "직업 활동이나 서비스 활동을 하지 않아도 된다"라는 뜻이다.[2] 아테네인들은 여가야말로 '인생의 최고 가치'라고 여겼으며, 평생을 예술 창작, 스포츠 경기 그리고 존재의 본질을 심사숙고하는 데 바쳤다.[3] 아리스토텔레스는 일이 아닌 여가가 "모든 인간 행동의 목표이며, 모든 행동이 지향하는 종착지"라고 믿었다.⁴ 그런데 언제부턴가 미국인들은 현인들의 지혜를 잃어버렸다. 매년 평균적인 미국인은 평균적인 프랑스인보다 한 주에 6시간 더 오래 일한다. 평균적인 독일인보다는 한 주에 8시간 더 오래 일하고, 일 많이 하기로 악명 높은 일본인보다도 3시간 반 더 오래 일한다.⁵

늘 이렇지는 않았다. 1970년대에 미국, 프랑스 및 독일의 평균적인 노동자들은 연간 노동 시간은 엇비슷했고, 일본인 노동자들은 일관되게 조금 더 오래 일했다.⁶ 20세기에 노조 가입 노동자가 늘어나고 기술이 발전한 덕분에 전반적인 노동 시간이 줄어들었다. 하지만 지난 50년 사이에 미국에서 이상한 경향이 나타났다. 부와 생산성의 증가에도 불구하고, 대학 교육을 받은 많은 사람들(특히 남성)이 이전보다 더 많이 일하게 된 것이다. 전문직 종사자들이 부를 이용해 여가를 늘리는 대신 일을 더 많이 하는 쪽을 선택했다.⁷

오랜 기간 조시도 그런 경향의 산증인이었다. 기꺼이 더 많은 시간을 희생해서 더 많은 소득을 올렸다. 그러던 2019년의 어느 날, 그는 이제 할 만큼 했음을 깨달았다. 이후로는 한 주에 20시간 이상 일한 적이 없다.

점점 더 오래 일하는 사람들의 사정

조시의 어린 시절은 '할 수 없는 것들'로 규정되었다. 살 수 없는 장난감, 입을 수 없는 옷 그리고 (돈이 특히 궁할 때) 먹을 수 없는 음식 같은 것들 말이다. 그는 어머니, 누나와 함께 레스턴Reston에 있는 저소득층 주택단지에서 자랐다. 버지니아주 북부의 그 소도시는 공원과 산책로, 골프장으로 유명했다. 하지만 조시가 아는 도시의 모습은 조금 달랐다. 어릴 적 경찰이 살인 사건을 조사하러 왔을 때 그의 침실을 가득 비추었던 창밖의 번쩍이는 푸른빛, 술 취한 어머니가 깰 때까지 개울가에서 시간을 때우던 그의 머리 위로 드리웠던 참나무의 그림자, 워크맨으로 듣고 또 들었던 너바나의 음악을 그는 기억한다. 무엇보다도, 그는 그곳에서 벗어나고 싶었다.

조시는 스케이트보드, 펑크 음악 그리고 마리화나 같은 대항문화에서 피난처를 찾았다. "저는 12살 때부터 사회를 삐딱하게 봤어요." 지난 20년 동안 그의 집이었던 리치먼드에 있는 강을 향해 우리가 걷고 있을 때, 조시가 말했다. "아무도 절 구하러 오지 않으리란 걸 알고 있었죠." 그의 부모님은 둘 다 대학을 나오지 않았다. 아버지는 영화관을 들락거리는 것이 하는 일의 전부였고, 어머니는 저임금 사무직을 전전했다. 그래서 조시는 늘 일해야 했는데, 주로 지역 수영장에서 안전요원으로 일했다. 일하고 스케이트보드를 타고 마리화나를 피우느라 학교는 뒷전이었다.

"조시는 다정하고 호기심 많고 모험심이 있는 애였어요." 그의 친구 한 명이 내게 말했다. "하지만 스케이트보드를 타면 누구나 반항적이 되죠. 그건 본질적으로 권위에 저항하는 행위니까요."

고등학교 2학년 때 조시는 친구들 중 대부분이 대학 진학을 위해 도시를 떠나리란 걸 깨달았다. 그래서 자기도 학업에 임하는 태도를 바꾸어야겠다고 마음먹었다. 늘 지적으로 호기심이 많은 아이이긴 했지만, 이번에는 새로 찾은 동기에 따라 공부에 전념했다. 그 동기는 다름 아닌 '레스턴에서 벗어나기'였다. 졸업에 필요한 점수를 넘기고 나서 수학 선생님을 덥석 껴안았던 기억이 지금도 생생하다.

고등학교 졸업 후 조시는 노던버지니아커뮤니티칼리지라는 전문대학에 2년간 다닌 뒤에 버지니아커먼웰스대학교로 편입했다. 그래서 리치먼드로 거처를 옮겼다. 전문대학 졸업장이 장래에 쓸모 있겠거니 생각했지만, 그에게는 직업 경력이 딱히 중요하지 않았다. 그는 2년 동안 유나이티드항공 소속으로 리치먼드 공항에서 '작은 야광봉을 흔드는' 일을 했다. 일주일에 5일씩, 오후 4시부터 마지막 비행기가 자정을 넘어 도착할 때까지 야간근무를 했다. 심지어 비행기가 그다음 날 아침까지 연착되어 기다려야 할 때도 초과근무 수당 없이 시간당 10달러를 받았다. 조시는 근무가 끝나면 자전거의 전조등을 켜고 집까지 35분을 달렸다. 그러면서 '썩 마음에 드는 일은 아니네' 하고 생각했다.

일이 많은 사람을 표현하는 전형적인 장면으로 기업 중역이 휴가 중에 이메일을 확인하거나 실리콘밸리의 벤처 기업가가 밤 늦도록 코딩을 하는 모습을 꼽을 수 있다. 적어도 미국에서는 바쁘게 일하는 사람을 폄하하지 않고 인정해준다. 프리랜서 고용 중개 플랫폼 파이버Fiverr는 2017년에 실시한 광고 캠페인에서 '점심 식사로 커피를 마시는' 사람들과 '수면 부족을 약물처럼 복용하는' 사람들을 치켜세웠다.[8]

하지만 사람들이 오랜 시간 일하는 이유가 업계에 따라, 또 계층에 따라 천차만별이라는 사실을 꼭 알아야 한다. 일에서 의미를 찾기 때문에 많이 일하는 라이언 버지 같은 사람도 있고, 고용주의 과도한 기대 때문에 많이 일하는 포바치 에타 같은 사람도 있다. 그리고 스물네 살의 조시처럼 그냥 생계를 위해 일하느라 피곤에 절은 사람도 있는 것이다. 미국 경제정책연구소Economic Policy Institute의 보고서에 따르면, 소득 하위 20%의 미국인들은 1979년 대비 2016년에 약 25퍼센트 더 오래 일했다.[9] 저소득층의 임금은 동결되는 경우가 많아서 먹고살려면 더 오래 일해야 했다.

과로는 단지 일한 시간의 양이 아니라 그 시간들의 강도와 예측불가능성의 문제다. 저임금 일자리를 가진 사람들은 언제, 어디에서 그리고 얼마나 열심히 일할지를 스스로 결정하기 어렵다. 예를 들어 로스앤젤레스의 임시직 노동자인 데릭 드로시Derek Deroche는 음식 배달, 차량 호출, 잡역부 알선 플랫폼에서 받는 요청들을 그때그때 번갈아가며 처리한다. 일이 없을 때에는 다음 일을 찾으며 시간을 보내야 하고, 그런 시간에는 보수가 없다. "충분한 소득을 얻으려면 여러 가지 일을 해야 해요." 그가 내게 말했다. "자영업자라고 하지만 말이 좋지, 원."

게다가 실리콘밸리의 임시직 기반 플랫폼들이 해외로 확장되면서, 파트타임 일자리에 대한 미국식 노동 표준도 함께 퍼지고 있다. 강력한 노동법이 있는 노르웨이와 독일 같은 나라들에서조차도 임시직 노동자들은 종종 자영업자로 분류된다.[10] 이 경우 유급 휴가나 노조의 단체교섭력 같은 정규직 기반의 권리들이 없어진다. 저임금 노동과 맞물려 있는 긴 노동 시간의 문제는 임시직 플랫폼과 국가 모두의 보호 조치가 미흡한 탓에 더 악화되는 중이다.

스물다섯이 되던 해에 조시는 공항 일을 그만두기로 했다. 대신 시간당 12달러를 주는 지역 병원의 행정 업무 일자리를 찾았다. 임금이 대단히 인상된 것은 아니었지만, 그곳에서 처음으로 열정을 품은 채 일하는 사람들에 둘러싸이게 되었다. 조시는 의사와 레지던트가 모여서 그날의 가장 골치 아픈 사례를 논의하는 점심 식사 자리에 배달음식을 가져다주는 일을 맡았다. 그러다 보니 오가는 이야기를 종종 듣곤 했다. "자신의 시간을 헌신적으로 바치고 싶은 일을 찾아서 하는 사람들 무리에 속해 있다는 건 새로운 경험이었어요." 그가 말했다. "그 경험은 일에 대한 저의 생각을 뒤흔들어놓았죠."

물론, 레지던트는 일하고 싶은 시간만큼 일하는 이상적인 예는 아닐지도 모른다. 레지던트 수련 방식을 고안한 외과의사 윌리엄 홀스테드William Halsted 는 의학생이 수련 기간 동안 일에 전적으로 몰두하려면 병원에서 살아야 한다고 생각했다.[11] 홀스테드는 일 중독과 코카인 중독으로 악명이 높은 인물이었다. 하지만 홀스테드 수련 방식의 교육 신조는 오늘날까지 내려오고 있다. '오랜 시간 일하기'는 많은 화이트칼라 직종에서 표준이 되었으며, 일하는 시간은 점점 더 길어지는 중이다.

변호사를 예로 들어보자. 대다수의 로펌은 직원에게 비용 청구가 가능한 최소 업무 시간billable hour 요건을 정해두고 있다. 대도시의 경우 연평균 2,000시간쯤이다. 주 단위로 계산하면 일주일에 약 40시간인데, 비공식적인 기대치는 보통 훨씬 더 높다. 그 시간에는 통근, 식사, 고객 무관 업무가 포함되지 않는다. 게다가 역설적이게도 변호사들이 15분 혹은 6분 단위로 매기는 비용 청구 가능 업무 시간의 산정 업무도 포함되지 않는다.

많은 로펌들이 일정한 비용 청구 가능 업무 시간의 문턱값을 넘어야지만 직원에게 연말 상여금을 준다. 로펌은 시간에 따라 고객에게 비용을 청구하므로 어찌 보면 타당한 조치다. 하지만 내가 이야기를 나눠본 여러 변호사에 따르면, 왜곡된 동기를 조장하는 측면도 있다. 일을 훌륭하게 처리해낸 성과보다는 오래 일한 시간을 기준으로 보상을 얻기 때문이다. "일을 효율적으로 해내도 금전적으로 얻는 게 없어요." 뉴욕의 한 로펌에서 일하는 소송 전문 변호사가 내게 말했다. "대신에 시간을 채우려다 보니 일을 훨씬 더 많이 해야 하죠."

미국인들이 일을 아주 많이 하는 많은 이유 중에는 업계를 초월한 한 가지 상수가 있다. 바로 미국식 관리 문화다. 이 관리 문화(경영자가 노동자의 노동 시간을 꼼꼼하게 추적하는 문화)는 대부분 프레더릭 윈즐로 테일러Frederick Winslow Taylor의 유산이다. 그는 벌써 한 세기 전에 세상을 떠났지만, 그의 저서 『과학적 관리의 원칙Principles of Scientific Management』은 오늘날까지 가장 영향력 있는 경영서 중 하나다. 고용주가 어떻게 직원의 시간을 관리하는지 이해하고 싶다면, 테일러가 시계를 어떻게 보았는지를 이해하면 된다.

우리를 사무실에 가둬버린 일의 저주

테일러는 어머니 뱃속에서 나올 때부터 스리피스 정장 차림에 손에는 스톱워치를 들고 있었을 것이라고 불릴 정도의 인물이었다. 그는 1856년 필라델피아의 한 부유한 퀘이커Quaker교도 부모 아래에서 태어났다. 어린 시절 2년 동안 유럽을 여행한 후에 미국의 명문 사립학교인 필립스엑스터아카데미Phillips Exeter Academy에 다녔다. 테일러는 프린스턴대학에서 공부했던 아버지처럼 변호사가 되는 대신 펌프 제조회사에서 기계제작 기술자로 일하는 쪽을 선택했다. 훌륭한 철강 제조업체 미드베일스틸Midvale Steel에 취직했는데, 이후 빠르게 승진가도를 달렸다. 시간기록원으로 시작해 기계제작 기술자를 거쳐 공장 현장 주임까지 오르더니 최종적으로 수석 엔지니어의 지위에 올랐다. 전부 서른이 되기 전의 일이었다.

미드베일스틸에서 테일러는 자신만의 관리 이론을 개발하기 시작했다. 그는 공장 현장에서 일할 때 동료들이 최소한의 노력만 하고 있는 탓에 회사가 많은 인건비를 지불하고 있음을 알게 되었다. 그래서 경영진이 된 뒤 노동자 개개인한테서 최대한의 노동을 뽑아내는 법을 찾아내는 데 몰두했다. 테일러는 스톱워치를 사용하여 기계와 기계 운영자의 효율성을 높이는 법을 연구했다. 각각의 일을 개별적인 동작으로 분해한(금속 조각 들기, 금속을 선반에 올리기, 자를 위치 표시하기 등) 다음, 각 동작을 완료하는 데 얼마나 시간이 걸리는지 측정하는 방식이었다. 그는 각 과제를 수행하는 '최상의 한 가지 방법'이 존재하며 그것은 자세한 관찰을 통해 알아낼 수 있다고 믿었다. 개별 동작의 효율을 극대화한다면 회사의 돈을 절약할 수 있었다.

미드베일스틸에서 12년을 일하고 몇 년쯤 더 대형 제지 공장 운용자로 일한 후, 테일러는 컨설팅 회사를 설립해 자신의 '과학적 관리' 철학을 대중에게 전하기 시작했다. 테일러에게 컨설팅을 받은 여러 기업들이 그의 스톱워치를 도입했으며, 자기 회사의 노동자들을 연구했고, 작업 흐름을 최적화했다. 하지만 테일러의 '과학적' 방식에는 몇 가지 문제점이 있었다. 그는 숫자를 날조하고, 고객에게 거짓말을 하고, 자신의 성공을 부풀려서 떠벌리는 걸로 악명 높았다.[12]

테일러의 고객사 중 하나인 베들레헴스틸Bethelehem Steel은 그의 컨설팅을 따랐지만 실제로 수익 증가가 없자 거래를 중단했다. 하지만 테일러는 그렇다고 해서 자신의 복음을 듣고자 하는 이들에게 설교하는 일을 멈추진 않았다. 데이터의 신빙성이 낮다는 약점이 있었지만, 작가와 마케터로서 그의 능력은 뛰어났다. 그는 여러 권의 책을 썼고 전국을 다니면서 자기 생각을 펼쳤다. 테일러가 보기에 노동자는 자본주의라는 기계 속의 지능이 없는 톱니바퀴일 뿐이었다. 그는 평균적인 철강업 노동자를 가리켜 "아주 어리석고 무기력한지라 정신적인 면에서 소와 비슷하다"라고 표현하기까지 했다.[13] 노동자의 인간성은 안중에도 없었다. 노동자의 모든 행동뿐 아니라 일분일초를 기업 수익 극대화를 위한 수단으로만 보았다.

지금도 많은 경제 분야에서 테일러의 과학적 관리법이 맹신되고 있다. 특히 제조업과 서비스업 분야에서 그렇다. 세계화에 발맞추어 '테일러주의'는 전 세계로 수출되었다. 다만 오늘날에는 관리자가 스톱워치를 쥐고 있는 대신, 얼굴 없는 기술 플랫폼들이 디지털 채찍을 휘두르고 있을 때가 많다. 가령 아마존 풀필먼트 센터의 직원들이 손에 들고 다니는 스캐너에는 카운트다운 타이머가 장착되어 있다. 직원이 제품 패키지를 스캔하고 분류하는 속도를 측정하는 장치다. 우버 운전사들은 다음 고객을 태우려면 시간을 다투며 달려가야 한다. 다국적 의료 및 보험 회사인 유나이티드그룹에서는 '저조한 키보드 작업'이 급여와 보너스에 영향을 미칠 수 있다.[14] 나아가 액티브트랙ActivTrak이나 인사이트풀Insightful과 같은 일군의 스타트업들은 직원 감시 소프트웨어를 버젓이 상품으로 만들어 기업에 공급하고 있다. 2022년에 《뉴욕타임스》에서 진행한 조사에 따르면 미국에서 가장 큰 민간기업 고용주들 열 중 여덟이 개별 노동자들의 생산성 수치를 추적한다.[15] "이런 유형의 노동은 다가오는 자동화 시대에 우리를 맞춰줘요." 임시직 노동자 데릭이 자신이 일하는 음식 배달 플랫폼에서 끝없이 나오는 배달 지시를 설명하면서 한 말이다. "우리가 좀 더 로봇 같아진 셈이죠."

병원에서 일하던 2011년에 조시는 자기 경력의 다음 단계를 고민하기 시작했다. 여러 해 동안 뇌의 일부만 쓰는 일을 해왔던 그는 이제 창의적인 일을 해보고 싶어졌다. 그래서 뉴욕으로 가서 5일짜리 컨퍼런스에 참석했다. '생각의 축제Festival of Ideas'라는 자리였다. 그곳에서는 여러 저자들이 기조연설을 했고, 유명세를 타고 있는 식당들에서 제공한 음식들이 나왔고, 도시의 가장 트렌디한 미술관과 화랑에서 가져온 설치예술품들이 전시되어 있었다. 수백 가지 전시물들 사이에서 한 프로젝트가 조시의 상상력을 사로잡았다.

'FEAST'라는 이름의 프로젝트였는데, 이는 'Funding Emerging Art with Sustainable Tactics(새로 등장하는 예술을 지속가능한 전술로 펀딩하기)'의 약자다. 각각의 FEAST 행사에서 다양한 예술가들과 단체들이 자신의 프로젝트 아이디어를 참석자들에게 소개했다. 소개가 끝나면 참석자들은 마음에 드는 프로젝트에 투표했고, 그 결과에 따라 행사의 입장권 판매 수익을 분배해서 지원금으로 지급했다. 이를 보고 조시는 생각했다. '이거 멋진데? 리치먼드에 가져가야겠어.'

뉴욕에서 돌아온 조시는 한 친구와 함께 버지니아 버전의 FEAST를 실현하는 데 착수했다. 낮 시간 동안에는 여전히 병원에서 일했지만, 열정과 관심은 다른 데 쏠려 있었다. 생각의 축제가 그에게 새로운 정체성을 싹틔웠다. 직업이 딱히 그 일에 도움이 되진 않았지만, 조시는 스스로를 창조적이라고 여기기 시작했다. "그때 이런 생각이 들었어요. '세상에, (뉴욕의) 그 사람들에게는 창조적인 사람임을 증명해주는 문서 한 장 없잖아!" 여기까지 생각이 마치자 조시는 2011년 가을에 병원 일을 그만두고 자신의 창조적 근육을 뽐내기 시작했다. 먼저, 리치먼드의 지역 간

행물에 갤러리 오픈과 콘서트에 관한 기사를 썼다. 제1회 FEAST 버지니아 행사를 개최했고 모든 표를 다 팔았다. 이후 조시는 더 많은 예술가 및 사업가들과 어울리기 시작했다. 자신의 마력을 찾아낸 것이다.

FEAST의 전시에서 조시의 행사 주최 능력을 알아챈 지역 내 컨설턴트 회사가 그를 고용해 리치먼드의 역사를 전시하는 일련의 행사를 기획하는 일을 맡겼다. 그 일을 계기로 지역의 마케팅 중역인 앤디 스테파노비치Andy Stefanovich가 그를 스카우트해서 자기가 일하는 브랜딩 회사로 데려갔다. 스물여덟 살, 그러니까 고등학교를 졸업한 지 10년 만에 조시는 고정 급여를 받는 직업이 생겼고, 1년에 4만5,000달러를 벌었다. "제 가치는 시급 12달러에서 연봉 4만5,000달러로 올라갔어요." 조시가 내게 웃으며 말했다. "뭐, 이쯤이면 '끝내주는 부자'인 것 같았죠."

그 회사의 이름은 '프라핏Prophet(선지자)'이었는데, 조시를 알아본 것을 보면 꽤나 적절한 이름이 아닐 수 없었다. 프라핏에서 조시는 그야말로 스타였다. 아이비리그 출신과 경영대학 졸업생들이 널려 있는 세계에서 남다른 인생 경로를 거쳐 업계에 들어온 기획자는 신선한 관점을 제공했다. 그의 옛 동료 중 한 사람은 이렇게 회상했다. "분명 처음 들어왔을 때만 해도 조시는 컨설팅 업계의 전반적인 문화와 우리가 일하는 방식에 아주 회의적이었지만 정말 빠르게 적응해나갔어요."

프라핏은 이전의 다른 어떤 회사들과도 달랐다. 리치먼드 시내에 있는 옛 곡식 판매 건물의 꼭대기 두 층을 사무실로 썼다. 병원 사무용 건물의 칸막이로 나눠진 사무실과 다르게, 프라핏의 사무실은 20세기 중반 양식의 가구와 유리 벽면 회의실로 꾸며져 있었다. 동료 직원들은 때때로 사무실 두 번째 층에 있는 포스퀘어four-squre (소규모 구기 운동의 일종-옮긴이) 코트에서 게임을 즐기거나 음료를 마셨다. 분위기는 느긋했지만, 일은 버거웠다. 프라핏의 사내 문화는 경쟁적이고 실적지향적이었다. 이에 대해 그 회사에서 일했던 누군가는 이렇게 말했다. "2년마다 승진하지 못하면 일을 못하고 있는 거예요.

하지만 조시는 빠르게 돌아가는 환경을 잘 이용했다. 입사한 지 얼마 지나지 않아 비행기를 타고 미국 전역을 누비며 생명보험사들을 대상으로 소셜미디어 전략에 대해 프레젠테이션을 하고, 박하사탕 제조업체를 위한 '혁신 로드맵'을 고안해냈다. 프라핏은 이제 조시의 삶과 친목 모임과 목적의식의 중심이 되었다. "승승장구하고 있다고 여겼죠." 그가 말했다. "동료와 함께 비행기에 오르고 싶었고요, (······) 나도 그 회사 사람이란 걸 증명해내고 싶었어요."

프라핏에서 승승장구하면서 조시의 소득도 늘어났다. 승진을 하고 또 승진했다. 그의 연봉은 금세 (달러로) 여섯 자리가 되었고, 이에 따라 생활 방식도 바뀌었다. 번쩍거리는 다니엘 웰링턴 손목시계와 반질반질한 니솔로_{Nisolo}의 수제 가죽 부츠를 샀다. 리치먼드에서 가장 세련된 동네에 있는 호화로운 아파트로 이사를 갔고 빛나는 검정색 랜드로버도 샀다. 조시는 오랜 시간 일했으며 한 달에 여러 차례 출장을 다녔다. 일에 지치긴 했지만 자신의 번아웃을 성공의 신호로 해석했다. 그는 분주함과 목적의식이 똑같다고 여겼다. '수백만 달러가 걸린 일인데, 고객이 내일 그걸 원한다면 제대로 해내야지'라고 생각했다.

아이러니하게도 조시가 일을 더 오래 한다고 일이 꼭 더 나아지진 않았다. 팀장이 되어 책임감이 커지면서 회의와 기업의 관료주의가 그를 옥죄는 바람에, 자신이 익힌 것을 바탕으로 새로운 아이디어를 내놓기가 어려워졌다. 그래도 조시는 자중했다. 당시 그는 1년에 14만 달러를 벌고 있었는데, 저소득층 주택단지에 살며 홀어머니 밑에서 자란 소년으로서는 꿈도 못 꿀 금액이었다. 게다가 크리에이티브 디렉터로 승진하기를 바라던 중이기도 했다. 이는 조시가 프라핏에 입사할 때부터 탐내던 자리로, 다음 승진 시기에 오를 수 있으리라고 내심 믿고 있었다.

어느 날 조시의 업무 멘토가 회사의 주차장에서 같이 좀 걷자고 했다. 조시는 그 권유가 무슨 뜻인지 알았다. 그동안 그가 회사에 가져다준 값어치에 어울리는 자리를 얻게 될 것이라고, 드디어 스스로를 크리에이티브 디렉터라고 소개할 수 있게 될 것이라고 그는 생각했다. 단조로운 콘크리트 주차장을 걷고 있을 때,

멘토가 조시 쪽으로 고개를 돌리더니 말했다. "미안하네, 승진은 안 될 것 같아." 그 말을 듣자마자 조시는 조금도 주저하지 않고 말했다. "괜찮아요. 제가 나가겠습니다." 그는 몸을 돌려 긴 주차장을 혼자 걸어 나갔다. 일의 저주가 마침내 풀렸다.

덜 일하고, 적당히 벌고, 더 가치 있는 삶

"프라팟을 그만둔 건 여유를 누리기 위해서도, 더 나은 생활이나 삶의 속도를 찾기 위해서도, 일과 삶의 균형을 잡기 위해서도 아니었어요. 실은 제가 그때 기분이 아주 엉망이었거든요." 참나무와 사이프러스의 숲속에서 나와 일렬로 걸으며 조시가 말했다. 그는 몇 걸음마다 뒤를 돌아보았다. "그냥 다른 브랜딩 회사로 이직하면서 크리에이티브 디렉터 역할을 달라고 해야지 하고 생각했어요." 그는 내가 지나갈 수 있게 양치식물을 옆으로 젖혀주었다. "하지만 우선은 좀 쉬고 싶었어요."

회사를 떠난 후 조시는 얼마간 시간을 내어 쉬었다. 말하자면, 그가 번 시간이었다. 7년 동안 그는 하루에 10시간을 사무실에서 일하며 보냈다. 팀원들과 늦게까지 남아서 "프레젠테이션을 위해 파워포인트의 작은 네모 칸에 단어들을 채워 넣은" 밤이 셀 수 없이 많았다. 조시는 회사를 위해 자신의 많은 것을 바쳤다. 그러나 이제는 회사 없이 자신이 누군지 다시 알아내야 했다.

조시는 스스로에게 열세 달의 안식 기간을 주기로 마음먹었다. 안식기의 첫 2주 동안 어떻게 될지는 뻔했다. 그냥 '휴가를 맞은 조시'의 삶이었다. 하지만 2주가 지나자 슬슬 불편해지기 시작했다. "지난 7년 동안 저는 모든 시간을 경제적 가치로 변환시켜 해석했어요." 그가 말했다. "그래서 하루를 되돌아봤을 때 그 경제적 성과를 알 수 없는 상황이 되자, 매일매일이 무가치하다는 느낌이 들기 시작했어요."

그가 어떤 느낌을 받았는지, 나 역시 짐작할 수 있었다. 조시와 함께 걸으며 대화하는 동안, 나도 테일러의 세계관이 내면화된 사람이라는 생각이 들었다. 의식적으로든 그렇지 않든 나는 일분일초를 최적화하려고 했다. 심지어 이 책을 쓰려고 자존감과 일의 융합이 가진 위험성들을 수집할 때조차, 글을 쓰지 않거나 취재원을 인터뷰하지 않거나 작성된 글을 편집하지 않는 날들은 어쨌든 낭비된다는 느낌에서 벗어나지 못했다. 빡빡한 관리자가 독촉하지도 않는데 나는 하루의 모든 순간들에서 경제적 가치를 뽑아내려 하고 있었다. 호텔 체크아웃을 위해 줄을 서거나 엘리베이터를 탈 때마다 메일을 확인하려고 휴대폰을 만지작댈 만큼 나는 아주 세세한 부분에서도 스스로를 관리했다.

안식 기간 동안 조시는 다음 단계로 넘어가야 한다는 충동에 적극적으로 저항해야 했다. 그는 더 많이 하지 않는 것에 죄책감을 느꼈다. 하지만 죄책감을 회피하는 대신 그것을 들여다보기로 했다. 그는 스스로에게 질문을 던졌다. "인간의 짧은 삶에서 내 인생의 가치란 경제적 보상이 따르는 회사일 뿐이라고 믿어야 할까?" 그의 대답은 "아니오"였다.

이어서 조시는 자신이 무엇을 느끼고 싶은지 자문했다. 며칠 동안 정해진 과제 없이 아침에 일어나 우리가 지금 걷고 있는 강변길을 거닐기를 반복하자, 문득 그 답이 떠올랐다. "저는 경이와 감동에 이끌리고 싶었어요." 얼룩덜룩한 관목들이 깔린 곳을 지나면서 그가 이야기를 이어갔다. 만약 그의 목소리가 진지하지 않았더라면 나는 히죽거렸을지도 모른다. "자연에 파묻히고 싶었고, 제가 이 세상과 어떻게 조화를 이룰지 알고 싶었어요. 평생을 그런 식으로 살고 싶었어요. 그간 직업을 통해 익혔던 모든 것과 전적으로 상반되는 방향이었죠."

그래도 조시는 자신이 살고 있는 자본주의 사회의 현실을 모르지 않았다. 돈은 벌어야 했다. 하지만 일하는 세계로 되돌아갔을 때 인생에 경외감을 스며들게 하고 싶다면, 변화가 필요할 터였다. 이를테면 하루 일과에 자유로운 시간을 반드시 포함시키는 식으로 말이다. 의미 있으면서 돈도 괜찮게 버는 프로젝트만 골라서 할 수 있을까? 일주일에 20시간만 일해도 괜찮을까? 그는 궁금했고, 분명 시도해볼 가치가 있는 실험이었다.

조시는 시간과 돈에 대한 의무를 축소하는 데서부터 실험을 시작했다. 우선, 한 흑인 영화제 위원회에서 맡은 역할을 내려놓았다. 호화로운 아파트를 떠나 리치먼드의 집값이 저렴한 구역으로 집을 옮겼고, 랜드로버를 팔고 혼다 CR-V를 샀다. 이렇게 살림을 줄였는데도, 이 새로운 삶의 방식에는 장점들이 따라왔다. 그는 직접 요리해서 건강하게 먹었고, 정원에서 친구들과 느긋한 오후를 보냈다. 규칙적인 명상과 운동도 다시 시작했다. "정말로 '잘' 지낼 수 있었어요." 그가 내게 말했다. "그럴 수 있는 유일한 방법은 더 많은 시간을 내는 거였죠."

늘어난 시간은 직업 생활에도 혜택을 주었다. 세계 최대 규모의 복합문화·전시 기관인 스미소니언Smithsonian과 비영리 도시농업 단체 해필리내츄럴Happily Natural의 프로젝트를 맡았다. 일에 여유가 많아질수록 일이 더 나아졌다. "고용에 대한 오래된 산업 모델에서는 일에 투입한 시간이 많을수록 더 많은 제품이 생산되었어요." 조시가 설명했다. 하지만 생산해야 할 제품이 마케팅 캠페인이나 웹사이트의 제목이라면 투입 시간과 제품의 질 사이에는 비례관계가 없었다. 영감을 찾고 생각을 가다듬을 여유가 많아지자 조시는 마침내 스스로도 뿌듯한 일을 할 수 있게 되었다.

점점 더 많은 연구에서 입증되고 있듯이, 여가를 비롯한 얽매이지 않은 자유로운 시간들은 창조적인 일에 도움이 된다. 뇌 스캔을 통해 드러난 바에 의하면, 빈둥거리고 공상하는 시간은 창의적인 통찰과 혁신적인 발전을 촉진하는 알파파를 생성한다.[16] 기술 문명을 차단하고 자연 속에서 나흘간 하이킹을 한 피실험자

워킹 데드 해방일지

의 창조적 문제 해결 능력이 50퍼센트나 증가했다는 연구 결과도 있다.[17]

하지만 조시는 여유 시간을 반드시 어떤 목적을 위해 써야 한다고 보진 않는다. 다시 컴퓨터에 앉을 때 더욱 생산적으로 일할 수 있도록 플러그를 빼놓는 게 아니다. 그렇다고 우리들 중 다수처럼 저녁 식사 중에 새로 이메일이 왔나 보려고 휴대폰을 스크롤하는, 영원한 절반의 노동 상태로 존재하지도 않는다.

조시를 만나고 내가 가장 놀란 점은 그의 활동성이다. 그는 책상에 놓아둔 큼직한 고기포장용 종이에 글을 쓰고, 3명의 이웃과 함께 쓰는 텃밭에서 오크라okra를 기르고, 지역 예술가를 지원하기 위한 갤러리 개관식과 오픈마이크 공연에 참여한다. 이런 활동들이 다른 사람들에게는 '일을 쉬는 시간'이지만 조시에겐 일을 쉬기 위한 수단이 아니다. 그 자체로 목적이다.

당연히 모두가 조시처럼 안식 기간을 갖거나 짧게 일할 수는 없다. 조시 스스로도 인정하듯이, 그가 회사 생활을 하며 번 돈과 익힌 능력이 그 실험의 성공에 핵심적인 역할을 했다. "제가 하고 있는 이 모든 생활 방식은 10년 전이라면 불가능했을 거예요. 그때 저는 그럴 능력이 없었거든요." 그가 내게 말했다. "뭐든 때가 있고 상황이 맞아야 돼요. 하지만 그럴 능력이 있는 사람들 모두가 이렇게 산다고 상상해보세요. 그러면 세상을 바꿀 수 있지 않을까요?"

적게 일할수록 스스로와 더 가까워진다

여러 나라의, 또 여러 소득 범위의 노동자들이 일을 후순위로 삼는 저마다의 실험을 시도하고 있다. '호도-호도족(적당히-적당히족)'이라고 불리는 일본의 젊은 노동자들은 가급적 스트레스를 받지 않고 자유 시간을 최대한 많이 갖기 위해 승진을 피하는 문화 운동을 시작했다. 중국에서는 '탕핑躺平'이라는 트렌드가 소셜미디어를 중심으로 빠르게 퍼지고 있다. 이는 '평평한 곳에 눕다'라는 뜻으로, 꾸준히 일해야 한다는 사회의 기대에 적극적으로 저항하고자 '드러누워버린' 노동자를 가리키는 신조어다. 미국의 공연예술가이자 자칭 '낮잠 주교Nap Bishop'인 트리샤 허시Tricia Hersey는 저술 활동과 단체 낮잠 행위예술을 통해 '쉼의 복음은 자본주의에 저항하는 행위'라는 메시지를 전한다. 일을 적게 하자는 노동자들의 온라인 커뮤니티인 서브레딧(레딧 내 게시판) 'R/antiwork'의 회원 수는 200만 명을 넘어섰다.

"젊은 사람들은 설명할 길 없는 일종의 압박과 함께 약속이 깨졌다는 느낌을 받고 있습니다."[18] 옥스퍼드대학의 사회인류학 교수 샹뱌오Xiang Biao가《뉴욕타임스》와의 인터뷰에서 이렇게 말했다. "사람들은 물질적 향상이 인생에서 가장 중요한 단 하나의 의미 원천이 아님을 깨달았습니다." 그런데 더 적게 일하는 세상이 어떤 모습일지 자문하는 사람들은 젊은이들만이 아니었다. 모든 사람들이 그 질문을 하고 있다.

아이슬란드에서 2015년부터 2019년에 걸쳐 주 4일 근무를 실시했을 때, 그 실험이 노동자들한테 인기 있을 것이라는 데에는 의심의 여지가 없었다. 동일한 보수를 받고 더 적게 일할 수 있다니! 중요한 것은 고용주들에게도 이 논리가 통하겠냐는 문제였다.

노동 시간 감소에 반대하는 사람들이 주로 드는 근거 중 하나는 회사의 경쟁력 감소다. '노동자가 쉬는 만큼 경쟁자들이 앞서나간다'는 식의 논리가 등장한다. 하지만 그런 믿음은 시간과 성과 사이에 직접적인 관계가 있다는 그릇된 전제에서 비롯되었다. 2014년에 스탠퍼드대학의 경제학 교수 존 펜카벨John Pencavel이 군수품 노동자를 대상으로 실시한 연구 결과에 따르면, 노동 시간이 50시간을 넘기면 시간당 생산성은 급격하게 감소했다. 또한 70시간을 넘게 일한 노동자는 56시간 동안 일한 노동자보다 더 많이 생산해내지 못했다.[19] 이 연구는 우리가 직관적으로 아는 진리를 증명해준다. 어떤 과제를 마치는 데 더 많은 시간을 들여도 효율이 떨어질 때가 종종 있다는 진리 말이다.

미국의 소셜미디어 스타트업 버퍼Buffer, 뉴질랜드에 본사를 둔 자산계획 회사 퍼펫츄얼가디언Perpetual Guardian, 마이크로소프트 재팬과 같은 회사들이 주 4일 근무를 실험하며 세간의 이목을 끌기도 했다. 세 경우 모두 직원의 노동 시간 감소로 인해 생산성이 40퍼센트나 증가했고, 노동자들은 스트레스가 줄고 만족도가 더 올라갔다고 밝혔다.

하지만 아이슬란드의 실험은 그 범위가 굉장히 넓었다는 점에서 남달랐다. 두 가지 연구가 서로 연계되어 실시되었는데, 아이슬란드 노동인구의 1퍼센트가 넘는 수의 노동자들을 대상으로 복지 혜택이나 급여는 그대로 제공하면서 노동 시간을 40시간에서 35~36시간으로 줄였다. 대상자들의 직업은 교사, 경찰, 건설 노동자부터 레이캬비크 시청 공무원까지 무척 다양했다.

배경 설명을 덧붙이자면, 아이슬란드 사람들은 평균적으로 다른 북유럽 국가들보다 더 많이 일한다. 아이슬란드는 사회안전망이 튼튼하고 실업률이 낮지만, 생산성 면에서 다른 스칸디나비아 국가들에 비해 뒤처진다. 이 실험의 최종 보고서에는 이렇게 기술되어 있다. "장시간 노동으로 지친 아이슬란드 노동인구가 피로감을 자주 느끼는 바람에 그들의 생산성이 갉아먹혔다. 그러면서 일종의 악순환이 형성되었는데, 낮아진 생산성 때문에 부족해진 생산량을 '보충'하기 위해 더 오래 일해야 할 필요가 생겼고, 결국 '시간당 생산성'이 더 심하게 낮아졌다."[20]

이런 배경을 감안하면 아이슬란드의 주 4일 근무 실험 결과는 대단히 놀라웠다. 업종에 상관없이, 노동 시간이 줄었음에도 생산량의 감소가 없었기 때문이다. 심지어는 출입국 관리 업종에서도 처리 시간의 지연이 없다고 보고되었다. 생산성이 높아진 조직들도 있었다. 한 정부 콜센터에서는 더 오랜 시간 일하는 다른 콜센터 대비 처리한 문의의 수가 10퍼센트 더 많았다. 노동자들은 여유 시간이 더 많아졌을 뿐만 아니라 취미, 사회생활 및 가족에게 쓸 에너지도 많아졌다고 밝혔다. 직원들이 잘 쉬면, 서비스의 질이 향상되진 않더라도 유지는 가능했다.

아마도 체계적 노동 시간 개혁의 가장 큰 걸림돌은 고용주의 저항일 것이다. 이 때문에도 아이슬란드에서와 같은 연구가 매우 중요하다. 이런 연구에서 데이터로 증명되었듯이, 노동 시간 감소와 같은 개혁은 직원의 복지를 향상시키고 생산량도 증가시킬 수 있다. 노동자는 말 그대로 '더 적은 시간으로 이전과 동일한 양의 일'을 해낼 수 있다.

이러한 생산성 기반의 논리로 고용주와 입법자를 설득하여 주당 노동 시간을 줄이는 방안을 고려할 수는 있겠지만, 우리는 단지 동일한 양을 생산할 수 있다는 이유만으로 노동 시간을 줄이려는 게 아니다. 여기에는 업무적인 대의와 더불어 도덕적인 대의도 존재한다. 일을 적게 하는 까닭이 꼭 더 나은 노동자가 될 수 있기 때문만은 아니다. 우리가 더 적게 일해야 하는 이유는 그래야 더 나은 인간이 될 수 있기 때문이다.

정말이지, 적게 일하기는 생산성을 높이는 데 도움이 된다. 정말이지, 휴식은 뇌가 잘 작동하도록 도와주고, 건강과 기분, 인체의 회복력을 향상시킨다. 하지만 이 모든 장점들 외에 큰 장점이 더 있다. 일을 줄이고 여유 시간이 많아지면 우리는 더 나은 친구와 이웃이 될 수 있다. 아이들을 학교에서 데려올 수 있고 가족과 더 자주 저녁 식사를 할 수 있다. 정기적으로 운동을 하고, 즐거움을 위해 독서를 하며, 누구에게 보여주지 않아도 되는 그림을 그릴 수 있다. 지역 정치에 참여할 수 있고 피곤하면 낮잠을 잘 수 있다. 간단히 말해, 우리는 적게 일하면 더 충실한 자신이 될 수 있다.

"노동 시간의 감소는 개인을 존중하는 경향이 커졌음을 보여줍니다." 아이슬란드 연구의 한 참가자는 이렇게 말했다. "우리는 단지 일하는 기계가 아니라 (……) 우리는 소망과 사생활, 가족과 취미가 있는 인간입니다."[21] 이 말을 프레더릭 윈즐로 테일러에게 전해주고 싶다.

조시와 함께 제임스강 한가운데의 바위 위에 앉아 있는데, 새가 지저귀는 소리와 빠르게 흐르는 물소리가 귀에 들려왔다. 조시가 내게 주위를 둘러보라고 하더니 물었다. "엄청나게 빠르게 움직이는 것들이 보이나요?" 참나무 한 그루가 바람에 흔들리고 있었다. 강은 마치 태극권을 연습하듯 바위 주위를 휘돌아 나갔다. "자연에서는 무엇이든 그냥 일어나지 않아요." 조시가 말을 이었다. "씨앗이 싹트면 꽃이 피고, 그다음엔 과일이 열리고, 썩어서 흙으로 돌아갔다가 다시 순환이 시작되죠 (……) 그러는 데는 시간이 걸려요."

"이 실험을 얼마나 오래 해나갈 수 있을지 걱정해본 적은 없나

일을 적게 하는 까닭이 꼭 더 나은 노동자가
될 수 있기 때문만은 아니다.
우리가 더 적게 일해야 하는 이유는
그래야 더 나은 인간이 될 수 있기 때문이다.

요?" 나의 질문에 조시가 옅은 미소를 짓더니 대답했다. "돈이 줄어들기 시작한 때가 몇 번 있었는데 그때마다 저는 스스로에게 물었어요. 이 실험이 정말 효과가 있을까? 그럴 만한 가치가 있나?" 스스로도 진지한 질문이라고 느꼈는지 그는 잠시 멈추었다가 말을 맺었다. "하지만 계속 해볼래요. 저는 아직 실험실을 떠날 준비가 안 되었거든요."

7장

편리함에는 대가가 따른다

- 사내 복지는 무조건 좋다는
착각에 관하여

원시인이 좋은 동굴을 찾았다면 틀림없이 아주 기뻐했을 것이다. 하지만 그러면서도 분명 입구에 자리를 잡고서 바깥을 살폈을 테다.

"등을 보호하되, 바깥에 무슨 일이 벌어지는지 알고 있어라"라는 말은 생존을 위한 아주 좋은 규칙이다. 또한 직장 생활에서의 좋은 생존 규칙이기도 하다.[1]

− 로버트 프롭스트 Robert Propst (사무실 파티션의 발명자)

나는 브랜던 스프래그 Brandon Sprague 와 함께 삼나무 숲을 거닐고 있었다. 스물아홉 살의 이 소프트웨어 엔지니어는 젊은 더스틴 호프먼 같다. 만약 호프먼이 머리를 길게 기르고 아침마다 역기를 든다면 말이다. 브랜던은 기장이 짧은 파란색 버튼다운 셔츠와 회색 치노 팬츠를 입었다. 그의 신발은 알록달록한 컨버스였는데, 그가 직접 맞춤제작용 알고리즘을 작성해서 주문한 디자인이라고 했다. 분홍빛과 자줏빛이 어우러진 석양이 북부 캘리포니아의 하늘을 은은히 물들이고 있었다. 우리 왼쪽에는 선홍색과 노란색, 파란색 자전거 세 대가 버려진 장난감처럼 누워 있었다. 오른쪽 잔디 위에는 반듯한 흰색 입간판이 솟아 있는데, 거기 적힌 또렷한 서체의 글씨는 못 알아볼 수가 없다. '구글

에 오신 걸 환영합니다_{Welcome to Google}!'

브랜던은 그 길을 잘 알았다. 6년간 그 회사에서 일하면서 매일 통근하는 길이었으니 당연했다. 테슬라와 푸드트럭들이 잔뜩 서 있는 주차장(구글 직원에게는 전기차 충전과 음식이 무료였다)을 지나, 삼나무 숲을 통과하여 피트니스센터 한 곳과 근사한 카페 두 곳을 지나고, 마지막으로 졸졸거리는 작은 시냇가를 지난 뒤에야 그는 자기 책상 앞에 앉을 수 있었다.

그 모든 장소들을 거치는 동안 어디서부터 어디까지가 구글인지 도무지 알 길이 없었다. 근처의 축구장들에서 함성소리가 들려왔다. "공식적으로 저 축구장들은 마운틴뷰_{Mountain View}시의 소유예요." 브랜던이 알려주었다. "구글이 돈을 내고 쓰는 거겠죠." 우리는 친환경 정원 한 곳과 작은 폭포 하나, 사람 크기의 물방울(구글맵스 아이콘 모양) 조각을 지나쳤다. 테니스장들, 병원 건물들 그리고 컨베이어벨트로 스시를 나르는 식당도 하나 있었다. '여기서 일할 수 있다면 절대 그만두지 않겠어'라고 나는 생각했다.

"건물들의 외부는 늘 똑같지만 내부는 항상 리모델링을 해서 더욱 구글 같게 만들어요." 브랜던의 말에 나는 '구글 같음'이 무슨 뜻인지 궁금해서 사무실 건물 한 곳의 유리창에 이마를 댄 채 안쪽을 들여다보았다. 가짜 종려나무 한 그루가 책상 하나에 그늘을 드리우고 있고, 카펫이 깔린 통로 바닥에는 바람이 빠진 비치볼 하나가 놓여 있고, "wild"라는 단어를 표현한 그라피티 벽화가 벽에 그려져 있었다. 우리 둘 다 구글 직원이 아니라서 안에 들어갈 수는 없었다.

외부인 출입을 막아둔 것은 이해가 된다. 전 세계에서 관광객들이 몰려와 구글 사의 조각 정원 사진을 찍어댈 테니 말이다. 하지만 어느 화요일 오후 7시에 빛나는 노트북 화면을 바라보고 있는 한 무리의 구글 직원들 곁을 지나고 있자니, 회사의 자물쇠가 양방향으로 잠겨 있다는 생각이 들지 않을 수가 없었다.

구글 창업자 세르게이 브린Sergey Brin과 래리 페이지Larry Page가 태어나기 수십 년 전, 조지 오웰George Orwell과 올더스 헉슬리Aldous Huxley 같은 작가들은 『1984』와 『멋진 신세계』 같은 작품에서 기술 중심의 디스토피아 사회를 그렸다. 이에 관해 미디어 이론가 닐 포스트먼Neil Postman은 이렇게 적었다. "오웰은 우리가 외부에서 가해지는 억압에 압도당할 것을 경고한다. 하지만 헉슬리의 버전에서 사람들은 빅브라더가 없어도 자율성, 원숙함 그리고 역사를 빼앗긴다. 헉슬리는 사람들이 억압받는 상황을 좋아하게 되고, 생각할 능력을 없애는 기술을 숭배하게 될 것이라고 보았다."[2]

구글의 정원을 거닐다 보니 내가 테크 산업에 종사했던 시절이 떠올랐다. 기자가 되기 전 나는 한 스타트업에서 일했다. 아침이면 따뜻한 식사를 제공받고 저녁에는 요가 수업이 있던 곳이다. 당시 나는 벤처캐피털의 특전을 누렸다. 충분한 자금을 지원받는 인생이었다. 하지만 오전 8시 전에 출근해서 해가 지고도 한참 지나서까지 근무했던 날들도 수두룩했다. 그때는 차창 밖 풍경을 기억하지 못하는 고속도로의 운전자처럼 살았다. 인생은 일이 되었고, 일은 서로 구별할 수 없을 만큼 반복적인 과정의 연속이 되었다. 사실, 내가 나의 근무 시간을 연장할 수 있다는 편리함은 결코 특전이 아니었다.

일하는 공간에는 러닝 머신도 장난감도 필요 없다

1903년, 우편 주문 비누 판매 기업인 라킨 비누 회사_Larkin Soap Company_가 젊은 건축가 프랭크 로이드 라이트_Frank Lloyd Wright_에게 뉴욕주 버펄로에 '미래의 사무실'을 설계해달라고 의뢰했다. 니킬 서발_Nikil Saval_이 저서 『큐브, 칸막이 사무실의 은밀한 역사_Cubed_』에 기술한 것처럼, 프랭크는 "건축 설계, 공간 배치, 디자인 및 관리 체계가 조화된 통합적 개념으로 관리와 사무실 노동의 모든 문제를 미리 짚어내어 해결해낼" 듯했다.

라이트의 설계 덕분에 라킨 빌딩에서 일하는 사람들은 옥상정원, 구내식당, 목욕탕, 병원, 도서관 그리고 체력단련실까지 누리게 되었다. 심지어 회사 안에서 금요일 밤 음악회와 일요일 미사까지 열렸다. 아마도 그 회사 건물의 가장 두드러진 특징은 가운데의 안뜰일 것이다. 유리창 지붕을 한 쇼핑몰처럼 대형 유리창을 통해 안뜰로 자연광이 쏟아져 들어왔다. 돌로 된 벽에는 20세기 초반 기업들의 유행어(협력, 근면, 규율 등)가 새겨져 있었다. 그곳에는 라킨의 노동자들, 즉 "똑같은 복장과 헤어스타일을 한 여성들이 (······) 책상 모서리에 자리 잡은 남성 중역 4명의 감시를 받으며" 앉아 있었다.[3]

이 멋진 공간 내부에서는 진보적인 사무실 디자인과 가부장적 관리자가 뒤섞여 있었다. 라킨 사는 노동자의 모든 요구를 받아준 동시에 그들의 모든 행동을 감독할 수 있는 환경을 만들어냈다. 20세기 초, 즉 노조와 파업이 경영진의 권력을 위협하던 시기에 라킨 사는 이른바 '산업 개선'을 이룬다며 테일러식 노동환경을 조성했다. 이를 두고 니킬은 "노동자의 복지를 위한다던 것들이 조금만 살펴보면 사회적 통제 장치임을 알 수 있었다"라고 기록했다. 라킨 빌딩은 머지않은 미래에 만연해질 실리콘밸리 회사 건물들의 전조였다.

사무실 자체는 기술, 다시 말해 사람들이 일을 잘할 수 있게 해주는 수단이다. 하지만 다른 모든 기술과 마찬가지로 어떻게 사용되느냐가 무엇을 할 수 있느냐보다 훨씬 더 중요하다. 사무실은 협력의 연결 지점일 수 있지만, 어쩌면 기업이라는 극장의 무대일 수도 있다. 열중해서 일하기 위한 최상의 장소일 수도 있지만, 직원들이 관리자들에게 자신이 성실하게 일하는 중임을 보여주는 장소일 수도 있다는 말이다. 21세기 초반에 마운틴뷰에

문을 연 구글의 본사 건물 '구글플렉스Googleplex'는 훌륭한 업무 환경으로 유명하다. 구글에 다니는 사람들은 회의 사이사이에 비치볼을 하고, 책상 옆에서 받는 마사지를 예약하고, 구내식당에서 코스로 구성된 저녁 식사를 한다. 하지만 이 모든 사내 혜택의 진정한 수혜자는 다름 아닌 구글이다. 그 혜택들 덕분에 피고용인들이 계속 일하기 때문이다.

한편, 실리콘밸리 너머 다른 업종의 회사들도 직원 복지에 투자함으로써 얻을 수 있는 수익을 계산하고 있다. 일례로, 1990년대에 인류학자 캐런 호Karen Ho는 프린스턴대학 박사 학위 논문 작성의 일환으로 월스트리트의 한 투자은행에서 1년간 근무했다. 그곳에서 그녀는 조직의 두 가지 '특전(저녁 식사와 귀가 교통비 제공)'이 투자은행의 기업 문화 그 자체로 여겨지는 장시간 노동의 핵심이라는 사실을 알아냈다. 투자은행 직원들은 오후 7시까지 사무실에 남아 일해야 회삿돈으로 저녁 식사를 시킬 수 있다. 캐런은 저서 『호모 인베스투스Liquidated』에서 이렇게 설명한 바 있다. "식료품을 사러 가거나 요리할 시간이 없으니 직원은 곧 이 서비스에 의존하게 되고, 심지어 7시 전에 퇴근할 수 있는 보통의 날에조차 저녁을 먹으려고 회사에 남는다."[4] 이어서 만약 투자은행 직원이 오후 9시까지도 사무실에 남게 되면, 회사가 집까지 가는 차비를 대주었다. 캐런은 저녁 식사와 귀가 교통비 제공이 직원들을 늦게까지 일하게 붙들어두었다면, 또 하나의 장치인 블랙베리는 "집에 있거나 휴가 중일 때에도 사무실에 묶어두는" 역할을 한다고 이야기했다.

그 후로 블랙베리가 한물가긴 했지만, 다른 디지털 족쇄들이 계속 등장했다. 오늘날 흔히 사용하는 업무용 의사소통 앱들은 마치 한쪽 눈을 뜨고 자는 상어처럼 지식노동자들을 영구적으로 절반쯤 연결시켜놓는다. 조지타운대학의 컴퓨터공학 부교수이자 분산 알고리즘 연구자인 칼 뉴포트Cal Newport는 『하이브 마인드: 이메일에 갇힌 세상A World Without Email』에서 다음과 같이 밝혔다. "현대의 지식노동자는 단 몇 분이면 전자적 통신수단으로 온갖 정보를 송수신할 수 있다. 우리가 이메일을 너무 자주 확인한다는 말은 현실을 축소한 표현이다. 우리는 그 도구를 정말이지 시도 때도 없이 사용한다."[5]

역설적이게도 업무용 메시지 앱 회사인 슬랙은 샌프란시스코 본사에서 자사의 제품이 시도 때도 없이 사용되는 현상을 방지하려 노력해왔다. 그 노력의 예로, 사무실 벽에는 일에 대한 슬랙의 철학이 잘 담긴 문구가 적혀 있다. "열심히 일했으면 퇴근하라!"

"공짜 콤부차와 일에 대한 사람들의 직업 만족도는 아무런 관련이 없습니다." 슬랙의 글로벌 시설 책임자였던 디노 로버츠Deano Roberts가 내게 말했다. "당신이 회사에 끌리는 이유가 공짜 컵케이크를 때문이라면, 샅샅이 살펴봐야 할 문화적 문젯거리가 한가득이라고요." 로버츠에 따르면, 사무실의 목적은 직원들이 가

급적 일을 수월하게 마치고 자기 삶을 즐기는 것이어야 한다.

구글플렉스에 비해, 슬랙의 샌프란시스코 본사 산책은 꽤 단조로웠다. 그곳에는 사내 피트니스센터도, 거대한 젠가 블록도, 실내를 슝슝 달리는 스쿠터도 없었다. 말하자면, '일하는' 장소 같았다. 하지만 최적의 사무실이란 그런 것이지 않을까? 사무실은 술집이나 피트니스센터나 레스토랑이어야 할 필요가 없다. 칵테일이나 운동 기구나 저녁 식사 케이터링 서비스가 본질적으로 나빠서가 아니다. 일은 목적을 위한 수단이어야 하기 때문이다. 그리고 우리가 출근하는 궁극적인 목적은 집에 가는 것이다.

하지만 브랜던의 경우는 좀 달랐다. 그에게 언제 퇴근할지 결정하는 일은 그리 대단한 문제가 아니었다. 구글에서 일하는 6년 동안 그는 회사 주차장에 세워둔 3평도 안 되는 탑차에서 살았기 때문이다.

당신은 통합자입니까, 아니면 분리자입니까?

브랜던은 매사추세츠주 동부의 블루칼라 집안에서 자랐다. 어머니는 안과 병원에서 일했고 아버지는 차양 만드는 일을 했다. 그는 자신의 세계관 중 상당 부분이 부모님의 영향을 받았다고 말했다. 그는 어머니를 '물건 중독자'라고 표현하면서,

그곳에는 사내 피트니스센터도, 거대한 젠가 블록도, 실내를 슝슝 달리는 스쿠터도 없었다. 말하자면, '일하는' 장소 같았다. 하지만 최적의 사무실이란 그런 것이지 않을까?

식료품점 계산 카운터 근처에 진열된 휴대용 마사지 도구나 싸구려 장신구를 충동구매하기 쉬운 사람이라고 덧붙였다. 그리고 아버지는 '남자 중의 남자'로서, 오토바이를 타고 다니며 하루를 술집에서 마무리하는 사람이라고 설명했다.

매사추세츠대학교 애머스트University of Massachusetts-Amherst에 진학하면서 그 지역을 떠나기 전까지 브랜던은 이사를 네 번 했다. "그 시절 제게 안정적인 거처로 삼을 나만의 공간 하나를 갖는다는 건 어림없는 일이었죠." 그가 내게 말했다. 밝은색의 눈에 동안인 브랜던은 어떤 말을 할지 한참 동안 심사숙고한 사람처럼 확신이 어린 투로 말하곤 했다.

브랜던은 대학 학비를 벌기 위해 파이어니어밸리 교통국Pioneer Valley Transit Authority에서 주당 30~40시간씩 일했다. 매사추세츠 남서부 대부분 지역의 대중교통을 관할하는 기관이다. 그는 버스 운전사로 일을 시작했는데, 4년간의 근무를 마쳤을 때는 그 기관에서 급여 지급과 노선 운영을 위해 사용하던 소프트웨어를 다시 만들어놓았다(그는 13살 때 독학으로 코딩을 배웠다). 대학 2학년 과정을 마친 후에는 구글에 인턴으로 들어갔다. 브랜던은 여권이 없었고 살면서 매사추세츠 지역을 벗어난 적이 거의 없었다. 그런 그가 21살에 나라를 가로질러 캘리포니아에서 여름을 보내게 되었다.

냅 팟nap pod(캡슐 모양으로 생긴 낮잠용 수면 공간), 배구장 그리고 사내 드라이클리닝 시설까지 갖춘 구글플렉스는 파이어니어밸리 교통국과는 딴판이었다. 하지만 브랜던에게 가장 크게 와닿은 것은 베이에어리어의 엄청난 생활비였다. 실리콘밸리에서 인턴 생활을 하는 동안 그는 방 2개짜리 아파트에서 3명의 룸메이트와 함께 살았는데, 각자 한 달에 2,000달러의 임대료를 내야 했다. 브랜던은 월급의 대부분을 집주인에게 바쳐야 한다는 데 분통이 터졌다. 그래서 이듬해 구글에 정규직으로 고용된 후부터 생활비 걱정 없이 베이에어리어 생활의 이점을 십분 활용할 방법을 궁리하기 시작했다.

2015년 5월, 브랜던은 22,434달러의 학자금대출을 안은 채 캘리포니아로 이사를 왔다. 은행 계좌에 든 몇백 달러와 나름의 계획도 함께 품고서. 정규직 구글 직원으로 첫 직장 생활을 시작하려면 2주의 시간이 남아 있었는데, 첫 급여를 받기 전까지는 이사 지원금을 받지 못할 터였다. 다행히도 신입직원용 임시 사택이 마련되어 있어서 그곳에 묵을 수 있었다. 지역 신용조합에서 9,500달러를 대출받은 브랜던은 집이라고 부를 만한 차 한 대를 찾아 나섰다.

그는 화물 트럭을 전문으로 취급하는 중고자동차 판매점 그린라이트 모터스Greenlight Motors로 향했다. 1만 달러의 예산으로 살 수 있는 차는 많지 않았는데, 전시장 구석에서 오래된 흰색 탑차를 발견했다. 희미해진 주황색 버짓Budget 렌터카 로고가 붙은 차였다. 전조등 하나는 헐거웠고, 지붕에는 금이 가 있었다. 바닥재도 새로 깔아야 했다. 그렇지만 브랜던은 그 차가 마음에 들었다.

그 차를 보니 어릴 적에 많이 가서 놀았던 할머니의 집이 떠올랐다. 할머니는 도자기 손잡이가 달린 오래된 은식기 한 벌을 가지고 있었다. 어느 날 할머니는 손자가 금이 가고 갈라진 손잡이가 달린 숟가락을 꺼린다는 걸 알아챘다. "애야, 깨진 숟가락에게도 사랑이 필요하단다." 할머니가 어린 브랜던에게 말했다. 5미터 남짓한 길이의 낡은 탑차를 보았을 때 브랜던의 머릿속에 할머니의 그 귀한 말씀이 문득 떠올랐다. "제가 그 차를 사랑해주고, 청소해주고, 필요한 만큼 수리해줄 수 있을 것 같았어요." 그가 내게 말했다. 그는 그 차를 바로 구매했다.

브랜던은 근무 첫날부터 회사 주차장에 세워둔 탑차에서 잤다. 그런데 그가 탑차 생활을 한 지 1년쯤 되었을 무렵, 다른 한 직원(몇십만 달러의 연봉을 받는 소프트웨어 엔지니어)이 회사 주차장의 탑차에서 살고 있음을 회사가 알아버렸다. 사측은 직원들이 사내에 세워둔 차에서 자는 것을 금지했다. 이후 구글에서 나올 때까지 4년 동안 브랜던은 회사 근처의 주차장들을 전전하기 시작했다.

일과 개인 생활을 구분하는 것에 있어서 모든 노동자가 똑같은 선호도를 가지고 있지는 않다. 이에 대해 와튼스쿨의 경영학 교수인 낸시 로스버드는 크게 두 가지 유형의 노동자가 존재한다고 이야기한다. 하나는 일과 개인 생활의 경계가 흐릿한 걸 개의치 않는 '통합자integrator'이고, 다른 하나는 일과 개인 생활을 분리하려는 욕구가 강한 '분리자segmentor'다.

로스버드는 연구를 위해 분리자 유형의 어느 소방관과 함께 시간을 보낸 적이 있다.[6] 이 소방관에게는 교대근무를 마칠 때마다 치르는 의식이 있었다. 그는 일이 끝나면 샌들로 갈아신고 차를 몰아 집까지 간 다음 곧장 욕실로 들어간다. 작업용 장화를 집 안으로 가져오지 않는다는 규칙과 샤워 후 옷을 갈아입기 전까진 아이들을 껴안지 않는다는 규칙을 지키기 위해서였다. 그에게는 가정생활에 온전히 임할 수 있도록 물리적·상징적으로 직장 생활을 차단하는 것이 중요했다.

이 스펙트럼의 반대편 끝에는 로스버드의 와튼스쿨 동료인 애덤 그랜트Adam Grant 같은 사람들이 있다.[7] 애덤은 일과 삶 사이의 경계가 흐릿한 것에 개의치 않는다. "아내를 만나기 전까지만 해도 내게 즐거운 일요일이란 오전 7시부터 밤 9시까지 일하는 거였어요." 그가 자신의 팟캐스트 방송에서 로스버드에게 한 말이다. "이메일에 답장을 보내지 않고 내버려둔다고 생각만 해도 몸 어딘가가 아픈 것 같았죠." 애덤은 일을 갈망하는 사람이다. 일은 그를 고갈시키기보다는 오히려 에너지를 준다. 그는 농담을 섞어 이렇게 말했다. "그러니까, 이런 겁니다. '영화 보러 갔다 온 다음에 회복이 필요해'라고 말하는 사람들이 있어요. 그런데 회복이 왜 필요하죠? 영화를 보러 가는 건 신나는 일이잖아요. 재밌으니까요."

여러분의 일이 물리적으로 혹은 비유적으로 불을 끌 필요가 있는 것이든 아니든 간에, 여러분 스스로가 통합자-분리자 스펙트럼의 어디쯤에 위치하는지 안다면 일과 생활 사이에 건강한 경계선을 긋거나 관리자에게 여러분의 선호도를 똑바로 말하는 데 도움이 된다. 가령, 분리자는 근무 시간에 미리 정해진 일정표를 따라 일하기를 좋아하는 반면에, 통합자는 일과 일 사이에 운동이나 육아 같은 사적인 과제를 끼워 넣길 좋아하는 편이다.

관리자도 그런 점에 주목해야 한다. 왜냐하면 똑같은 정책이어도 노동자의 유형에 따라 효과가 다를 수 있기 때문이다. 통합자는 유연한 마감 시간의 자유로움을 긍정적으로 여길 수 있다. 스스로의 일정에 따라 일을 훌륭하게 해낼 수 있기 때문이다. 하지만 이런 유연성은 명확한 시간표를 선호하는 분리자에게는 스트레스를 줄지 모른다.

구글에서 일하던 초기에 브랜던은 통합자였다.[8] 일을 하는 시간과 일을 하지 않는 시간의 구분이 미미했다. 그는 매일 새벽에 일어났고, 사내 피트니스센터에서 운동을 했고, 사내 샤워실에서 씻었고, 사내 카페에서 식사를 했고, 퇴근하면 탑차로 돌아왔다. 거의 모든 친구들이 구글 직원이었다. 탑차에서 핼러윈 파티를 연 적도 있는데, 탑차의 흰색 외벽을 스크린 삼아 직장 동료들과 함께 영화 〈호커스 포커스Hocus Pocus〉를 보았다. 브랜던은 일하는 건물에서 세탁도 했는데, 그러다 보니 어쩔 수 없이 세탁이 끝난 옷가지들을 잔뜩 들고 자기 책상에 돌아올 수밖에 없었다. 밤에도 딱히 다른 계획이 없었기에 사무실에서 지내면서 잠자리에 들기 직전까지 코딩을 했다.

당시 브랜던은 개인 블로그에 "업무량이 너무 많은 건 아니고, 그냥 일 말고 뭘 할지 모르겠다"라는 글을 올렸다.[9] 하지만 사무실에서 6개월을 살고 나자 그는 깨어 있는 시간의 70~80퍼센트를 구글의 기업 목표에 기여하는 데 쓰고 있다는 사실을 깨달았다. 어느새 자신은 무슨 문제가 주어지든 늘 멍하게 일만 하는 '좀비'가 되어 있었고 말이다.

언제 일하고 언제 일하지 않을지를 좀 더 구분해야겠다 싶어진 브랜던은 몇 가지 사항을 조정하기로 결심했다. 스스로 생각하기에도 일을 적게 해야겠다는 마음만으로는 부족해 보였다. 일하지 않을 때의 자신을 위한 공간을 적극적으로 만들어내야 했다. 그는 일을 삶의 나머지 활동과 분리시키는 과정에 돌입했다.

첫 번째 단계는 업무 시간을 고정하는 것이었다. 브랜던은 매일 오전 8시부터 오후 4시까지만 일하기 시작했다. 4시가 되면 반드시 물리적 위치를 바꾸었다. 사내의 다른 장소든 근처 공원이든 마운틴뷰 시내의 커피숍이든 간에 사무실 책상 앞이 아닌 곳으로 갔다. 식사는 대체로 회사에서 먹었지만, 자신이 근무하는 건물에 있는 카페에서는 절대 저녁을 먹지 않았다. 그렇게 몇 해를 보내는 동안 브랜던의 새로운 루틴과 경계는 비교적 잘 작동했다. 하지만 코로나 사태가 모든 걸 바꿔버렸다.

2020년 3월, 구글이 사무실을 봉쇄했다. 그러자 브랜던은 사실상 자기 집의 일부를 잃게 되었다. 일주일 동안 에어비앤비 주택을 임대해서 살다가, 또 다른 곳을 임대해서 2주 동안 지낸 뒤, 그는 자기가 사용하던 피트니스센터와 카페가 단기간 내에 다시 문을 열기는 불가능하다는 것을 깨달았다. 고정적으로 샤워할 장소를 얻고 싶다면, 고정적으로 머물 집이 필요했다.

탑차를 처분하지는 않았지만, 캘리포니아 해변에 있는 집을 1년간 임대했다. 그리고 자신의 직장 생활 루틴을 새로운 재택근무 환경에 적용했다. 매일 일정 시간을 오직 책상에서만 일하는 데 썼고, 그 책상은 다른 용도로 사용하지 않았다. 브랜던이 자신의 책상을 가리키며 내게 말했다. "일을 할 때는 저기서 해요. 일을 안 할 때는 저기 앉지 않죠."

더불어 그는 일이 자신의 인생에서 맡는 역할을 명확하게 정해두기로 했다. "제게 일은 늘 도구, 다시 말해 목적을 위한 수단이었어요." 그가 말을 이었다. "특히 매우 활기차고 적극적인 문화가 있는 구글에서는 그런 문화를 자신의 문화로 삼고 싶은지 여부를 결정해야 해요."

그 문제에 대한 브랜던의 답은 '아니오'였다. 말 그대로 매일 아침 회사에서 눈 뜨던 사람으로서는 의외의 답일지 모른다. 하지만 개인적 측면과 직업적 측면은 겹쳐지기가 아주 쉬움을 그는 잘 알고 있었다. 심지어 아주 미세한 부분(자신을 '구글인Googler'이 아닌 '구글에서 일하는 사람'이라고 부르기 같은)에서조차도 의미적 위계를 부여함으로써, 삶에서 일이 차지하는 역할에 대한 스스로의 통제력을 강화하려고 했다.

재택근무와 열린 사무실의 모순

분리자와 통합자를 막론하고, 코로나 사태는 모두에게 적잖은 도전거리들을 던져주었다. 일과 생활 사이의 공간적·시간적 구분이 무너지는 바람에 지식노동자들은 스스로 경계선을 그어야 하는 처지가 되었다. 전미경제연구소National Bureau of Economic Research에서 300만 명 이상의 노동자를 대상으로 실시한 연구 결과에 따르면, 재택근무는 회의 건수를 13퍼센트(시간으로는 노동자당 평균 48분 이상) 증가시켰고 일일 근무 시간을 8퍼센트 증가시켰다.[10] 연구 보고 중에는 "근무 일정의 변화는 일과 개인 생활 사이의 구분이 흐릿해진 결과일지 모르며, 이런 상황에서는 사무실과 가정의 명확한 경계가 없기 때문에 과로하기가 쉬워진다"는 내용도 있다. 기록적인 실업의 시기 동안 일자리를 유지할 수 있었던 많은 이들에게 코로나 사태는 '집에서 일하기'보다는

'사무실에서 잠자기'처럼 느껴졌다. 특히 베벌리 소텔로$^{Beverly\ Sotelo}$처럼 육아까지 하면서 재택근무를 한 사람들이 그랬다.

베벌리는 캘리포니아주 오클랜드에 사는 초등학교 교사다. 코로나 사태 동안 그녀는 10평쯤 되는 원룸형 아파트에서 원격으로 1학년 학생들을 가르쳤는데, 그 방 한구석에서는 다섯 살배기 딸 시사가 유치원의 원격수업을 들었다. "저는 먼저 교사여야 했기 때문에 전적으로 부모 역할을 할 수가 없었어요." 베벌리가 내게 말했다. 하지만 코로나 기간 동안 다른 많은 부모들이 그랬듯이 그녀도 부모와 직장인이라는 두 가지 역할을 동시에 해내야만 했고, 싱글맘이다 보니 이를 위해 갖은 노력을 기울여야 했다.

베벌리는 아파트의 한쪽 바닥에 딸의 자리를 마련하고, 의자를 책상 삼아 노트북을 올려놓았다. 딸이 그 노트북으로 유치원 수업을 들으면, 그녀는 반대쪽에서 헤드폰을 낀 채 학생들을 가르쳤다. 한두 시간마다 학생들에게 자습으로 그림 그리기를 시킨 다음, 카메라를 끄고 뒤를 돌아 딸의 상태를 확인했다. 그러던 어느 날 베벌리는 아파트 한가운데에 텐트를 설치했다. 가끔씩 자신만을 위한 작은 공간으로 삼기 위해서였다. "지옥 같았어요." 그녀가 말했다. "그것 말고는 달리 표현할 말이 없네요."

하지만 코로나 사태가 일어나기 전, 많은 직장들은 다섯 살짜리 아이와 함께 갇혀버린 원룸형 아파트만큼이나 산만했다. 실리콘밸리를 비롯한 여러 지역에서 보편화되었던 '열린 사무실' 방

워킹 데드 해방일지

침은 열린 의사소통과 높은 효율성이라는 당초 약속을 지키는 데 대체로 실패했다. 『큐브, 칸막이 사무실의 은밀한 역사』에서 저자 니킬 서발의 설명에 의하면, 그 약속이란 "서로 부서나 직급이 다른 두 직원이 우연히 마주칠 수 있는데, 그 갑작스러운 만남의 어색함을 이겨내고 불타오르는 혁신을 점화시켜준다"라는 것이다. 회사 중역들이 사무실 생활의 '워터쿨러water cooler(사무실 내의 음료 마시는 곳처럼 직원들이 모여 격의 없이 이야기 나눌 수 있는 공간) 마법'을 즐겨 예찬하곤 하지만, 직장 동료들과의 친밀한 관계가 창의력이나 협력에 필수적이라는 근거는 없다.[11]

사실, 여러 연구에 의하면 열린 사무실 방침을 실시할 경우 생산성과 대면 소통이 감소한다.[12] 직원들은 열린 사무실에서 더 오래 일해야 한다는 압박감을 느꼈으며, 참여의 정도가 줄어들었다고 말했다. 열린 사무실에 대해 앤 헬렌 피터슨은 이렇게 서술했다. "(열린 사무실은) 비용 절감의 방법일 뿐만 아니라 누구든 특정 순간에 사무실 내의 다른 직원들이 무엇을 하고 있는지 알 수 있는 방법이기도 하다. 한때 관습적으로 마련되었던 개인 사무실과 달리, 열린 사무실은 대체로 지속적인 방해를 받기 쉬워서 실제로 일을 마치기 굉장히 어렵게 만든다. 열린 사무실에서 헤드폰을 쓴 채 일하면 팀원들과 협력할 줄 모르는 차가운 사람이란 인상을 주게 될지도 모른다."[13]

어떤 방식으로든 경계선은 필요하다

2022년 2월에 브랜던이 미국의 명품 자물쇠인 마스터락Master Lock 자물쇠를 연 다음 오버헤드 도어overhead door를 밀어 올려 바퀴들 위에 얹힌 그의 숙소를 보여주었을 때, 나는 미니멀리즘 인테리어에 깜짝 놀랐다. 지난 7년 중 거의 대부분의 시간 동안 브랜던이 그 빈 '상자'를 집이라고 부르며 살았다고 했기 때문이다.

내부는 미래형 독방 감옥의 1980년대식 버전 같은 모습이었다. 가구라곤 딱 2개뿐이었다. 하나는 트윈폼 매트리스를 올린, 아마존에서 구입한 철제 간이침대였고, 다른 하나는 옷장 겸 책장 겸 구급상자인 높은 검은색 수납장이었다. 브랜던은 일주일 정도 입을 분량의 옷가지에 아크테릭스 재킷 두 벌과 특별한 날을 위한 반짝거리는 인어공주 코스튬 한 벌을 가지고 있었다. 벽은 은색 절연판들로 덮여 있는데, 절연판들은 남색 도장용 테이프로 붙여둔 상태였다. "이 집이 너무 좋길 바란 적은 없어요." 브랜던이 말했다. "요점은 바깥에서 시간을 보내는 거죠."

브랜던은 점점 더 많은 시간을 바깥에서 보내고 있었다. 이는 그가 1년 전에 구글을 그만두기로 결정한 이유이기도 하다. "맨날 똑같은 벽만 쳐다보면 지겹잖아요." 브랜던이 아무렇지 않다는 듯한 말투로 말했다. 2021년 초, 브랜던은 8명의 직원들로 구성된 인공지능 스타트업에 합류했다. 그 직장에는 사내 카페나 세탁실이 없었다. "그냥 직장일 뿐이에요." 그가 역시나 대수롭지 않게 말했다.

집 구경을 마치고 나는 브랜던과 함께 그의 우편물을 찾으러 나갔다. 구글 사옥에서 차로 가까운 거리에 그가 정해둔 우편함이 있었다. 탑차의 운전석 자리는 소박했는데, 운전석 옆에 놓인 비눗방울 만들기용 막대가 눈에 띄었다. 브랜던은 차가 막힐 때면 그걸로 비눗방울을 만든다고 했다. 우리는 101번 국도를 타고 남쪽으로 달리며, 여러 테크 회사들과 모펫 연방비행장Moffett Federal Airfield을 지나쳤다.[14] 그 비행장은 구글 중역들이 나사NASA의 특별 허가를 얻어 전용 제트기를 주차해놓는 곳이다.

"저는 살면서 얻은 온갖 행운에 대해 굉장한 죄책감을 품고 있어요." 운전석과 트레일러를 분리시키는 철제 문이 삐거덕거리는 소리를 배경음 삼아 그가 말했다. "죄책감은 강력한 동기를 부여해주는 것 같아요. 그래서 그걸 이용하려고요."

브랜던은 이 죄책감을 동력으로 커리어의 다음 장을 열게 되기를 바랐다. 그는 구글에서 같이 일했던 동료 한 명과 남부 오리건으로 이사해서 비영리단체를 설립했다. 둘은 그 단체의 이름을 실리콘앨리Silicon Ally라고 붙였다. 실리콘앨리의 설립 목적은 기후변화와 소득 불평등의 해소를 위해 애쓰는 비영리단체들에게 보조금을 지급하는 기술 컨설팅을 제공하는 것이다.

샤워실과 식사를 제공하는 고용주가 없으므로, 탑차 생활을 고수한다는 건 말이 되지 않았다. 브랜던이 차선을 바꾸며 무덤덤하게 말했다. "탑차는 제 인생에서 어떤 것을 하기 위한 도구였어요. 이젠 그걸 하지 않으니까 이 차는 더 이상 쓸모가 없죠." 내가 방문하기 전날 그는 탑차를 팔겠다고 내놓았다.

브랜던의 간단명료한 확신에는 상쾌한 무언가가 있다. 그의 블로그를 우연히 발견하고 처음 연락했을 때만 해도 나는 긴가민가했었다. 회사 주차장의 탑차 안에 사는 소프트웨어 엔지니어라니, 일 때문에 소진된 인생의 위험성을 알려줄 흥미로운 사례가 되겠거니 싶었다. 하지만 브랜던의 이야기는 좀 더 복잡하고 미묘했다. 그와 똑같은 선택을 하든 하지 않든, 다행히도 여러분이 일을 자기 인생과 조화시킬 방법을 선택할 수 있다면 가장 중요한 것은 선택에 적극적으로 임해야 한다는 점이다. 만약 그렇지 않으면 우리의 일이 기체처럼 팽창해서 모든 공간을 가득 채울지 모른다.

샌프란시스코의 내 책상에 앉아서, 일-생활의 어떤 배합이 최상일지 여러분 한 명 한 명에게 정확하게 알려줄 순 없다. 여러분 중 누군가는 브랜던처럼 분리자여서 일할 때와 일하지 않을 때를 구분하는 명확한 경계선이 필요할지 모른다. 또 다른 누군가는 통합자라서 온종일 유연하게 업무에 몰입했다 빠져나왔다 하는 편일 수도 있다.

다만 내가 말해줄 수 있는 것은 일과 건강한 관계 맺기는 그

관계가 어떤 모습이길 바라는지 스스로 정하는 데서부터 시작된 다는 사실이다(나는 이를 브랜던의 덜컹거리는 탑차 조수석에 앉아 있는 동안 확실히 알게 되었다). 그렇지 않으면, 여러분 대신 여러분의 고용주가 그 관계를 마음대로 정해버릴 것이다.

8장

일의 게임에서 얻어야 할 보상

- 위로 올라가야만 성공이라는
착각에 관하여

내 나이쯤 되면, 나를 좋아해주었으면 싶은 사람들 중에서 실제로 나를 좋아하는 사람이 얼마나 많은가로 인생의 성공 여부를 평가할 수 있다.[1]

– 워런 버핏_{Warren Buffett}

뉴욕시의 1세대 캄보디아 이민자인 케 히_{Khe Hy}는 늘(스스로 기억할 수 있는 한) 세상은 일련의 게임이라고 여겨왔다. 이 괴짜 이민자 어린이가 마주한 첫 게임은 '소속되기'였다. 1990년대 초, 초등학교에 다니던 시절의 케는 그저 이름이 웃긴 아이였다. 그는 최신 나이키 에어 조던 신발을 살 돈이 없었고, 그의 엄격한 부모님은 십대인 아들이 여자친구를 사귀는 것을 반대했다. 그래서 케는 어릴 때부터 돈을 버는 데 집중했다.

케의 게임 계획은 단순했다. 돈을 충분히 벌면 지위를 얻을 것이고, 지위를 얻으면 더 이상 자신이 아웃사이더로 느껴지지 않으리라는 것. 우선, 대학 진학을 목표로 삼았다. 대학에 가서 자신을 개조할 생각이었다. 그러기 위해 케는 무척 바쁘게 살았다. 중

학교 때부터 만화책과 야구 카드를 수집했는데, 좋아해서가 아니라 시간이 지나면 값이 오를 줄 알았기 때문이다. 케는 5학년 때 이미 스터이타운StuyTown 벼룩시장에 정기적으로 나가서 카드를 팔아 수익을 냈다.

고등학생 때는 당시 새롭게 등장한 인터넷에서 발견한 돈벌이의 잠재력에 매료되었다. 케는 지역 기업들이 머지않아 자사 웹사이트가 필요하게 되리란 걸 알았다. 기본적인 HTML을 독학한 그는 부모님의 친구들한테 웹사이트를 제작해주었는데, 특히 여행사와 플로리스트를 위한 웹사이트를 많이 만들었다. 이 시점에 그의 인생은 현금 벌기와 명문 대학 진학이라는 두 가지 목표를 중심으로 돌아갔다. 그리고 둘 다 이루었다. 부업을 하면서도 유나이티드네이션스 인터내셔널스쿨UNIS의 고등학교 과정을 상위권으로 졸업했고, 예일대학에 입학했다.

대학에서도 케의 게임은 계속되었다. 그는 전공을 컴퓨터과학으로 정했는데, 졸업 후 받게 될 평균 급여가 제일 높을 것으로 예상되었기 때문이다. 도서관의 안내데스크에서 아르바이트를 하며 케는 '돈을 벌면서 공부할' 수 있었다. 주말에는 이삿짐을 옮기는 일을 해서 약간의 일당을 받았다. 그는 대학 1학년 때부터 일찌감치 졸업 후의 삶에 대해 생각했다. 목표는 여전히 수익 극대화였는데, 예일대학 같은 곳에서 이를 이루기 위한 가장 쉬운 길은 교내 취업 알선 과정에 참여하는 것이었다.

총명한 고등학교 졸업반 학생들 중 대학 진학을 위한 자기소개서에 금융과 컨설팅 업계 진출이 꿈이라고 밝히는 경우는 매우 드물다. 하지만 명문 대학 졸업생들이 가장 가고 싶어하는 업계가 바로 그 두 곳이다. 그렇게 된 이유를 하나 들자면, 학생이 회사에 찾아가기보다 회사가 학생에게 찾아오기 때문이다. 매년 봄이 되면, 수십 명의 금융 및 컨설팀 업계 관계자들이 고급 서류가방과 반짝이는 팸플릿을 들고 캠퍼스로 몰려온다. 인턴과 신참 애널리스트를 적극적으로 모집하기 위해서다. 정치학부터 시詩 전공에 이르기까지 케와 같은 야심 많은 대학생들이 민소매 셔츠와 트레이닝 팬츠 대신 깔끔한 정장 차림으로 최고의 회사들에 자리 하나를 얻기를 바란다.

명문 대학들과 마찬가지로 은행과 컨설팅 회사들 사이에도 공공연한 등급이 존재한다. 골드만삭스와 맥킨지가 제일 높고, 베인, 모건스탠리, 보스턴컨설팅그룹과 같은 회사들이 그 밑에서 각축을 벌인다. 각 회사 대표자들은 정보 소개 시간에 자사의 독특한 문화와 인턴에게 전수할 능력들에 관해 번지르르한 말들을 늘어놓는다. 하지만 대다수 학생들은 그 말에 현혹되어 회사의 진정한 매력은 급여라는 사실을 잊지 않는다. 이런 풍경은 특히 케가 직장을 찾던 1990년대 후반, 실리콘밸리가 아직 각광받지 않았을 때의 이야기다.

많은 이민 가정에서처럼 케의 부모는 그에게 성실한 노동과 안정적인 직업의 가치를 주입시켰다. 그의 아버지는 늘 이렇게 말했다. "우리가 가장 똑똑하지 않았을지는 몰라도 가장 열심히 일했어." 하지만 케는 자라는 동안 경제적 스트레스가 중하위층에 속했던 부모님의 어깨를 얼마나 짓누르는지 알게 되었다. 가족이 여러 달 동안 모은 돈으로 프린터 한 대를 산 적이 있다. 케는 프린터를 사서 가게 밖으로 나오자마자 도둑이 아버지의 손에서 그걸 그대로 낚아채 달아나는 모습을 두 눈으로 목격했다. 새 프린터는 영영 구입하지 못했다.

졸업을 바라볼 때쯤 케가 관심을 가진 직업은 단 네 가지였다. 다시 말해, 보수가 충분한 직업이 단 네 가지였다는 말이다. 바로 변호사, 투자은행 직원, 엔지니어 그리고 의사였다. 그는 투자은행을 선택했다. 케는 여전히 돈을 벌고 지위를 얻어 소속감을 갖겠다는 자신의 게임 계획에 충실했다.

직원 모집 기간 동안, 투자은행들은 그 업계의 화려함을 마음껏 뽐냈다. 검은 세단을 보내 케와 동급생들을 태워 뉴헤이븐의 최고급 식당에 데려가 식사를 제공했다. 젊은 어소시에이트associate가 한 잔에 50달러짜리 위스키를 사주었고, 연말 보너스 및 고객과의 호화로운 저녁식사 이야기를 쏟아냈다. 투자은행의 경력 사다리는 인턴으로 시작해 애널리스트, 어소시에이트를 거쳐 VPVice President(한국으로 치면 과장이나 차장 정도의 직급-옮긴이), 나아가 디렉터가 되는 명확한 진로가 있었다. 케는 사다리의 맨 꼭대기에 올라간 자신의 모습이 벌써 눈앞에 보이는 듯했다.

투자은행 직원이 되어 10년간 일하면서 그는 빠르게 승승장구했다. 대학 졸업 전 여름 기간과 졸업 후의 몇 해를 월스트리트에서 보낸 후, 세계 최대의 자산관리 회사인 블랙록_{Black Rock}에 정착했다. 하지만 직업적으로 온갖 성공을 다 이뤘음에도 그는 제대로 게임을 하고 있지 않다는 찝찝한 느낌이 들었다. 케의 위에 있는 사람들(케가 표면적으로는 뒤따라 가고 있는 전문가들)은 토요일이면 조찬 모임을 가졌고, 그 뒤편에서는 그들의 아이들이 놀고 있었다. 그러나 케는 걸핏하면 일주일에 70시간이나 일했으며, 자신보다 보너스를 조금 더 많이 받는 동료들한테 차츰 화가 나는 중이었다. 어느덧 근사한 저녁 식사와 새 에어 조던 신발도 그 빛이 바래고 말았다.

이 불편한 느낌은 신발 속의 작은 돌맹이처럼 계속되었다. 하지만 그는 이를 무시한 채 다음 목표를 세웠다. 스물여덟 살에는 뉴욕 시내에 첫 아파트를 장만했다. 서른이 되기도 전부터 한 해에 100만 달러를 벌었다. 서른한 살 때는 회사 역사상 최연소 전무이사가 되었다. 언제나 다음의 승진 내지는 연말 보너스가 있었던지라, 그의 실존적 두려움은 잠시 마비되었다. 하지만 반복되는 물질적 성취에 조금씩 면역되어갔다. "성공은 마약 중독과 비슷해요." 케가 내게 말했다. "처음 취했을 때는 곧바로 환영이 보이기 시작해요. 하지만 매일 피우다 보면, 그냥 평범한 수준의 느낌을 얻으려고 아침부터 무려 10대를 피워야 한다니까요."

서른셋이 되자 드디어 올 것이 오고 말았다. 각별한 친구의 결혼식에 가려고 아침에 일어났을 때였다. 그의 머리카락이 한 뭉텅이 빠져 있는 것을 여자친구가 발견했는데, 나중에 알고 보니 스트레스성 탈모였다. 둘은 몇 시간 뒤 결혼식에 가야 하는 상황이었다. 그는 구글에서 임시 해결책을 미친 듯이 검색했고, 근처의 드웨인 리드Duane Reade (미국의 편의점 겸 약국-옮긴이)에서 머리에 뿌리는 흑채 한 병을 사서 그걸로 드러난 두피를 가렸다. 예식이 끝나고 집에 돌아와 욕실에서 거울을 보니, 케의 목 아래로 검은색 물이 줄줄 흘러내리고 있었다.

여기, 누가 봐도 성공의 정점에 올랐던 한 남자가 있다. 고등학교 졸업생 대표이자 예일대학 졸업생이며, 세계 최대 자산관리 회사의 사상 최연소 전무가 된 사람이다. 그런데 스트레스가 너무 심해서 머리카락이 빠지고 있다. 그는 15년 동안 줄곧 언젠가 자신의 은행 계좌가 모든 근심과 걱정을 다 날려주겠거니 하며 살았다. 하지만 거울에 비친 자기 모습(잘 다린 흰 셔츠가 흑채 물로 얼룩져 있는, 머리가 벗겨지고 있는 서른셋의 남자)을 보니, 어떤 부와 지위도 그를 구원해주지 못하고 있음을 부정할 수 없었다.

지위라는 양날의 검을 다루는 법

우리가 누군가를 가리켜 성공했다고 말할 때, 그 사람이 행복하고 건강하다는 의미에서 그렇게 말하는 경우는 드물다. 대개는 돈을 많이 벌었다는 뜻이다. 사람들은 이 진실을 받아들이길 주저한다. 2019년에 진행된 조사에서 "당신은 성공이란 무엇이라고 정의합니까?"라는 질문을 받은 응답자의 97퍼센트는 "자신의 관심사와 능력을 좇아서 자신이 가장 관심을 갖는 분야에서 가능한 한 최고가 되었다면 성공한 것이다"라고 답했다. 하지만 "다른 사람들은 성공을 어떻게 정의한다고 생각하십니까?"라는 질문에는 8퍼센트만이 그렇게 대답했다. 92퍼센트의 응답자는 대답하기를, 다른 사람들이 성공을 "부자이고 인기 있는 직업을 가졌거나 유명하다면 성공한 것이다"라고 정의할 것이라고 했다.[2] 달리 말해서, 응답자의 대다수는 다른 사람들이 지위, 명예 및 부를 기준으로 성공을 규정한다고 믿었으며, 10퍼센트 미만의 응답자들만이 남들도 자신과 견해가 같으리라고 여겼다.

비록 어떤 사람이 성공에 대한 자신의 정의가 부, 명예 및 지위와 무관하다고 밝히더라도, 그 정의대로 행동하는 것은 또 다른 문제다. 사람들은 대체로 작가 데이비드 브룩스David Brooks가 '이력서 덕목resume virtues(이력서를 작성할 때 써 넣어야 하는 성적, 직위, 수상 경력 등)'이라고 칭한 것들에 끌려간다.[3] 이력서 덕목은 일종의 외적인 야망, 즉 다른 사람들의 인정에 의해 정당화되는 야망을 표현한다. 그리고 오늘날 소셜미디어에 올리는 각자의 짧은 자기소개 글과 사적인 업데이트는 자신의 업적을 다른 사람들이 보도록 방송할 수 있는 절호의 기회다.

케의 삶은 이력서 덕목의 전형이었다. 그는 중하층 가정에서 성장해서 각고의 노력 끝에 상위 1퍼센트의 지위에까지 올랐다. 지위, 학력 그리고 재정 상태는 우리 사회가 성공이라고 여기는 가장 중요한 점이다. 하지만 정작 그는 비참했다. 그가 하고 있던 지위 게임은 최고 성적을 위해 각축을 벌이던 학생들이 하던 바로 그 게임이었다. 선망받는 직업을 위해 경쟁하는 구직 희망자들과 급여 인상과 승진을 위해 다투는 노동자들의 게임이었다. 인간이 집단을 이루기 시작한 이래 쉼 없이 해왔던 게임이지만, 광범위한 고통의 근원이기도 하다.

우리 선조들에게는 지위란 곧 생존의 문제였다. 지위가 높다는 것은 먹는 음식, 배우자, 그리고 안전의 질이 높아진다는 뜻이었다. 높은 지위를 가진 사람들은 구혼 시장에서 행운이 더 따르고, 대출받을 가능성이 높으며, 더 나은 의료 서비스를 누린다.[4] 로레타 그라지아노 브루닝Loretta Graziano Breuning은 저서 『지위 게임 Status Games』에서 다음과 같이 이야기했다. "자연상태에서 사회적 비교 행위는 생사가 달린 결과를 초래하기에, 자연선택은 생사가 달린 뇌 화학 작용을 통해 사회적 비교 행위에 반응하는 뇌를 만들어냈다."[5] 우리가 더 높은 지위를 얻으면 뇌는 보상으로 세로

토닌을 분비한다. 하지만 세로토닌은 짧게 방출되어 재빠르게 대사 작용을 일으킨다. 초기의 급격한 방출이 가라앉으면 우리는 그것을 더욱더 많이 원하게 된다.

지위를 추구함으로써 훌륭해질 수도 있지만, 지위에 의존하게 될 수도 있다. 늘 지위를 놓고 각축을 벌이다 보면 우리는 화가 나고 스트레스를 받고 실망감을 느낄 수 있다. 이런 역학은 특히 직원들의 지위가 명시적으로 드러나는 직장에서 잘 나타난다. 직장에서는 급여가 우리의 가치를 규정한다. 직책에 따라 직원들끼리의 등급이 정해진다. 승진의 전망 때문에 우리는 늘 더 위로 올라가려고 할 수밖에 없다. 하지만 지위 이외에 무엇을 가치 있게 여길지를 결정하지 않은 채 이 게임에 뛰어들면 문제가 생긴다. 우리의 자존감이 외적인 보상에만 달려 있을 때, 우리는 달콤한 보상을 좇느라 충만감도 느끼지 못한 채 일생을 바치게 될 수도 있다.

"우리가 지위를 추구하는 까닭은 자신의 취향을 모르기 때문입니다." 시카고대학의 철학 교수인 아그네스 캘러드Agnes Callard가 내게 말했다. "무엇이 좋은지에 대한 자신의 정의를 믿지 못할 때 우리는 다른 사람들에게 그 정의를 맡기게 되죠." 아그네스는 이것이 항상 나쁘지만은 않다는 점을 분명히 짚었다. 상이나 평판과 같은 지위의 상징들이 성취를 위한 동기 부여가 될 수 있다. 하지만 남들의 가치를 자기 것이라고 가정할 때 우리의 자율성은 훼손된다. 성공에 관한 정의를 스스로 내리는 대신 시장에서 사오게 되는 셈이다.

어떤 경우에는 지위 추구가 명확한 목표가 되어주기도 한다. 비디오 게임을 예로 들어보자. 대부분의 게임들은 분명한 목표와 등급화할 수 있는 성취가 있는 세계를 조성한다. 가령, 팩맨은 모든 점dot들을 다 먹어야 하고, 마리오는 공주를 구해야 한다. 비디오 게임은 철학자 C. 티 응우옌C. Thi Nguyen의 일명 '가치 명확성의 매혹적 수준'을 제공한다.[6] 점수를 얻고, 우두머리 괴물을 무찌르면, 이긴다.

케가 알아차렸듯이, 투자은행과 같은 직장은 '가치 명확성의 비슷한 수준'을 제공한다. 직장에서 성공은 (회사를 위해서 그리고 직원 자신을 위해서) 얼마나 돈을 많이 벌었는지로 측정된다. 승진, 보너스, 급여 인상은 팩맨 게임의 미로를 따라 놓여 있는 점들처럼 성공으로 가는 길을 안내한다. 이런 계량은 그 단순성 때문에 매혹적이다. 성공에 대한 개인적인 정의는 사람마다 미묘하게 다를 수 있지만, 응우옌의 말처럼 "일단 누군가가 여러분에게 가치(특히 회사 내에서 공유되는 가치)에 대해 단순하게 정량화된 표현을 제시한다면, 그 명확성이 여러분의 더 미묘한 가치들을 짓밟아 버릴" 것이다. 자신만의 가치를 결정하기보다는 게임에서 정해진 가치를 받아들이는 편이 더 쉽다는 이야기다. 응우옌은 이 현상을 가리켜 '가치 포획value capture'이라고 이름 붙였다.

가치 포획의 사례들은 우리의 일상에 셀 수 없이 많다. 웨어러블 기기인 핏빗Fitbit을 사용하는 이유는 건강을 향상시키고 싶어서일 수도 있지만 걸음 수의 극대화에 열중해서일 수도 있다. 교수가 되고 싶은 이유는 학생들에게 감명을 주고 싶어서일 수도 있지만 자신의 연구 논문이 다른 논문에 얼마나 자주 인용되는지에 집착해서일 수도 있다. 트위터에 접속하는 이유는 사람들과 연결되고 싶어서일 수 있지만 자기가 올린 게시물의 인기 여부에 사로잡혀서일 수도 있다. 당연히, 걸음 수나 인용 횟수, 리트윗 수의 극대화는 그런 지위 게임이 벌어지는 플랫폼에 이롭다.

그런가 하면《유에스 뉴스&월드 리포트U.S. News&World Report》의 고등교육 등급은 기관 수준에서의 가치 포획의 사례다.《유에스 뉴스&월드 리포트》이전에는 로스쿨에 대한 표준화된 등급이 존재하지 않았다. 로스쿨은 각각 저마다의 사명과 전문 분야가 있다. 한 곳이 법률 이론을 강조한다면, 다른 곳은 기업 소송을 우선시하는 식이다. 전도유망한 학생들은 자신에게 중요한 것이 무언지를 결정한 다음에 그에 맞는 학교를 선택하면 된다. 그런데《유에스 뉴스&월드 리포트》등급이 나오는 바람에 달라져버렸다.

웬디 넬슨 에스펠란드Wendy Nelson Espeland와 마이클 소이더Michael Sauder는 로스쿨 등급 체계가 어떻게 '근심의 엔진'이 되었는지를 14년에 걸쳐 연구했다.[7] 두 사람은 연구 보고서를 통해 대학들이 각자의 입학 기준과 교육 우선순위를《유에스 뉴스&월드 리포트》등급을 바탕으로 어떻게 수정했는지 설명했다. 참고로 그 등급은 GPA~Grade Point Average~(학부 성적), LSAT~Law School Admission Test~(미국 로스쿨 입학 시험) 점수 그리고 졸업생의 취업률을 중심으로 정해진다. 로스쿨들은 대체로 다양한 전공과목과 사명을 없애는 방식을 택했다. 보다 높은 등급을 받기 위해서였다. 에스펠란드와 소이더가 알아내기로, 등급은 학생들의 입학 결정의 다른 요소들에도 지배적인 영향을 미쳤다. 등급이 '최상'인 학교가 곧 학생들에게 최상의 학교가 되었다.

《유에스 뉴스&월드 리포트》가 훌륭함의 기준을 만들어냈다는 사실이 꼭 문제라고 할 수는 없다. 문제는 학생들과 기관들이 그 등급을 표준으로 삼게 되자, 무엇이 자기들한테 가치가 있는지 더 이상 고심하지 않게 되었다는 것이다. 다른 누군가가 성공이 무슨 뜻인지 결정해놓았으니, 각각의 학생들이 스스로 정의 내릴 필요가 없어졌다.

나 역시 가치 포획을 직접 경험한 적이 있다. 커리어의 첫 분기점을 맞았을 때였다. 테크 기업에서 5년을 일하고 나니 기업의 자기 소개와 마케팅 캠페인에 대한 환상이 차츰 사라져갔다. 허구한 날 광고 및 홍보 문구를 써대고 있었지만, 나는 '진짜' 작가가 되고 싶었다. 그래서 내 뜻을 합법화할 학위를 따기로 했다. 그래서 미국에서 가장 권위 있는 언론학과가 있는 컬럼비아대학, 버클리대학 그리고 스탠퍼드대학에 지원했다.

지원서를 제출하고 나니 내가 목표로 삼은 것을 향해 나아가고 있다는 느낌이 들었다. 지원서에는 체크해야 할 몇 개의 네모칸과 써야 할 에세이가 있었다. 나는 그 게임에 능했다. 여태껏 읽고 쓰는 일을 하면서 살았으니까. 하지만 법학이나 의학과 달리 정식 언론 학위는 언론 분야에 진출하기 위한 필수 준비물이 아니었다. 그렇긴 해도 대학원 입학은 우리 가족에게 익숙한 일이었다. 입학 허가를 받고 나서야 나는 정말로 언론대학원을 다니고 싶은지 고민하게 되었다.

나는 멘토인 작가 로빈 슬로언Robin Sloan에게 조언을 구했다. 어느 보슬비 내리는 아침에 오클랜드의 한 고가도로 아래에 있는 카페에서 그를 만나 커피를 마셨다. 내가 마음속에 대충 적어둔 찬성/반대 목록에 관해 이러쿵저러쿵하는 소리를 한참 듣더니, 로빈은 그 헛소리를 가르는 질문을 하나 던졌다. "갈 수는 있지만 갔다는 사실을 아무에게도 알릴 수 없다면, 그런데도 계속할 건가요?"

그 질문이 너무나도 고마웠다. 처음으로 나 자신의 근본적인 동기를 생각해보게 되었다. 나는 정말로 배우는 데 관심이 있는 걸까? 아니면 그냥 석사 학위를 받고 싶을 뿐일까? 결국 나는 대학원에 가기로 결정했고, 그 결정에 기뻤다. 하지만 만약 로빈슨의 질문이 없었다면 남들이 뭐라 여기든 내게 중요한 것이 무엇인지 자문해보지 않았을지도 모른다.

나의 성공은 나를 기준으로 결정된다

공개된 등급과 보상은 우리가 초등학교에 들어가기 전부터 우리의 행동에 영향을 미칠 수 있다. 심리학자 마크 레퍼Mark Lepper와 데이비드 그린David Greene, 리처드 니스벳Richard Nisbett은 유치원생들이 자유 시간을 어떻게 보내는지 관찰했다. 그중 종종 그림을 그리며 시간을 보내는 아이들을 선별한 다음, 이 어린 화가들을 3개의 집단으로 나누었다.

실험을 시작하면서 연구자들은 첫 번째 집단에게 '우수 참여자 상'을 보여주었다. 금색 별과 빨간 리본으로 꾸미고 아이의 이름이 들어간 상장이었다. 그러면서 그림을 그리는 아이는 상을 받는다고 말했다. 두 번째 집단에게는 상을 보여주진 않았지만, 만약 그림을 그린 아이가 있으면 실험이 끝난 뒤 상을 주었다. 세 번째 집단에게는 상을 미리 보여주지도 실험 후에 실제로 상을 주지도 않았다.

실험 후 2주가 지난 뒤에 연구자들이 유치원 교실에 다시 방문해서 자유 시간 모습을 관찰했다. 두 번째 집단과 세 번째 집단의 아이들은 이전과 마찬가지로 실험이 끝난 후에도 그림을 많이 그렸다. 하지만 첫 번째 집단의 아이들(그림 그리면 상을 받는다고 기대했던 아이들)은 실험 이전보다 그림 그리는 시간이 줄었다. 아이들의 그림 그리고 싶은 마음이 약해진 까닭은 상이 존재하기 때문이 아니라 상에 대한 기대감 때문이었다.

이 실험의 결과를 정리한 논문 「외적 보상으로 인한 아이들의 내적 흥미도의 약화」는 인간의 동기 부여를 설명하기 위해 가장 자주 인용되는 연구 논문 중 하나가 되었다.[8] 세 연구자의 결론에 의하면, 어떤 활동으로 인한 내적 충족감은 외적 보상의 전망이 나타나면 줄어들 수 있다.

연구자들은 다른 집단의 학생들과 성인들을 대상으로 여러 차례 같은 실험을 실시했다. 이번에도 어떤 활동에 조건부 보상이 수반되면 그 활동이 놀이에서 과제로 바뀌는 모습이 확인되었다. 다니엘 핑크가 베스트셀러 저서 『드라이브Drive』에서 "만약 뭘 해낼 경우 주어지는 보상이 있으면 사람들은 자율성을 얼마간 빼앗긴다. (……) 그러면 동기 바구니의 바닥에 구멍이 생겨 활동 자체의 즐거움을 고갈시킬 수 있다."[9]

특정한 방식으로 무언가를 했을 때만 외적 보상을 받을 수 있다면 (이를테면 '학교 숙제로 책 읽기'나 '출근하려고 운전하기' 같은) 그 활동과 참여자 사이의 관계가 변할 수 있다. 하지만 우리는 이미 직관적으로 알고 있다. 오직 외적 보상만을 위해 일하는 것은 지속적인 충족감을 가져다주지 못한다. 미국 역사상 최고의 갑부로 손꼽히는 존 데이비슨 록펠러John Davison Rockefeller가 이런 대화를 했다는 이야기도 있다.

"록펠러 씨, 돈은 얼마나 있어야 충분할까요?"

"그냥, 지금보다 조금만 더요."

케의 초창기 인생은 '만약 뭘 해낸다면'의 사고 방식으로 규정되었다. 그는 생각했다. '만약 성적을 잘 받으면 좋은 대학에 들어갈 거야. 만약 좋은 대학에 들어가면 돈 많이 버는 일자리를 얻을 거야. 돈 많이 버는 일자리를 얻으면 근사한 것들을 누릴 수 있을 거야. 근사한 것들을 누리게 되면 행복할 거야.' 그러나 그는 원했던 것 이상을 얻었는데도, 그런 성취가 별로 의미 있지 않았다. 그저 욕구의 목표물만 계속 바뀌었을 뿐이었다.

하버드경영대학원의 마이클 노턴Michael Norton 교수는 2,000명이 넘는 백만장자를 대상으로 한 연구를 통해 그 현상을 증명해보였다. 그는 백만장자들에게 단순한 질문 두 가지를 던졌다. '얼마나 행복한지를 1에서 10까지의 등급으로 말해주시겠습니까?' '최고 등급인 10등급이 되려면 돈이 얼마나 더 필요합니까?' 현재 100만 달러가 있든 200만 달러가 있든 500만 달러가 있든 간에, 모든 응답자들의 대답은 한결같았다. 지금 가진 것보다 2~3배 더 많은 돈이 있다면 행복하겠다고 말이다.[10]

'만약 뭘 해낸다면'의 함정은 엘리트 운동선수들을 괴롭히곤 한다. NBA 시즌 10회 출전, 올스타전 8회 출전, 득점왕 4번과 MVP 1번 수상 등으로 유명한 미국 프로농구계의 전설 케빈 듀런트Kevin Durant는 2017년에 첫 NBA 챔피언에 올라 마침내 골든스테이트 워리어스Golden State Warriors 상을 수상했다. 하지만 그해 여름 이후로 두문불출하며 실의에 빠지고 말았다. 워리어스 상 수

상자들의 상담 고문 역을 맡았던 스티브 내시Steve Nash는 당시의 상황을 이렇게 설명했다. "그는 그 상이 어떤 의미를 줄 것이라 여기며 그것을 좇으면서 살아왔어요. 챔피언이 되면 의미를 찾고 모든 게 달라지리라고 믿었지만, 실제로는 아니었어요. 충족감이 느껴지지 않았죠."[11]

역사상 가장 화려한 올림픽 챔피언인 수영선수 마이클 펠프스Michael Phelps도 두 번째 올림픽에 출전한 후에 비슷한 공허감을 느꼈다. 그는 그 감정을 이렇게 표현했다. "이룰 수도 있을 법한 가장 큰 꿈을 꾸다가 마침내 이뤄냈어요. 이제 저는 뭘 하죠?"[12] 결국 펠프스는 권태감을 견디지 못하고 약물 남용과 우울증의 늪에 빠지고 말았다.

성공의 외적 지표에 기대게 되면 어느 분야에서든 야심 많은 종사자들은 영원히 불만족에 시달릴 수 있다. 그렇다고 야심과 성취가 꼭 나쁘다는 말은 아니다. 하지만 우리 영혼의 가장 깊은 곳에 있는 갈망을 충족시키려면, 우리 자신의 가치와 우리가 하는 게임이 정해놓은 가치 사이의 조화가 반드시 이루어져야 한다. 성공에 대한 우리의 개념이 진정으로 자기 자신의 것이 되도록 해야 한다.

응우옌은 이 과정을 '가치 자기결정value self-determination'이라고 일컬으며, 이것이야말로 가치 포획의 해답이라고 보았다. 가치 자기결정은 대단한 무언가가 아니라, 자신이 무엇에 관심을 두는지

우리 영혼의 가장 깊은 곳에 있는
갈망을 충족시키려면,
우리 자신의 가치와
우리가 하는 게임이 정해놓은 가치 사이의
조화가 반드시 이루어져야 한다.

스스로 알아내는 것을 말한다. 자신의 가치를 알아내면, 고유한 성품과 인생 상황에 맞게 성공에 대한 정의를 내릴 수 있다. 비디오 게임을 마친 후에는 한 걸음 물러서서 그 게임이 가치 있었는지, 그 게임에 시간을 쓴 것이 잘한 일이었는지를 자문해볼 수 있다. 하지만 직업 경력에 있어서는 도중에 멈춰서 물어보는 일이 적다. 특히 케가 그랬다. 인생의 변화를 여러 번 겪고 나서야 자신이 의존해서 살아가고 있는 가치가 실은 자기 것이 아니었음을 깨달았으니 말이다.

──────── 나의 가치와 세상의 가치가 조화를 이룬다면

케가 블랙록에 다니던 어느 날 오후, 부하직원 한 명이 그에게 경영대학원 진학 여부에 대한 조언을 구했다. 금융계에서 위로 올라가려는 이에게는 MBA 학위가 쓸모 있을 수 있다. 케는 경영대학원을 다니는 것이 부하직원의 교육 수준을 높이는 동시에 험난한 월스트리트 생활에서 잠시 벗어나게 해줄 수 있다고 생각해서, 시도해보기를 권했다. 부하직원은 그의 조언을 듣고 경영대학원에 가기로 결정했다.

하지만 케의 상사 한 명이 그 소식을 듣고서 분개하며 케에게 소리쳤다. "아주 일 잘하는 친구였는데! 자네가 그 친구를 떠나게 할 줄은 몰랐군." 케는 자신이 왜 금융계에 들어왔는지 잘 알았다. 돈을 벌기 위해서였다. 하지만 상사와의 그 대화를 통해 회사의 가치와 자신의 가치의 사이가 얼마나 벌어져 있는지를 깨달을 수밖에 없었다. 회사가 직원의 복지를 신경 쓰는 것은 오로지 회사에 이익이 될 때뿐이었다.

이후 2014년에 케의 아내가 첫딸 소리야를 낳았다. 케가 친한 친구들을 만나 사는 게 행복하지 않아서 블랙록을 떠날 생각이라고 말했을 때, 친구들은 "너무 위험해" 내지는 "딸은 어떻게 하고?" 같은 반응을 보였다. 하지만 그가 힘들어진 직장을 그만두는 데 있어 딸의 탄생은 방해물이 아니라 중요한 계기로 작용했다.

오히려 아버지가 되고 나니 자기 인생을 객관적으로 보게 되었다. "생각해보니, 내 아이가 자기 아빠가 오직 돈을 벌기 위해 감시를 당하면서 일하는 모습을 보며 자라는 게 더 위험하겠더라고요." 그가 내게 말했다. 연말 보너스는 더 이상 그의 인생 목표가 아니었다. 그는 자랑스런 부모가 되기 위해 인생의 노선을 바꾸었다.

케는 2015년에 블랙록을 떠났다. 이번에도 상사들은 어이없어했다. 블랙록에서 그는 고용이 보장되어 있었고, 100만 달러 이상의 연봉을 받았으며, 직위도 근사했다. 하지만 상관들이 모르는 것이 하나 있었다. 케는 금융 게임을 계속할 열정을 잃어버린 지 오래였다. 서른다섯의 그에겐 아장아장 걷는 딸 하나와 최근에 회화 분야 MFA Master of Fine Arts(미술, 시각예술, 공연 등 분야의 미국

대학원 과정-옮긴이)를 졸업한 배우자가 있었다. 다음 일자리는 마련되어 있지 않았다.

그가 서둘러 금융계를 떠나자 곧바로 주변 사람들의 질문들이 시작되었다. 그의 친구들과 옛 동료들은 "다음엔 뭘 할 거야?" 하고 물었다. 소리야의 어린이집에서 만난 한 부모는 "뭘 하시나요?"라고 물었다. 케는 두려움의 소용돌이에 빠지고 말았다.

게임을 할 때는 우리가 무엇을 해야 하는지가 정확하게 제시되어 있고, 얼마나 잘하고 있는지도 정확하게 드러난다.[13] 일종의 실존적 위안거리를 제공한다. 그래서 블랙록을 떠난 지 몇 달 만에 케는 새 게임을 찾아 나섰다. 테크 회사는 어떨지 생각해보았고, 인생 상담 쪽도 기웃거려보았다. 벤처캐피털 회사를 차리면 재밌겠다는 생각도 잠시 했다. 하지만 뭐든 똑같은 일을 다른 옷을 입고서 하는 느낌이었다. 일 자체의 즐거움보다는 지위를 얻고자 하는 게임들이었다. 하지만 케는 한 가지 활동에서만큼은 시간이 어떻게 흐르는지 모른다는 사실을 곧 깨달았다.

새로 생긴 자유 시간에 그는 팟캐스트, 잡지 기사 그리고 유튜브 동영상들로 하루하루를 보냈다. 그러면서 감동적인 콘텐츠를 많이 접하게 되었고, 36명의 친구들에게 추천 콘텐츠를 정리한 이메일을 보내기로 했다. 마치 믹스테이프를 만들어 친구들과 돌려 듣던 고등학생 시절로 돌아간 것 같았다. 케는 다른 사람에게 즐거움을 주려고 무언가를 준비하는 과정이 즐거웠다. 이메일 제목은 "내가 최근에 쉬면서 알게 된 몇 가지 근사한 읽을거리_{Some} Rad Reads from my Recent Vacation"였다. 그 이메일에는 기사 링크 4개, 유튜브 동영상 링크 2개 그리고 팟캐스트 링크 하나가 들어 있었다. 가장 진지하게 쓴 마지막 문장은 이랬다. "다음 콘텐츠들을 찾을 시간을 언제 낼 수 있을지는 잘 모르겠음."

이메일에 대한 반응은 그야말로 폭발적이었다. 거의 모든 수신자들이 케가 추천해준 콘텐츠를 정말 잘 보았다며 답장을 보내왔다. 심지어 어떤 친구들은 그걸 다른 친구들한테 포워딩하기까지 했다. 그러자 케는 아예 본격적으로 나서보기로 했다. 더 많은 추천 이메일을 보냈고, 수신자 목록은 계속 늘어났다. 마침내 그 뉴스레터에 '래드리드스_{RadReads}'라는 이름까지 붙였다. 래드리드스는 그의 다음 활동의 바탕이 되었다.

최근 그 뉴스레터의 구독자 수는 4만 명을 넘어섰다.[14] 케는 가족과 함께 뉴욕 맨해튼을 떠나 캘리포니아의 맨해튼 비치로 이사왔다. 생활비는 래드리드스를 비롯해 자신이 만든 "당신의 생산성을 가득 충전시켜라"라는 온라인 강의를 통해 번다. 이 강의는 고숙련 직종 종사자들이 오랜 시간 일하거나 작업 툴을 만들어내지 않고도 더 많이 해낼 수 있도록 돕는다.

케는 월스트리트의 고된 일을 떠나온 자신이 사람들에게 생산적인 존재가 되는 법을 가르치는 것의 모순을 인정한다. 하지만 그는 자신의 생산성 강의가 마치 트로이목마 같다고 생각한

워킹 데드 해방일지

다. 생산성 향상은 겉으로 보여지는 목적이고, 진짜 목적은 수강생들이 자신들의 가치와 더 가깝게 정렬되어 있는 삶을 열어가도록 돕는 것이다. 그의 커리큘럼에는 생산성 연구와 작업관리 전략 수업의 사이에 '비생산적 운동을 재규정하기', '인생에서 중요하지만 시급하지 않은 부분을 돌보기', '쉬는 법 배우기' 등의 수업들이 배치되어 있다. 케가 강의를 하는 궁극적인 목표는 수강생들에게 각자의 방식대로 사는 법을 알려주는 것이다. 그도 새로운 생활 방식 덕분에 현재의 삶을 누릴 수 있게 되었다. 요즘 그는 매일 서핑을 하고, 가족과의 저녁 식사를 빼먹지 않고, 언제나 딸들(이제 딸이 둘이다)을 침대에 데려다준다. 그가 말했다. "설령 래드리드스를 200만 달러에 팔더라도 지금 제 행복은 조금도 달라지지 않을 거예요."

케가 스스로 개척한 새로운 삶을 직접 보기 위해 얼마 전 나는 남부 캘리포니아로 여행을 떠났다. 금요일 오후였고, 섭씨 23도 날씨에 구름 없이 맑은 하늘을 배경으로 거리에 늘어선 종려나무들이 마치 피사체로서 자세를 잡고 있는 듯 보였다. 케는 '멋진 아빠'의 표준 같은 복장을 하고서 나를 맞아주었다. 파란색 에어맥스 신발, 테이퍼드 핏tapered fit의 트레이닝 팬츠 그리고 회색 브이넥 티셔츠 차림이었다.

서재에 들어가보니 책장에 꽂힌 책들이 그의 새로운 생활 방식을 깔끔하게 요약해주는 것 같았다. 줄리아 캐머런Julia Cameron의

『아티스트 웨이The Artist's Way』, 게리 로페즈Gerry Lopez의『파도는 당신이 찾는 곳에 있다Surf Is Where You Find It』그리고 데이비드 엡스타인David Epstein의『늦깎이 천재들의 비밀Range』등이 있었다. 서재의 한쪽 벽에는 서핑보드 2개가 기대어 세워져 있는데, 케는 줌Zoom으로 화상회의를 할 때 이 벽을 배경으로 삼는다. 서핑보드 옆에는 검은색과 주황색이 섞인 우승기가 있는데, "멍청이, 뉴욕시Dumbo, NYC"라고 적혀 있다. 이전의 삶에 바치는 어떤 존경이 담긴 물건인 듯하다.

케는 내게 자신의 하루 일과를 설명해주었다. 그는 아침에 일어나면 명상을 하고, 한 블록을 걸어 딸들을 학교에 데려다준 다음에 태평양으로 향한다. 그는 그 드넓은 바다를 "이사회실board room"이라고 부른다. 아내의 눈이 동그래지든 말든 말이다.

케의 새 삶은 여전히 지위 게임에 속해 있다. 서재의 서핑보드는 남들의 인정을 받겠다는 공개적인 표현이다. 한낮에 해변에 가는 능력(그리고 사람들에게 이를 알리는 것)도 일종의 과시다. 하지만 이제 그는 정말로 즐기는 게임을 하고 있다는 점에서 차이가 있다.

내 안의 회의론자는 케의 새로운 생활 방식은 그가 월스트리트에서 오랜 경력을 쌓았기 때문에 가능한 게 아니냐고 딴죽을 건다. 월스트리트를 떠나면서 장래의 수입 잠재력을 포기하긴 했지만, 그는 이미 '이루어낸' 사람이다. 다시 말해, 이미 '이력서 덕목'을 갖추었다. 상당한 저금을 해놓았기에 가치지향적 삶을 추구하는 쪽으로 방향 바꿀 때 따르는 위험성이 줄어들었다. 하지만 케와 함께 그의 차고에 가보고 생각이 달라졌다. 차고 벽에는 젖은 서핑복과 학창 시절에 좋아했던 힙합 포스터들이 걸려 있었다. 케의 아내는 한쪽에서 그림을 그렸고, 딸 소리야는 셔벗 색깔 분필로 바닥에 무지개를 그리고 있었다. 나는 그가 느끼는 평화로움은 남들이 가치를 두는 것을 무시해서가 아님을 알아차렸다. 남들이 가치를 두는 것과 자신이 가치를 두는 것을 조화시켰기 때문이었다.

세상의 가치를 전혀 고려하지 않고 오로지 자신이 원하는 것만을 좇아 직업을 선택했다가는 낭패를 볼 수 있다. 예를 들어, 현실적인 직업 전망이 없을지도 모르는 교육을 받느라 엄청난 빚을 질 수 있다. 그런 상황에서 예술가는 창작에 몰두할 수가 없다. 왜냐하면 주택 임대료를 내지 못할까 봐 늘 불안하기 때문이다. 반대로 자기 마음이 원하는 것은 전혀 고려하지 않고 세상의 가치만을 바탕으로 직업을 선택하면, 애초에 바란 적 없는 경력 사다리만 평생 오르는 삶을 살게 될지 모른다. 자신이 하는 일에 열정적이더라도 경력 사다리의 끝없는 칸들을 계속 오르다 보면, 처음에 그 직종에 관심을 가지게 만들었던 내재적 보상들이 빛을 잃고 만다.

핵심은 자신의 가치와 세상의 가치를 함께 고려하여 자기만의 성공에 대한 정의를 내리는 것이다. 신학자 프레더릭 비크너Frederick Buechner의 표현을 빌리자면, "자신의 깊은 기쁨과 세상의 깊은 굶주림이 만나는 지점"을 알아내는 것이다. 확실히 케의 재정 상황은 아름다운 삶을 설계하는 데 도움을 주긴 했지만, 그가 느끼는 마음의 평화에 이바지한 다른 요소들도 존재한다. 그게 부족하면 가장 부유한 월스트리트 사람들도 평생 충족감을 느끼지 못한다. 그는 자신이 이미 갖고 있는 것에 대한 입맛을 길렀다. '그 정도면 괜찮은' 상태에 대한 자신만의 정의를 갖고 있는 셈이다.

케의 캘리포니아 자택에서 가장 인상적이었던 것은 햇살도, 파도도, 자신만의 축복을 찾은 듯한 사십대 중반 남성의 다른 자랑거리도 아니었다. 그의 멋진 목소리와 함께 산책하던 일요일 아침의 걸음 속도였다. 그는 마치 마지막으로 서둘렀던 때가 언제였는지 기억하지 못하는 사람처럼 느긋하게 걸었다. 그에게는 더 이상 이겨야 할 게임이 없었다.

9장

진짜 나를 위해 일한다는 것

- 일과 조금 멀어져도 괜찮다는 진실에 관하여

사람들은 사회적 문제를 개인화하는 경향이 있다. 그릇된 직업을 고른 것도 자기 탓이고, 그릇된 동반자를 선택한 것도 자기 탓이며, 충분한 돈을 모으지 못한 것도 자기 탓이다. 대부분의 경우, 우리는 우리의 선택권을 제한하는 이런 체계 내에서 일하고 있다.[1]

– 타라 제퍼슨 Tara Jefferson

추수감사절 다음 날에 나는 익숙한 상황을 겪고 있었다. 다시 말해, 휴일인데도 일하고 있었다. 유급 휴일에 과로 문화에 관한 책을 집필하고 있다니, 정말 모순적인 일이다. 내 아침은 생산적이지 않았는데, 그건 충분히 예상할 수 있었다. 전날 밤에 마시고 먹은 와인과 간단한 안주들의 양이 꽤 많았으니까. 하지만 내가 생각한 것보다도 더 생산적이지 않은 듯했다. 그리고 나의 비뚤어진 논리에 의하면, 휴일에 일하기 때문에 아마도 나는 훨씬 더 오래 일하게 될 터였다.

솔직히 나의 자존감이 이토록 생산성과 밀접하게 결부되어 있다는 게 속상하다. 우리 삶에서 적절한 일의 크기를 찾자는 내용의 책을 쓰고 있긴 하지만, 나 자신이 그럴 수 있는 쉬운 길을 찾았다고 말한다면 거짓말일 테다. 우선 나는 정규직으로 일하면서 겸업으로 이 책을 쓰고 있다. 그러려고 지난 몇 달 동안 일주일에 50~60시간씩 일했다. 집필 목표량을 달성한 주에는 뿌듯했지만, 그러지 못한 주에는 스스로가 한심했다.

나도 이렇게 될 줄은 몰랐는데, 이 책 쓰기가 내 정체성의 중심이 되었다. 내 자신을 저자라고 부르기가 지금도 어색하긴 하지만, 하버드대학 졸업생과 그의 동창들처럼 곧잘 책을 일상적 대화의 소재로 삼곤 한다. 나는 사람들이 재킷에 에나멜 핀을 달고 다니는 것처럼 책을 들고 다니는 사람이다.

그리고 사실, 일이 언제나 충족감의 원천이길 기대하면 위험하다는 내용의 책을 쓰고 있지만, 대체로 나는 지금 생계를 위해 하고 있는 일을 정말 좋아한다. 디자인 회사에 다닐 수 있어서 정말로 다행이라고 여긴다. 내가 자극을 얻고, 나의 창조성을 일깨워주고, 지금 하는 업무 이외의 열정적 활동(보도하기와 글쓰기)을 하는 것도 이 직장 덕분에 가능하다.

집필을 처음 시작하게 된 계기는 다음의 두 가지 개인적 질문이었다. 하나는 "직업은 어떻게 내 정체성의 중심이 되었을까?"이고, 다른 하나는 "어떻게 나의 자존감과 실적을 분리시킬 수 있을까?"다. 2년이 지났지만 이 질문들에 대한 명쾌한 답은 얻지 못했다. 하지만 그렇다고 해서 지금까지의 활동이 실패라고 생각하진 않는다. 오히려 어떤 결과물이라고 생각한다.

이 책의 집필을 위해 만났던 수십 명의 사람들한테서 내가 배운 것은 나와 일의 관계를 정의해나가는 과정이 복잡하다는 사실이다. 각각의 인터뷰 대상자들을 만날 때마다 나는 동질감을 느꼈다. 번아웃에 이르고만 족쇄 풀린 야망의 소유자 디비야, 이상적인 '꿈의 직업'을 꿈꿨지만 결국 환상에서 빠져나온 포바치, 활기를 잃은 메건 그리고 모든 걸 그만두고 다시 시작하길 바랐던 케와 나를 동일시했다.

그래서 이 책의 독자가 "그래서 뭘 어쩌라는 거야?"라고 물어도 나는 일과 우리의 우려스러운 관계에 대해 신속한 해결책을 내놓기가 어렵다. 안타깝지만, 여러분이 일과의 더 건강한 관계를 맺을 수 있는 지름길을 아무리 갈망해도 소위 '10단계 해법' 같은 건 없을 듯하다. '일이 우리 삶에 어떤 역할을 해야 하는가?'라는 질문에는 보편적인 답이 존재하지 않는다. 우리와 일의 관계는 고정되어 있지 않은 데다가, 그러길 바라서도 안 된다. 일의 역할이 무엇일지 고민해가는 과정에서 우리가 무엇을 중시하는지가 드러나기 때문이다.

일하지 않고도 먹고살 수 있다면, 당신은 일할 것인가?

과로의 주요 문제 중 하나는 우리 중 많은 사람들

우리와 일의 관계는 고정되어 있지
않은 데다가, 그러길 바라서도 안 된다.
일의 역할이 무엇일지 고민해가는 과정에서
우리가 무엇을 중시하는지가
드러나기 때문이다.

이 어느덧 일상이 된 '바쁘게 살기' 문화를 내면화했다는 점이다. 이 책을 쓰는 동안 내게는 언제 일하라거나 일하지 말라고 지시하는 상급자가 없었다. 나는 글쓰기 과정이 내 삶을 장악하게 놔두지 않겠다고, 적당히 쉬어가면서 글을 쓰겠다고 다짐했다. 하지만 온갖 다짐에도 불구하고 번아웃 직전에서 간당간당하게 버티고 있는 상태다. 자체적으로 정한 경계선의 문제점은 굳건하지 못하다는 것이다. 시간 안에 원고를 마치지 못할까 두려운 마음 또는 나는 쉴 자격이 없다는 느낌이 내 원래 의도를 무너뜨리기가 너무 쉬웠다. 제임스 클리어_{James Clear}의 표현대로, "지난 행동을 낳았던 기본적 믿음을 바꾸지 않는 한, 우리의 습관을 바꾸기란 어렵다."[2] 자존감이 생산력에 달려 있다고 믿는 한, 더 많이 생산하려는 욕구는 더 적게 일하려는 나의 뜻을 늘 짓밟을 것이다.

더군다나 과로는 체계의 문제(경제적·정치적·문화적 요소들의 결과로 나타나는 문제)이므로 개인이 어찌하기에는 한계가 있다. 일에서 벗어난 자아를 위한 공간을 마련하고 보호할 책임은 걸핏하면 노동자한테 돌아가고 만다. "경계를 정하라"거나 "스스로 돌보기를 연습하라"와 같이 흔한 번아웃 방지 조언들은 제도적인 뒷받침이 없으면 수포로 돌아가기 십상이다. 회사에 직원이 모자라거나 분기 말처럼 바쁜 시기이거나 급여가 노동 시간에 따라 정해진다면, 경계 정하기는 장식용 칵테일 우산으로 뜨거운 햇살을 가려보려는 시도와 비슷하다.

간단히 말해, 개인적 경계 정하기의 문제점은 필연적으로 무너지게 되어 있다는 것이다. 이에 대해 앤 헬렌 피터슨은 이렇게 말한다. "건강한 직장 문화를 조성하는 일이 개인의 책임이 되면 반드시 실패하게 되어 있다. 더 나은 문화를 만들 책임은 직장에 있다. 직장은 직원을 실제로 보호할 수 있는 나름의 가드레일을 세워야 한다. 그건 특히 노동이라는 화물열차에서 두각을 드러내는 데 광적으로 몰두하는 사회초년생 직원들에게 꼭 필요하다."[3]

하지만 구조적 개입에도 한계는 있다. 조직 차원에서 볼 때, 관리자들이 노동자들한테 기대하는 업무량이 줄지 않으면 넉넉한 휴가 정책과 복지 혜택은 직장 문화를 바꾸는 데 거의 도움이 되지 않는다. 케의 말처럼 월스트리트에서 대단히 고된 15년을 보낸 사람이 2주짜리 휴가를 갖는다고 해서 마술 같은 삶의 변신이 일어날 리는 없는 법이다.

정책적 차원에서 보더라도 정부의 보호는 실질적인 결과를 내놓을 때에만 유의미한 효과가 있다. 가령, 프랑스는 '연결되지 않을 권리Right to Disconnect' 법안이 통과된 나라로 종종 거론된다. 2017년에 나온 이 법안은 50인 이상의 피고용인을 둔 회사는 업무 시간 이후에 전화와 이메일을 제한하도록 규정하고 있다. 하지만 결과는 그저 그랬다. 한 설문조사에 의하면, 응답자 중 97퍼센트가 법안 도입 이후 유의미한 변화가 없다고 대답했다. "착각에 빠지면 안 돼요." 한 프랑스인 인사관리자가 말했다. "심지어

이 회사의 인사관리자들은 휴일에도 늘, 정말 늘 연결되어 있다고요."[4]

마찬가지로 서구세계의 반대편에서 일본은 남성 육아휴직 정책을 선도하는 걸로 알려져 있다. 아버지들에게는 최대 1년까지의 유급 휴가가 주어진다. 하지만 정책과 현실 사이에는 틈이 있다. 2017년, 유급 휴직에 실제로 들어간 일본의 아버지들은 고작 5퍼센트에 불과했다.[5] 여기서 알 수 있듯이, 일과의 건강한 관계가 실현되려면 두 가지 선결 요건이 필요하다. 하나는 직원들이 일을 떠나서도 생활할 수 있게 해주는 구조적 보호이고, 나머지 하나는 그렇게 하려는 문화적 의지다.

직장 문화를 바꾸려면, 회사들이 정신건강 휴가 실시를 선언하거나 직원들이 취미를 갖는 정도로는 부족하다. 많은 이들이 일이 인생에서 차지하는 역할을 근본적으로 재설정해야만 가능하다. 조직은 운영 방식을 바꾸어야 하고, 직원 역시 자신의 가치가 실적에 따라 정해진다는 믿음에서 탈피해야 한다. 내 말을 지지해줄 다정한 독자들이 분명 있을 것이다.

그렇긴 해도 나는 여전히 희망을 품는다. 코로나 팬데믹의 온갖 두려움과 고통 속에서, 2020년 3월 이후 몇 달간 취해진 조치들은 변화가 가능함을 증명해냈다. 한때는 진보적인 몽상으로만 여겨졌던 소득 보장이나 보편적 육아 지원과 같은 정책들이 비록 일시적으로나마 실현되었다. 이전에는 원격근무가 비현실적이라고 치부했던 조직들이 더 유연한 노동 방식에 적응했고, 직장이 삶의 중심이었던 개인들은 직장에 없을 때의 자기 자신이 누구인지 알아차리게 되었다. 그리고 보수가 적고 보호를 받지 못하며 인정을 덜 받는다고 느꼈던 노동자들이 유례없는 비율로 퇴사했다. 코로나 사태는 '위대한 사직Great Resignation'뿐만 아니라 '위대한 재고Great Reconsideration'도 촉발시켰다. 우리의 표준적인 노동 방식이 변할 수 있음이 드러났다. 그래서 나도 조심스레 미래를 낙관하게 되었다.

활동가 다나 화이트Dana White가 트위터에 단순한 질문 하나를 올렸다. "만약 자본주의가 없고 기본적 욕구가 전부 충족된다면 어떻게 살 것인가?"⁶ 그러자 1만 명의 사람들이 일이 없는 세계를 중력 중심으로 삼아 나머지 인생 궤도가 돌아가게 하겠다고 답했다. 사람들은 아마추어 천문학자, 도시 정원사, 거리의 시인sidewalk poet 그리고 사회적 노동자가 되겠다고 밝혔다. 그중 제일 내 마음에 들었던 답변은 이것이다. "돈에 대한 걱정, 짜증, 트라우마를 덜 느끼면서, 지금 내가 하고 있는 일을 계속 할 겁니다." 사람들이 그린 전망에서 노동이 배제되지 않았다는 점이 인상적이었다. 다만 생존을 위한 전제 조건에서 일을 들어내자, 사람들이 스스로 할 수 있다고 여기는 활동의 범위가 확장되었다.

특명: 삶의 중심에서 일을 끄집어내라

이런 가능성에 힘입어 나는 우리 삶에서 일을 탈중심화시킬 세 가지 도발적인 제안을 건네려고 한다. 첫째는 정부에게, 둘째는 회사에게 그리고 마지막은 여러분에게 하는 말이다.

1. 생존과 고용을 분리시켜라

얼마 전 잠과 꿈을 연구하는 MIT의 과학자 애덤 하르 호로위츠Adam Haar Horowitz를 인터뷰할 기회가 있었다. 인터뷰 도중 그가 내게 실험을 하나 해주겠냐고 부탁했다. "작가님이 호텔방에서 잠을 청한다고 상상해보세요." 그가 말했다. 나는 '아주 쉽네'라고 생각하며 그의 말을 따랐다. "자, 이번에는 호텔방에서 잠을 청하려는데, 문이 활짝 열려 있다고 상상해보세요." 그 말을 들은 즉시 내 몸이 잔뜩 긴장하는 것이 느껴졌다. 제정신이 아닌 광대가 금방이라도 나타날지 모르는 상황에선 결코 잠들 수 없다. 이처럼 휴식을 취하고, 나아가 잠을 자려면 먼저 안전하다고 느껴야 한다. 그렇지 않으면 우리 안에 있는 포유류의 본능은 위험을 살피기 위해 뇌의 일부를 경계 상태로 만들 것이다.

나는 이와 비슷한 생물학적 힘이 일을 많이 하려는 나의 성향을 부추긴다고 생각한다. 돈벌이가 되는 일자리와 주위의 지원 체계가 갖춰져 있는데도, 나는 여전히 비합리적으로 생계 수단을 잃을지도(적어도 커리어의 추진력을 잃을지도) 모른다고 두려워한다.

'초과 성과를 내지 못하면 내 논리는 통하지 않을 거야.' '지속적으로 내 쓸모를 증명하지 못하면, 어떤 식으로든 뒤처질 거야.' 나는 자본주의의 가치를 자신의 가치로 채택했다. 그런 내게 성장은 곧 발전이며, 정체는 곧 죽음이었다.

수많은 과학자들이 사람들을 편히 쉬지 못하게 만드는 경제적 현실과 근본적 욕구를 잘 다룰 방법을 연구 중이다. 미리 말해두자면, 지금부터 나는 보편적 기본소득UBI, Universal Basic Income 이야기를 꺼내보려 한다. 요즘 노동 관련 책에서 흔히 다뤄지는 내용이긴 하지만 말이다. 개인적으로 나는 정책으로서의 기본소득보다는 윤리적 입장으로서의 기본소득에 더 관심이 있다. 즉, 인간의 기본적 욕구를 유급 고용을 통해 벌어야 하는 혜택이라기보다 기본적 인권이라고 여기는 쪽이다.

현실에서 우리의 해진 사회적 안전망을 손보는 일은 여러 형태를 띨 수 있다. 예를 들어, 정부 차원에서 규정된 유급 휴가가 없는 유일한 선진국이라는 미국의 당혹스러운 지위를 버린다는 의미일 수 있다. 수천만 명의 어깨를 짓누르고 있는 학자금대출을 탕감하는 방식일 수도 있다.[7] 빈곤 경감에 효과적인 지렛대임이 증명된 자녀세액공제를 확대하는 것일 수도 있다.[8] 또는 (전 세계 어느 나라보다 미국이 1인당 무려 42퍼센트를 더 지출하는) 엉망진창인 의료보험 제도를 재설계하는 것일 수도 있다.[9]

그 또 다른 예로 나는 보편적 기본소득을 들고자 한다. 왜냐하면 그것이 모두를 위한 경제적 기준선을 향상시킴으로써 얻을 수 있는 (노동자와 우리 경제를 위한) 선善의 연쇄 작용을 잘 보여주기 때문이다. 의료와 교육, 육아에 비용이 엄청나게 많이 드는 나라에서는 대학 교육을 받은 전문직 종사자들도 경제적 불안정성의 고통을 피해가기 어렵다.

참고할 만한 사례가 하나 있다. 캘리포니아주 스톡턴Stockton 시가 주민들을 대상으로 2년 동안 실험을 실시했다.[10] 주민 125명에게 아무 조건 없이 한 달에 500달러를 지급하는 실험이었다. 일을 해야 한다거나 그 돈을 어떻게 써야 한다는 제약은 없었다. 참가자들 중 40퍼센트는 받은 돈을 음식에 썼다. 다른 이들은 그 돈으로 자녀들을 축구 캠프에 보내거나 자동차의 실린더 개스킷을 교체했다. 마흔여덟 살의 조나 에버렛Zohna Everett 은 매달 50달러를 교회에 헌금했고, 나머지 돈은 위성방송 서비스, 공과금, 자동차보험료, 임대료 그리고 남편과의 야간 데이트에 썼다.

더불어 그 돈으로 생활이 안정되자 조나는 정규직 일자리를 구할 수 있었다.[11] 2018년 미국 국방부의 병참 업무직을 잃은 후, 그녀는 도어대시DoorDash (미국의 음식 배달 서비스업체)와 우버에서 임시직으로 일하면서 온라인으로 대학 과정을 밟고 있었다. 그런데 실험이 진행되던 중 근처의 테슬라 공장에 취직했다. "이제야 제대로 숨 쉴 수 있겠어요." 그녀가 가외로 얻은 현금의 위력을 실감하며 말했다.

조나가 정규직 일자리로 옮겨간 것은 기본소득과 사회복지 확대를 비판하는 대표적인 이유와 충돌한다. 그녀가 새로 얻은 경제적 안정은 정규직 일자리를 찾으려는 노력을 줄이기는커녕 키워놓았다. 실제로 기본소득을 제공받은 스톡턴 주민들이 실험 후에 정규직 일자리를 구한 비율은 기본소득을 받지 않은 주민들보다 12퍼센트가 높았다. 기본소득 수령자들은 불안감과 우울감도 대조군보다 낮았다.

그렇지만 아마도 스톡턴 기본소득 실험에서 드러난 가장 고무적인 성과는 지급된 돈이 주민들에게 '자기결정, 선택, 목표 설정 및 위험 감수에 대한 새로운 기회'를 마련해주었다는 점일 것이다.[12] 즉, 참가자들에게 더 큰 활기를 주었다. 어떤 이들은 조나처럼 더 안정적인 일을 구했고, 또 어떤 이들은 가족이나 공동체에 베풀었다. 기본소득 실험을 실시한 비영리단체 경제보장 프로젝트Economic Security Project의 대표 나탈리 포스터Natalie Foster는 내게 이렇게 말했다. "스톡턴 실험은 일하고자 하는 인간의 선천적인 욕구를 구체화해주지는 못했어요." 그녀가 보기에 그 실험은 일에 대한 선택권이 많아졌을 때 노동자가 어떻게 행동하는지를 보여주는 사례였다.

내가 보기에 스톡턴 실험에서 두드러진 것은 위대한 사직 자료에서 두드러진 내용과 똑같았다. 약간의 사회안전망만 갖춰져도 노동자들은 '그 정도면 괜찮지 않은' 일자리를 그만둘 수 있다는 사실 말이다. 퓨 리서치 센터의 설문조사 결과에 의하면, 2021년에 노동자들이 일을 그만둔 이유 중 가장 많은 비중을 차지한 세 가지는 저임금(63퍼센트), 발전 기회 없음(63퍼센트) 그리고 직장에서 존중받지 못한다고 느낌(57퍼센트)이었다.[13] 하지만 2021년에 일을 그만둔 약 5,000만 명의 사람들 중 대다수는 일하지 않는 상태에 계속 머물러 있지 않았다.[14] 그들은 더 나은 일자리(더 많은 임금, 더 유연한 노동 시간, 더 나은 복지 혜택이 보장된 일자리)를 찾았다. 그리고 일을 아예 그만둔(은퇴하거나 사랑하는 이를 돌보거나 휴식을 취하기 위해) 사람들도 위축되지 않았다.

미국의 정치인들은 정규직 일자리를 논할 때 그것이야말로 권위의 전제 조건인 양 말한다. 복지 혜택을 받으려면 일단 어딘가에 고용된 상태여야 한다고 규정한 정책들이 바로 그런 취지에서 나왔다. 나도 일이 사람들에게 독립심과 목적의식을 줄 수 있다는 데 동의하지만, 돈벌이를 위한 노동이 그런 목적의 유일한 수단은 아니다. 돈을 받진 않지만 가족을 돌보는 수많은 사람들의 일은 결코 덜 소중하지 않다. 코로나 사태로 실직한 수백만의 미국인들(그들 중 많은 이들은 잘못이 없었다) 역시 쫓겨났다고 해서 존경받을 가치가 없는 것은 아니다.

인간의 기본 욕구를 고용 상태와 분리시키는 일은 우리 각자가 정규직 일자리를 갖든 말든 가치 있는 존재라고 선언하는 것과 같다. 그러면 좋은 일을 한다는 게 무슨 뜻인지, 또 좋은 삶을 산다는 게 무슨 뜻인지에 관해 폭넓게 생각할 수 있는 토대가 생긴다. 덕분에 우리는 안정감 속에서 휴식을 취할 수 있다.

2. 말만 하지 말고 보여줘라

1996년, 세계 최고 수준의 가구 제조업체인 스틸케이스Steelcase가 뉴욕시에 있는 자사의 사무실에 이상한 작품 하나를 설치했다. 개미 1,500마리가 들어 있는 가로 1.8미터에 세로 1.2미터짜리 유리 상자였다. 그 설치 작품의 의도는 일과 삶의 경계가 흐릿한 흥미진진한 새 시대를 향해 메시지를 던지는 것이었다.

"요즘의 일은 이전과는 극적으로 달라졌습니다." 스틸케이스의 관리자인 데이브 래스롭Dave Lathrop이 말했다. "점점 더 많은 사람들의 노동과 비노동이 서로 섞이고 있죠. 개미들은 일하기 위해 살고, 살기 위해 일합니다." 하지만 당시에 《월스트리트저널》에서 언급되었듯이, 일을 많이 하기로 유명한 수확개미harvester ant는 보통 서너 달밖에 살지 못한다.[15] 그러니 더 적절한 해석은 "개미들은 일을 다 하고 나면 죽는다"일지도 모른다.

유리 상자 안에서 돌아다니는 수확개미들은 오늘날 미국의 노동 상태를 표현하는 상징으로서 매우 적합하다. 2021년 미국 인사관리협회Society for Human Resource Management의 조사 결과에 의하면 미국인의 41퍼센트가 번아웃을 느끼고 있으며, 피고용인 중 36퍼센트만이 스스로 일에 몰입하고 있다고 여겼다.[16,17] 맥킨지의 다른 연구에서는 노동자 5명 중 2명은 향후 3~6개월 안에 직장을 그만둘 계획이라는 결과가 나왔다.[18] 흥미롭게도 2021년에만 4,780만 명의 미국인들이 실제로 일을 그만두었는데, 이는 기록상 최고 수치다.[19] 비슷한 경향이 전 세계의 다른 나라들에서도 일어났다.

분명, 높은 수준의 번아웃과 이탈은 구조적인 문제다. 명상 앱과 줌을 통한 온라인 친목 모임으로는 치유되지 않는다. 이제 고용주들도 이 문제에 주목하기 시작했다. 비록 매우 큰 비용을 초래하는 문제가 되었다는 이유 때문이긴 하지만 말이다. 연구원들은 번아웃으로 인한 생산성 저하, 직원 이탈, 이직 및 결근 등이 고용주에게 연간 1,900억 달러라는 엄청난 비용 부담을 안길 것으로 추정한다.[20]

해마다 많은 신간 도서와 회의 참석자들이 더 건강한 직장 문화를 조성하려는 고용주의 바람에 초점을 맞춘다. 사무실 내 낮잠 장소 마련과 차분한 조명 설치에서부터 퇴근 후 요가 수강권 제공 및 유급 자원 활동 제공 등에 이르기까지 다양한 제안들이 쏟아진다. 상상하자면, 조만간 고용주들은 과거에 가장 사명지향형인 회사가 되려고 경쟁했던 것과 똑같은 방식으로 가장 '워라밸'지향형인 회사가 되려고 경쟁할 것이다. 하지만 특정 정책을 벗어나서, 건강한 직장 문화를 원하는 조직에게는 두 가지 전제조건이 있다. 우선 리더들은 그들이 만들고자 하는 직장 문화의 모델을 세워야 하고, 회사는 직원들의 휴식을 보장해주는 체계를 구축해야 한다.

그런 점에서 나는 직장 내 소통 플랫폼 프론트Front의 CEO인 마틸드 콜린Mathilde Collin을 보고 감명받았다. 그녀는 번아웃과 정신건강을 공개적으로 논의하기 위한 실리콘밸리 리더들의 운동을 이끌고 있다. Y 콤비네이터Y Combinator의 집중적인 스타트업 육성 프로그램을 거쳐 수백만 달러 가치의 회사를 세우고 난 다음에, 마틸드는 자신의 과로하는 성향이 자기 일(또한 자기 직장)을 더 낫게 만들지 않는다는 걸 깨달았다.

문제가 본격적으로 불거진 것은 2017년 5월이었다. 그해에 마틸드는 일선에서 물러나 자신의 정신건강을 돌봐야 할 처지가 되었다. 당시 프론트의 수익과 고객층이 커지고 있었고, 그즈음에 1,000만 달러의 투자 받는데 성공했다. 그만큼 회사는 건강했지만 마틸드는 그렇지가 않았다. 어느 날 아침에 일어났더니, 노트북을 보기만 하면 머리가 깨질 듯한 두통이 느껴졌다. 집을 나서기 위해 일어서려는데, 다리가 움직여지지 않았다. "불안감이 너무 심해서 내 삶을 증오하게 될 정도예요."[21] 당시 그녀가 의사한테 했던 말이다. 몇 주를 쉰 후(프론트를 창업한 후 거의 4년 만의 휴식이었다) 그녀는 몇 가지 개인적인 변화를 시도하기로 마음먹었다.

마틸드는 휴대폰에 깔려 있는 업무 관련 앱들을 몽땅 삭제했고, 휴가 중일 땐 노트북을 치워버렸고, 화요일 오후마다 공책 한 권과 펜 한 자루만으로 재택근무를 하기 시작했다. "기업을 이끄는 사람인지라 나는 사람들이 내 행동을 따라 한다는 걸 알고 있다."[22] 최근에 그녀는 블로그에 이런 글을 올렸다. "만약 '사장'이 사하라사막 한가운데서 신혼여행을 즐기는 중인데도 이메일에 답장을 한다면, 어떤 직원이 그렇게 하지 않아도 되는 그럴듯한 변명거리를 댈 수 있겠는가?"

마틸드의 개인적 실천은 회사 차원의 혁신적인 정책들(주 4일 근무제를 도입하거나 휴대폰 사용 시간이 하루 평균 2시간 미만인 직원에게 월말 보너스를 주는 등)이 등장하는 촉매제가 되었다. 하지만 여기서 우리가 알아야 할 핵심은 회사의 리더가 자신이 원하는 직장 문화를 모델링해두지 않으면, 그것은 결코 나머지 구성원들한테 전달되지 않는다는 것이다.

4장에 나왔던 메건도 언론 일을 쉬는 동안 비슷한 깨달음을 얻었다. 《와이어드》에서 일할 때 그녀는 슬랙에 온라인 상태임을 알리는 녹색 점을 꺼본 적이 없다. 기자들로 하여금 그녀는 언제나 연락 가능한 사람이라고 여기게 해주고 싶었기 때문이다. 그러면서도 팀원들에게는 자신이 그렇게 한다고 해서 그들도 늘 대기 상태여야 한다는 뜻은 아니라고 강조했다. 하지만 나중에 메건은 팀원들과의 소통이 부족했음을 깨달았다. "기진맥진할 정도가 되어서야 오프라인으로 바꿀 수 있었다고 하더라고요." 그녀가 내게 말했다. "상급자가 늘 온라인 상태임을 알고 있으면, 부하직원들은 그와 똑같이 해야 한다는 의무감을 느끼게 돼요."

한편, 완전원격 소프트웨어 스타트업 두이스트Doist도 내게 감명을 주었다. 39개국에 100명의 직원을 둔 두이스트는 모두를 단 하나의 일정 속에 쑤셔 넣는 대신에 회사에서 규정한 휴가 기간을 완전히 없앴다. 직원들은 각자의 필요에 따라 연간 40일을 쉴 수 있다.[23] 이는 굉장히 후한 휴가 정책이다. 특히 평균적으로 주어지는 연간 휴가 일수가 10일 정도밖에 되지 않는 미국인들한테는 더욱 그렇다. 하지만 휴가 일수보다는 조건이 더 인상적이다. 두이스트는 직원들에게 회사와 휴가를 협상하는 부담을 지게 하지 않고, 회사가 책임지고 직원들의 휴가를 보장한다. 즉, 두이스트 직원들은 무조건 40일의 휴가를 사용해야만 한다.

필수 휴가는 직장 문화의 참된 변화를 촉진시키는 체계적 탈바꿈의 한 유형이다. "생산성과 휴가는 음과 양이에요." 두이스트의 설립자 겸 CEO인 아미르 살리헤펜딕Amir Salihefendić이 내게 말했다. "업무에서 벗어나 쉬면서 재충전하는 능력은 열정적이고 체계적이고 생산적인 능력만큼이나 중요하죠."

3. '그 정도면 괜찮음'에 대한 자기만의 정의를 내려라

토니 모리슨Toni Morrison은 평생 동안 저자, 노벨상 수상자, 교수, 재즈 애호가 등의 다양한 칭호들을 얻었다. 하지만 글쓰기 이외에도 그녀에겐 늘 다른 직업이 있었다. 교재를 만들거나 영어를 가르치기도 했고, 소설을 편집하기도 했다. 그녀의 초창기 직업 중 하나는 고향 마을인 오하이오주 로레인Lorain에서 했던 청소부 일이었다.

어느 날 토니가 부자들의 집을 청소해주는 일이 짜증난다고 아버지한테 털어놓자, 아버지가 들고 있던 커피잔을 내려놓고서 말했다. "잘 들어봐. 넌 거기 안 살고 여기 살아. 가족들이랑 말이지. 일하러 가서 돈을 번 다음 집으로 돌아오면 되는 거야." 훗날 토니는《뉴요커》와의 인터뷰에서 그날 아버지의 말이 준 충격에 대해 이렇게 회상했다. "그 말을 듣고 난 후부터 노동의 수준은 결코 나 자신의 척도가 아니라고 여기게 되었어요. 나는 안정적인 일자리의 가치를 가정의 가치보다 위에 둔 적이 없어요."[24]

토니에게도 일자리는 중요했지만, 생계 수단일 뿐 인생 자체는 아니었다. '그 정도면 괜찮은' 직업을 갖는다는 게 무슨 뜻인지 고민할 때 나는 토니 아버지의 지혜를 떠올리곤 한다. 일하러 가서, 돈을 벌어서, 집으로 돌아오면 된다!

고등학교에서 다른 사람들의 책상을 닦으며 보낸 여름은 그다음 학기의 어떤 수업보다 내게 더 많은 걸 가르쳐주었다. 광고업계에서의 첫 직업은 언제 내 의견을 밝히고 언제 입을 다물어야 하는지를 가르쳐주었다. 테크 기업은 실용주의를 가르쳐주었고, 디자인 일은 낙관주의를 가르쳐주었다. 그리고 언론 일은 세상사에 관심을 좀 가지라고 가르쳐주었다.

나는 일을 통해서 의미, 목적 그리고 평생 친구들을 얻었다. 하지만 직업이 내게 준 가장 중요한 것(일이 내게 꼭 줘야 하는 것)은 살아가기에 충분한 돈이다. 결국 요점을 말하자면, 직업은 경제적 계약이다. 직업은 노동과 돈을 서로 교환하는 일이다. 그걸 똑똑히 이해할수록 더 좋다.

직업이 거래라는 말이 터무니없게 들릴지도 모른다. 우리는 직업이란 단지 돈벌이가 아니라 소명이자 천직이며 열정이어야 한다고 들으며 자랐다. 하지만 회사는 일찌감치 일을 거래로 취급해왔다. 회사의 가치를 키워주는 직원은 고용하고, 그렇지 않는 직원은 해고한다. 이를 망각하면 착취당하기 쉬워진다.

냉소적으로 하는 말이 아니다. 나는 오히려 일을 거래로 보는 방식이 고용인과 피고용인 모두를 해방시킨다고 생각한다. 이 방식으로 고용주는 좋은 일이란 무엇인지에 대한 명확한 기대를 설정하는 데 집중하게 된다. 피고용인은 돈에 대해 이야기하면 회사의 최고 이익을 훼손하는 것이라고 여기기보다 정당한 보상을 추구하게 된다. 가장 중요하게는, 피고용인이 일을 삶의 전부가 아닌 하나의 생계 수단으로 취급하게 된다.

나는 일을 거래로 여기는 방식 때문에 자기 일에 관심이 적어지거나 대단한 일을 해내지 못하게 된다고 보진 않는다. 일을 자신의 관심사와 일치시키거나 기술을 향상시키려고 열심히 일하는 건 잘못이 아니다. 오히려 나는 우리가 직업에 기대하는 의미

워킹 데드 해방일지

를 집단적으로 재설정하기를 지지한다. 배우자가 우리의 사회적·정서적·지적 욕구를 전부 충족시켜주길 기대하기가 비현실적이듯이, 직업이 자기실현의 유일한 방법이길 기대하기도 비현실적이다. 그건 우리의 직업이 짊어지기로 되어 있는 짐이 아니다.

"당신은 무엇을 하길 좋아하십니까?"

작가 커트 보니것Kurt Vonnegut과 조지프 헬러Joseph Heller가 어느 휴일 파티에서 한 억만장자 헤지펀드 매니저를 만나 충격을 받았을 때, 보니것이 헬러에게 물었다.

"우리의 파티 주최자는 어제 하루 동안에만 자네가 소설 『캐치-22Catch-22』로 지금껏 번 돈보다 더 많이 벌었다는데, 느낌이 어떤가?"[25]

"글쎄," 헬러가 대답했다.

"그 사람이 결코 가질 수 없는 게 내겐 있지."

"도대체 그게 뭐란 말인가?" 보니것이 물었다.

"바로 내가 충분히 가졌다는 지식이라네."

참 좋은 이야기다. 충분함(이 책에서는 '그 정도면 괜찮음')은 주관적이다. 충분하다는 게 무슨 뜻인지는 여러분 스스로가 정한다. 아마도 그건 특정 회사를 위한 일자리이거나 특정 임금을 지불하는 일자리일지도 모른다. 또 어쩌면 특정한 직함이 있는 일자리

이거나 특정한 시간에 끝나는 일자리일 것이다. 충분한 일자리가 뭐든 간에, 여러분이 언제 그 일을 하는지를 알아차려라. 그러고 나면 토니의 아버지가 했던 충고에 귀 기울일 수 있게 될 것이다. 다시 말해, 집에 돌아오면 된다.

수백 명을 인터뷰하고 이 책의 중심 인물들과 오랜 시간을 함께 보내면서 알게 된 사실이 하나 있다. 일과 가장 건강한 관계를 맺고 사는 사람들 사이에는 한 가지 공통점이 있다는 것이다. 그들은 모두 일하지 않고 있을 때 자신이 누군지에 대한 확고한 인식을 가지게 되었다. 디비야가 프래미어에서 한발 물러났을 때, 조시가 업계를 떠난 뒤 그리고 케가 캘리포니아로 이사한 다음에 바로 알아차렸다.

하지만 우리의 자존감을 일과 분리시키려면, 사장이나 직위나 자본주의 시장도 감히 바꿀 수 없는 자아를 먼저 길러내야 한다. 토니의 말대로, "당신은 당신이 하는 일이 아니라, 당신이란 인간이다."[26] 그 정도면 괜찮은 직업은 우리 스스로가 원하는 인간일 수 있도록 해주는 직업이다.

"무엇을 하십니까?" 나는 이 단순한 질문으로 이 책을 시작했다. 미국인들이 예의상 하는 말로 자리 잡힌 이 질문을 어떻게 바꿀지 제안하면서 이 책을 끝내고 싶다. 단 몇 글자만 집어넣으면 된다. "무엇을 하길 좋아하십니까What do you like to do?" 이 질문은 여러분이 자신을 스스로 정의할 수 있게 해준다.

어쩌면 여러분은 소설 읽기를 좋아할지 모른다. 어쩌면 지중해 음식을 요리하길 좋아할지 모른다. 또 어쩌면 수채화를 그리거나 글쓰기를 좋아할지 모른다. 이런 좋아하는 것들을 일로 하는 사람도 있을 테고, 그렇지 않은 사람도 있을 테다. 그리고 어쩌면, 그 정도면 괜찮을 것이다.

일을 위한 삶과 삶을 위한 일

가장 친한 친구가 내게 전화를 건 시간은 새벽 3시였다. 당시 나는 스물넷이었고 샌프란시스코의 광고 회사에서 일하고 있었다. 친구 트래비스Travis는 핀란드에 살고 있어서 샌프란시스코보다 9시간이 빨랐다.

"깨워서 미안." 트래비스가 말했다.

"아냐, 무슨 일인데?" 나는 전등 스위치를 더듬어 찾으면서 중얼거렸다.

"어떻게 여기까지 오게 되었는지 모르겠지만, 이 여행 블로그에 들어왔네. 그런데 보니까 여기에 샌프란시스코에서 출발하는 말도 안 되는 가격의 항공권이 올라와 있어. 언제까지 남아 있을진 잘 모르겠지만."

"뭔 소리야?" 내가 다시 물었다.

"프라이스라인닷컴_{Priceline.com}에 기술적 장애가 생겼나 봐." 그가 설명했다. "여행 목적지를 샌프란시스코에서 뉴욕으로, 뉴욕에서 밀라노로, 그리고 8일 후에 프라하에서 호치민으로 입력하면, 전부 다 해서 항공권 값이 229달러야. 링크 보내줄게."

너무 좋은 가격이어서 사실일 것 같지가 않았다. 하지만 트래비스가 보내준 링크를 클릭해서 그 블로그에 들어가보니 그 항공권을 끊는 방법이 단계별로 나와 있었다.

"방금 항공권 샀음!" 누군가가 이렇게 댓글을 달아놓았다. "비행기가 미국에서 출발하니까, 고객에게 특별히 베푸는 요금일 가능성이 높음." 또 다른 누군가는 이렇게 적었다. 이때 한 익명의 천재가 이 실수로 나온 항공권 구매자는 공항에 빨간 모자를 쓰고 가자고 제안했다.

나는 그날 아침 표를 샀고 신속하게 직장에 이 사실을 알렸다. 그로부터 몇 주 후 나는 45리터짜리 배낭을 메고 샌프란시스코 국제공항에 도착했다. 터미널을 걸을 때, 물론 잊지 않고 지나가는 빨간 모자들한테 일일이 미소를 건넸다.

그해에 나는 21개 나라를 고향이라고 불렀다. 배낭을 맨 채 아시아를 돌아다녔고, 아프리카로 건너가 나이로비에서 케이프타운까지 육로로 여행했다. 여행길에서 잡지와 신문에 기사를 투고하기 시작했다. 네팔의 2015년 지진, 미얀마의 변화하는 관광 산업 그리고 태국 북부의 아편 거래에 관한 소식도 알렸다. 이전에는 광고와 마케팅 카피만 작성했는데, 나의 고정된 루틴에서 벗어나보고 나서야 마침내 언론 일을 하자는 확신이 생겼다.

하지만 이 여행을 통해 단지 나의 직업만 바뀐 건 아니었다. 성인이 된 후 처음으로 나는 일을 중심에 두지 않는 삶의 방식을 맛보았다. 땅거미가 질 때까지 낯선 외국 도시의 거리를 목적 없이 어슬렁거린 날들도 있었다. 그 여행 동안 나는 난생처음으로 명상을 했고, 오토바이를 탔으며, 남한테 보여줄 생각 없이 글을 썼다. 그렇게 나는 비생산적인 나 자신과 친해졌다.

그 항공권을 사기까지의 내 인생을 한 마디로 요약하자면 "월드클래스 후프 점퍼world-calss hoop jumper(후프 점퍼는 여러 개의 고리를 연속으로 통과하는 사람이나 동물을 뜻하는데, 서커스의 사자가 대표적이다-옮긴이)"였다. 이 표현은 전직 예일대학 영문학 교수 윌리엄 데레저위즈William Deresiewicz가 한 말에서 따왔다. 이제는 유명해진 입학식 연설에서 윌리엄은 얼마나 많은 제자들이 자신에게 설정된 목표를 달성하려고 교육을 받아왔는지 짚었다.[1] 학생들은 온갖 공식을 암기하고, 어떤 시험이든 높은 성적을 내고, "뭐가 되었든 자신이 매달리기로 작정한 위계서열의 미끄러운 봉을 타고 올라갈 수 있다"고 했다. 야심만만하고 큰 성취를 이루긴 했지만, 학생들은 "특권의 거품 속에 갇혀서 전부 똑같은 방향으로 고분고분 나아가고 있다."[2] 윌리엄의 제자 중 한 명이 한 말처럼 예일대학생들은 '뛰어난 양'이었다.

나 역시 뛰어난 양이었다. 스물네 살까지 나의 목적의식은 오로지 내가 다음번에 뛰어넘어야 할 고리만 향했다. 중학교에서 열심히 공부해서 명문 고등학교에 입학할 수 있었다. 고등학교에서는 명문 대학에 어울리는 입학 후보가 될 수 있는 과외 활동들을 선택했다. 대학에서는 취직에 도움이 되는 전공을 선택했고, 광고업계에 인턴직에 지원했다. 부모님과 친구들에게 멋져 보이고 싶어서였다.

양육 과정의 특혜로 잘 포장된 내 길(샌프란시스코 사립학교에서부터 아이비리그를 거쳐 화이트칼라 업계까지 이어진 길)은 대본으로 쓸 수 있을 만큼 전형적이었다. 하지만 새벽 3시에 트래비스가 물어다준 정보와 프라이스라인의 기술 장애 덕분에 나는 그 대본을 내다버릴 수 있었다. 이를 계기로 일이 내 삶에서 차지하는 역할을 스스로 정해야겠다는 생각이 들었다.

이 책의 원고를 제출하고 3주가 지나서, 나는 또 한 번의 대본 수정을 결심했다. 그래서 지난 4년간 다닌 디자인 회사를 그만두었다. 책 쓰기를 마치려고 각고의 노력을 기울인 직후였던 나는 휴식이 필요했다. 하지만 사직 이메일의 전송 버튼을 누르자마자 바로 의심에 휩싸였다. 다음 승진을 위해 6개월 더 다녔어야 했나? 부모님은 뭐라 생각하실까? 다음 일자리를 마련해놓지도 않고서 안정적인 직장을 무작정 그만둔 게 아닐까?

알고 보니 그런 의심은 내가 만나서 인터뷰했던 이들에게서 흔하게 보였다. 인생에서 일을 후순위로 두자는 선택을 한 사람들을 보면 공통적으로 드는 의심이었다. 인사고과 사이클, 분기 매출 목표 그리고 링크드인에 적히는 주요 성과 등으로 우리는 도취감을 느끼기 쉽다. 내가 인터뷰했던 한 학자(전문 분야가 "더 인간 중심적인 일의 미래를 설계하기"인)도 첫딸이 태어난 후 육아휴직을 고작 2주밖에 쓰지 않았다. 자신의 연구 이외의 일에 그 이상의 시간을 쓸 수 있다고는 생각지 못했기 때문이다. 주구장창 일해야 한다는 압박감이 우리 내면 깊숙이 자리 잡고 있다. 정부, 기관들 그리고 우리 스스로도 이를 강화한다.

구글의 소프트웨어 엔지니어나 미슐랭 스타 셰프 또는 월스트리트 중역을 볼 때, 우리는 그런 사람들은 아무 문제도 없겠거니 짐작하기 쉽다. 하지만 우리는 너무 자주 자신의 내면을 다른 사람들의 외면과 비교한다. 만약 내가 지난 몇 년 동안 인터뷰를 하며 배운 게 있다면, 이력서 덕목을 모조리 갖춘 사람들조차 일이 인생에서 가지는 역할을 찾아내려 애쓰고 있다는 사실이다.

일에 관한 종래의 기대에 저항하려면 용기가 필요하다. 사회의 많은 요소들(의료보험 제도에서부터 경력 공백 기간에 대한 부정적 인식까지)이 가세하는 바람에, 일을 후순위에 두기가 대단히 어렵다. 더 적은 시간 일하거나, 안식 기간을 갖거나, 세계여행을 할 처지가 못되는 사람이 훨씬 많다. 하지만 여러분이 이 책에서 딱 한

가지를 얻어간다면, 나는 그것이 '일을 후순위에 두면, 삶이 선순위가 된다'라는 교훈이면 좋겠다.

우리에겐(개인으로서도 사회로서도) 종종 일 중심성이 덜한 존재를 상상하는 능력이 부족하다. 그래서 친애하는 독자분들에게 질문을 드리고자 한다. 일과 무관한 자기 자신을 키워나가기 위해 할 수 있는 사소한 한 가지는 무엇인가? 짐작해보자면 친한 친구와 일주일에 한 번 산책하기라든가, 여러분이 생계로 무슨 일을 하는지 전혀 모르는 이웃 사람들의 모임에 낀다든가, 완벽하게 숙달한다는 생각 없이 새로운 취미를 가져보기 등의 답이 나올 수 있겠다. 한 가지 더 질문해보자. 여러분은 누구든 경제적 가치 생산을 넘어선 무언가를 하기 위해 이 세상에 존재한다는 진실을 깨닫기 위해 무엇을 할 수 있는가?

이 책의 초고를 제출하고 이어서 직장을 그만둔 후, 나와 약혼녀는 비행기 표를 끊었다. 남부 이탈리아에 사는 내 가족들과 한 달 동안 같이 지내기 위해서였다. 안타깝게도 우리는 급하게 가느라 항공요금 할인 등을 알아볼 새가 없었다. 일정 기간 열심히 일했으니 휴식 시간을 갖자는 생각이었다. 나도 정규직 일과 병행해서 책을 썼고, 약혼녀도 코로나 사태 동안 4학년 학생을 가르쳤으니 말이다.

하지만 이탈리아에 가서도 휴식의 시간이 쉽게 찾아오진 않았다. 그 이유를 깨닫는 데는 그리 오래 걸리지 않았는데, 내가 오랜 습관에 단단히 메여 있었기 때문이었다. 나는 아침에 일어나면 제일 먼저 이메일을 확인했다. 여름 휴가 중에는 휴가가 끝나면 어떻게 돈을 벌어야 할지 스트레스를 느꼈다. 오후에 빈둥거리면서도, 마음속으론 종종 일을 더 해야 하지 않나 고민했다.

하지만 지금, 이곳에서 몇 주를 보내고 나자 내 몸은 새로운 생체주기에 적응했다. 남부 이탈리아의 태양과 느긋한 점심 식사 덕분이다. 이곳의 태양은 그야말로 나를 천천히 살게 만들고, 사촌 및 숙모와 함께하는 점심 식사 자리는 더 이상 집어먹을 멜론이 없어진 이후에도 한참이나 이어진다. 줄기차게 무언가를 하지 않고서도 내가 누구인지를 천천히 다시 배우는 중이다.

그렇다고 일이 내 삶에서 완전히 사라진 건 아니다. 나는 늘 짬을 내서 글을 쓰거나 편집을 한다. 하지만 예전과 같은 방식으로 바쁘게 살아야겠다는 마음은 더 이상 들지 않는다. 일이 내 인생에 의미를 주긴 해도, 유일한 의미의 원천은 아니다.

나는 오늘 아침 느지막이 일어나서, 잠시 시간을 내어 이 에필로그를 썼고, 가족과 점심을 먹었고, 약혼자와 낮잠을 잤다. 오늘 밤에 우리는 시내에 한잔하러 갈 참이다. 그곳에서 어부를 만날 수 있으려나.

감사의 말

우선, 무엇보다도 내게 자신들의 이야기를 전해준 9명의 인터뷰이(아울러 나와 대화를 나눈 모든 이들)에게 감사드린다. 디비야, 라이언, 포바치, 메건, 테일러, 클래리사, 조시, 브랜던 그리고 케 덕분에 이 책이 세상에 나올 수 있었다.

이 책을 집필하려고 나서기 전까지 나는 저자들이 왜 자신의 책을 '프로젝트'라고 부르는지 알 수 없었다. 책에는 저자의 이름만 표시되지만 책 쓰기는 팀 스포츠다. 세계 정상급 팀과 함께여서 기쁘기 그지없다. 멘토인 바우히니 바라는 내게 책을 써보라고 처음 말해준 분이다. 내 야심을 드높여준 점에 감사드린다. 책쓰기에 관한 한 나는 바우히니의 조언을 다른 누구의 것보다도 더 존중한다. 그리고 똑똑한 편집자이자 안내자이자 친구인 메리

선에게도 진심 어린 신뢰를 전한다. 우리가 함께 이룬 것이 자랑스럽다. 그리고 처음 책을 내려는 저자한테서 생뚱맞은 이메일을 받고서도, 출판계가 어떻게 돌아가는지에 대한 내 두서없는 질문들에 대답해준 에이전트 대니얼 그린버그에게 감사드린다.

내 인생은 왜 내가 진짜 작가가 되지 못했는지를 설명하는 구차한 변명의 연속이었다. 그렇기에 작가가 될 수 있다고 나를 설득해준 모든 이들에게 감사드린다. 내 목소리를 찾도록 도와준 유스 스피크스Youth Speaks와 엑셀라노 프로젝트Excelano Project에 감사드린다. 내가 보여준 첫 에세이의 맨 앞 세 페이지에 줄을 치고는 "목청 가다듬기는 그만해"라며 귀한 조언을 해준 로렌 캐리에게도 감사드린다. 대단히 훌륭하진 않다고 평가해주고 내가 더 나아지도록 도와준 재닌 자카리아에게도 감사드린다.

내게 기자로서의 첫 과제를 준 제니퍼 메어츠에게 감사를 전하고, 아울러 첫 기자 업무를 준 헤서 랜디, 맷 퀸 그리고 케빈 딜레이니에게도 고맙다. 자신의 첫 책을 쓰는 모습을 내가 어깨 너머로 엿볼 수 있도록 해준 마이크 아이작에게 감사드리며, 내가 스스로 글을 쓸 수 있음을 보여준 라이트하우스 라이터스 워크숍Lighthouse Writers Workshop의 빌, 안드레아, 샤나 및 그 밖의 모든 분에게도 감사드린다.

이 책 곳곳에 담긴 생각들의 원천인 많은 사상가, 작가 및 학자들에게도 감사드린다. 특히 일에 관한 나의 사고방식을 형성해준 데릭 톰슨, 사라 자페, 알랭 드 보통, 에린 체크, 이페오마 오조마, 제이미 맥컬럼, 니킬 서발, C. 티 응우옌 그리고 아그네스 캘러드에게 감사드린다. 그리고 예리한 비평과 전문가로서의 방향 제시를 해준 앤 헬렌 피터슨에게 특별히 감사드린다. 당신의 연구는 이 책을 비롯해 내가 더 공정한 세상에 관해 생각하는 방식에 든든한 토대가 되어주었다.

결승선까지 책을 데려오는 데 도움을 준 모든 사람들에게 감사드린다. 내가 정규직 일과 겸하여 이 책을 쓸 여유 공간을 만들어준 IDEO의 동료들(특히 데이드레 체르미나로)에게 감사드린다. 사실관계 확인으로 내게 큰 힘이 되어준 에밀리 크리거와 꼼꼼하게 주석 편집을 해준 마이클 버크에게 감사드린다. 베로니카 벨라스코, 젠 휴어, 에이드리언 잭혜임 및 커스틴 번트 등, 함께 일하는 내내 대단히 즐거웠던 출판사 포트폴리오Portfolio의 팀에게도 감사드린다.

몇몇 너그러운 벗들이 없었다면 이 책은 출간되지 못했을 것이다. 코로나 팬데믹이 일어난 첫 달에 내 친구 스마일리 포스월스키가 내게 전도유망한 작가 라이나 코언을 소개해주었다. 라이나와 나는 2020년 4월부터 우리 둘 다 최종 원고를 내놓을 때까지 매주 수요일마다 일명 '책임감 대화'를 나누었다. 이 우정은 내겐 선물과도 같았다.

볼품없는 초고를 읽어준 마티, 폴, 켄달, 쇼사나, 베카, 멜리사,

제프, 존, 사브리나 및 로렌에게 감사드린다. 원고 작성 동안 내게 머물 장소를 제공해준 아메드, 레이첼, 이언, 진, 에드거, 렉시, 요나 및 로즈에게 감사드린다. 표지 구상에 도움을 준 조지, 파비안, 레이첼 및 베키에게 감사드린다. 마감 직전에 디자인을 수습해준 AJ 메이프스에게 감사드린다.

고향 친구들(조, 트래비스, 샘, 안나, 존, 피터, 페테, 렐, 케이티, 로스, 이자벨 및 수많은 다른 친구들)에게 감사드린다. 너희들을 친구로 둔 것은 내 인생 최대의 기쁨이야. 형제자매인 샘, 매리, 케이티, 니나, 샘 그리고 안나에게 감사드린다. 내가 걸핏하면 실존적 붕괴를 겪을 때마다 인생 조언을 해주며 이 세상을 나와 함께 살아줘서 고마워. 늘 사랑받는다고 느끼게 해주신 나의 할머니 미미 펠트만과 마리아 콩트 여사에게도 감사드린다.

기쁘게도 내겐 네 분의 부모님이 계신다. 한 분 한 분이 내게 세상을 바라보는 중요한 눈을 주셨다. 책 읽기의 즐거움을 알려준 테레사 판탈레오, 음악 듣기의 기쁨을 알려주신 개리 스톨초프, 언어의 묘미를 알게 해주신 수지 알렉산더 그리고 예술의 매력을 알게 해주신 란달 클라인, 네 부모님께 감사드린다. 산다는 것의 의미를 보여주시고 늘 최상의 격려를 베풀어주셔서 감사드려요.

그리고 마지막으로 사랑하는 케이티에게 감사드린다. 내가 글을 쓸 여유를 갖게 해주고, 모든 원고 내용을 읽어주고, 인생의 굴곡을 함께해준 것에 감사드린다. 나의 책임 편집자이자 뮤즈이자 동반자가 되어주어서 정말 고마워. 인생을 당신과 함께해서 너무나 다행이야. 정말로 사랑해.

들어가며 | 일은 어쩌다 직업 이상의 의미를 갖게 되었나

1   Heinrich Böll and Leila Vennewitz, "Anecdote Concerning the Lowering of Productivity," *The Stories of Heinrich Boll*, Northwestern University Press, 1995, pp. 628-630.

2   Patrick Van Kessel and Laura Silver, "Where Americans Find Meaning in Life Has Changed over the Past Four Years," Pew Research Center, November 18, 2021, https://www.pewresearch.org/fact-tank/2021/11/18/where-americans-find-meaning-in-life-has-changed-over-the-past-four-years.

3   Travis Mitchell, "Where Americans Find Meaning in Life," Pew Research Center's Religion & Public Life Project, November 20, 2018, https://www.pewresearch.org/religion/2018/11/20/where-americans-find-meaning-in-life.

4   Juliana Menasce Horowitz and Nikki Graf, "Most U.S. Teens See Anxiety and Depression as a Major Problem Among Their Peers," Pew Research Center's Social & Demographic Trends Project, February 20, 2019, https://www.pewresearch.org/social-trends/2019/02/20/ most-u-s-teens-see-anxiety-and-depression-as-a-major-problem-among-their-peers.

5   Robert Hauhart, "Exporting the American Dream: Global Implications," *International Journal of the Humanities*, no. 9, 2011, pp. 1-11.

6   Derek Thompson, "Workism Is Making Americans Miserable," *The Atlantic*, February 24, 2019, https://www.theatlantic.com/ideas/archive/2019/02/religion-workism-making-americans-miserable/583441.

7   The School of Life Library, *A Job to Love: A Practical Guide to Finding Fulfilling Work by Better Understanding Yourself*, The School of Life, 2018, pp. 9.

8   Derek Thompson, "Workism Is Making Americans Miserable," *The Atlantic*, February 24, 2019, https://www.theatlantic.com/ideas/archive/2019/02/religion-workism-making-americans-miserable/583441.

9   Laura Silver, Patrick van Kessel, Christine Huang, Laura Clancy, and Sneha Gubbala, "What Makes Life Meaningful? Views from 17 Advanced Economies," Pew Research Center's Global Attitudes Project, November 18, 2021, https://www.pewresearch.org/global/2021/11/18/what-makes-life-meaningful-views-from-17-advanced-economies.

10 John Maynard Keynes, "Economic Possibilities for Our Grandchildren," in *Essays in Persuasion*, W. W. Norton & Co., 1963, pp. 358-373, http://www.econ.yale.edu/

smith/econ116a/keynes1.pdf.

11 David Zahl, *Seculosity: How Career, Parenting, Technology, Food, Politics, and Romance Became Our New Religion and What to Do About It*, Fortress Press, 2019, pp. 87.

12 Charlie Giattino, Esteban Ortiz Ospina, and Max Roser, "Working Hours," OurWorldinData.org, 2020, https://ourworldindata.org/working-hours.

13 "Hours Worked," OECD Data, 2021, https://data.oecd.org/emp/hours-worked.htm.

14 Jill Lepore, "What's Wrong with the Way We Work," *The New Yorker*, January 18, 2021, https://www.newyorker.com/magazine/2021/01/18/whats-wrong-with-the-way-we-work.

15 Sarah Jaffe, *Work Won't Love You Back: How Devotion to Our Jobs Keeps Us Exploited, Exhausted, and Alone*, Hurst, 2021, pp. 12.

16 Jamie K. McCallum, *Worked Over: How Round-the-Clock Work Is Killing the American Dream*, Basic Books, 2020, pp. 131.

17 Robert J. Vallerand, Frederick L. Philippe, Julie Charest, and Yvan Paquet, "On the Role of Passion for Work in Burnout: A Process Model," *Journal of Personality*, 78(1), February, 2010, pp. 289-312.

18 Lyman Stone, Laurie DeRose, and W. Bradford Wilcox, "How to Fix the Baby Bust," *Foreign Policy*, July 25, 2019, https://foreignpolicy.com/2019/07/25/how-to-fix-the-baby-bust.

19 Jean M. Twenge, "Time Period and Birth Cohort Differences in Depressive Symptoms in the U.S., 1982– 013," *Social Indicators Research*, 121(2), April, 2014.

20 Christine Ro, "How Overwork Is Literally Killing Us," BBC Worklife, May 19, 2021, https://www.bbc.com/worklife/article/ 20210518-how-overwork-is-literally-killing-us.

21 Annie Dillard, The Writing Life, HarperCollins, 2009, pp. 33. 애니 딜러드 지음, 이미선 옮김,『작가살이』, 공존, 2018.

22 Esther Perel, "How Many of You Often Find Yourselves Bringing the Best of You to Work, and the Leftovers Home?," *Out in the Open*, CBC Radio, 2018, https://www.cbc.ca/player/play/1443267139554.

23 Studs Terkel, *Working: People Talk About What They Do All Day and How They Feel About What They Do*, New Press, 2011, pp. 1.

1장 그만큼의 가치가 있습니까? – 내가 하는 일이 곧 나 자신이라는 착각에 관하여

1   Brené Brown, *The Gifts of Imperfection*, Hazelden, 2010, pp. 110. 브레네 브라운

지음, 서현정 옮김, 『나는 불완전한 나를 사랑한다』, 가나출판사, 2019.

2 P. W. Linville, "Self-Complexity as a Cognitive Buffer Against Stress-Related Illness and Depression," *Journal of Personality and Social Psychology*, 52(4), April, 1987, pp. 663-676, https://pubmed.ncbi.nlm.nih.gov/3572732.

3 "Junior Seau's Death Ruled a Suicide," ESPN.com, May 3, 2012, https://www.espn.com/nfl/story/_/id/7888037/san-diego-county-medical-examiner-office-rules-junior-seau-death-suicide.

4 Kevin J. Eschleman, Jamie Madsen, Gene Alarcon, and Alex Barelka, "Benefiting from Creative Activity: The Positive Relationships between Creative Activity, Recovery Experiences, and Performance-Related Outcomes," *Journal of Occupational and Organizational Psychology*, 87(3), September, 2014, pp. 579-598, https://bpspsychub.onlinelibrary.wiley.com/doi/abs/10.1111/joop.12064.

2장 일, 새로운 종교가 되다 – 직업이 삶의 바탕이자 핵심이라는 착각에 관하여

1 David Foster Wallace, "This Is Water," speech to Kenyon College graduating class, 2005, https://www.youtube.com/watch?v=PhhC_N6Bm_s.

2 Ryan P. Burge, *The Nones: Where They Came From, Who They Are, and Where They Are Going*, Fortress Press, 2021, pp. 82.

3 Ryan P. Burge, *The Nones: Where They Came From, Who They Are, and Where They Are Going*, Fortress Press, 2021, pp. 2.

4 Ryan P. Burge, *The Nones: Where They Came From, Who They Are, and Where They Are Going*, Fortress Press, 2021, pp. 134.

5 Hannah Arendt, *The Human Condition*, 2nd edition, University of Chicago Press, 1998, pp. 82. 한나 아렌트 지음, 이진우 옮김, 『인간의 조건』, 한길사, 2019.

6 The School of Life, https://www.theschooloflife.com/article-themes/meaning.

7 Max Weber, *The Protestant Ethic and the "Spirit" of Capitalism, and Other Writings*, Penguin Books, 2002[1905]. 막스 베버 지음, 박문재 옮김, 『프로테스탄트 윤리와 자본주의 정신』, 현대지성, 2018.

8 J. Matthew Wilson, ed., *From Pews to Polling Places: Faith and Politics in the American Religious Mosaic*, Georgetown University Press, 2007, pp. 141.

9 Joel Osteen, "Have a Spirit of Excellence," *Joel Osteen Podcast*, November 17, 2020, https://www.happyscribe.com/public/joel-steen-podcast/have_a_spirit_of_excellence-joel-osteen.

10 Joel Osteen, Your Best Life Now: 7 Steps to Living at Your Full Potential, Special 10th Anniversary Edition, Faith Words, 2015, pp. 21. 조엘 오스틴 지음, 정성묵 옮김, 『긍정의

힘』, 긍정의힘, 2005.

11   Analysis of General Social Survey data by Ryan P. Burge, Eastern Illinois University, 2021.

12   https://www.reddit.com/r/atheism.

13   https://www.reddit.com/r/Christianity.

14   Clyde Haberman, "Religion and Right-Wing Politics: How Evangelicals Reshaped Elections," *New York Times*, October 28, 2018, https://www.nytimes.com/2018/10/28/us/ religion-politics-evangelicals.html.

15   Randall E. King, "When Worlds Collide: Politics, Religion, and Media at the 1970 East Tennessee Billy Graham Crusade," *Journal of Church and State*, March 22, 1997.

16   Ryan Burge, Twitter, July 14, 2022, https://twitter.com/ryanburge/status/1547611343598981122?s=20&t=fyy7Dl_bcPRDx2HtXVLOaQ.

17   Robert D.Putnam, *Bowling Alone:The Collapse and Revival of American Community*, Simon&Schuster, 2000, pp.66. 로버트 퍼트넘 지음, 정승현 옮김, 『나 홀로 볼링』, 페이퍼로드, 2016.

18   Will Tanner, Fjolla Krasniqi, and James Blagden, *Age of Alienation: The Collapse of Community and Belonging Among Young People, and How We Should Respond*, Onward, 2021, https://www.ukonward.com/wp_content/uploads/2021/09/Age_of_Alienation-Onward.pdf.

19   Derek Thompson, "Workism Is Making Americans Miserable," *The Atlantic*, February 24, 2019, https://www.theatlantic.com/ideas/archive/2019/02/religion-workism-making-americans-miserable/583441.

20   David Foster Wallace, "This Is Water," speech to Kenyon College graduating class, 2005, https://www.youtube.com/watch?v=PhhC_N6Bm_s.

21   Amy Wrzesniewski, Nicholas LoBuglio, Jane Dutton, and Justin Berg, "Job Crafting and Cultivating Positive Meaning and Identity in Work," in *Advances in Positive Organizational Psychology*, ed. A. B. Bakker, Bingley, UK: Emerald Group Publishing Limited, 2013, pp. 281-302.

22   R. M. Ryan and E. L. Deci, "Self-Determination Theory and the Facilitation of Intrinsic Motivation, Social Development, and Well-being," *American Psychologist*, 55, 2000, pp. 68-78.

3장 당신의 사랑스럽고 부당한 노동 – 좋아서 하는 일이라는 착각에 관하여

1   Casey Hamilton, "Work Is for Jerks," TikTok, https://www.tiktok.com/@mrhamilton/

video/6847892192422382853.

2   Paul Vitello, "Richard Bolles Dies at 90; Wrote 'What Color Is Your Parachute?,'" *New York Times*, April 1, 2017, https://www.nytimes.com/2017/04/01/business/richard-bolles-dead-what-color_is_your-parachute.html.

3   Richard N. Bolles, *What Color Is Your Parachute? 2020: A Practical Manual for Job-unters and Career-Changers*, Ten Speed Press, 2019, pp. 267.

4   Cal Newport, *So Good They Can't Ignore You: Why Skills Trump Passion in the Quest for Work You Love*, Business Plus, 2012. 칼 뉴포트 지음, 김준수 옮김, 『열정의 배신』, 부키, 2019.

5   Google Books Ngram Viewer, "dream job," https://books.google.com/ngrams/graph?content=dream+job&year_start=1920&year_end=2019&corpus=26&smoothing=3.

6   Derek Thompson, "Workism Is Making Americans Miserable," *The Atlantic*, February 24, 2019, https://www.theatlantic.com/ideas/archive/2019/02/religion-workism-making-americans-miserable/583441.

7   Steve Jobs, commencement address, Stanford University, June 12, 2005, https://news.stanford.edu/2005/06/14/jobs-061505.

8   Adam J. Kurtz, Work/Life Balance Print, https://adamjk.com/products/do-what-you-love-print.

9   *The Library Quarterly: Information, Community, Policy*, 1(1), University of Chicago Press, January, 2001, pp. 1-27.

10 U.S. Bureau of Labor Statistics, Occupational Outlook Handbook, 2021, https://www.bls.gov/ooh/education-training-and-library/librarians.htm.

11 AFL-CIO Department for Professional Employees, "Library Professionals: Facts & Figures, 2021 Fact Sheet," https://www.dpeaflcio.org/factsheets/library-professionals-facts-and-figures.

12 Google Books Ngram Viewer, "meaningful work," https://books.google.com/ngrams/graph?content=meaningful+work&year_start=1800&year_end=2019&corpus=26&smoothing=3&direct_url=t1%3B%2Cmeaningful%20work%3B%2Cc0#; expansion of graph from Jamie K. McCallum, *Worked Over: How Round-the-Clock Work Is Killing the American Dream*, Basic Books, 2020.

13 "Wage Chronology: Ford Motor Company, June 1941 to September 1973," *Bulletin of the United States Bureau of Labor Statistics*, No. 1787, 1973, https://fraser.stlouisfed.org/title/wage-chronology-ford-motor-company-june-1941-september-1973-4882/wage-chronology-ford-motor-company-june-1941-september-1973-499659/fulltext.

14 DeSilver, "For Most U.S. Workers, Real Wages Have Barely Budged in Decades," Pew Research Center, August 7, 2018, https://www.pewresearch.org/fact-tank /2018/08/07/for-most-us-workers-real-wages-have-barely-budged-for-decades.

15 "America's Changing Work Ethic," CQ Researcher, December 14, 1979, https:// library.cqpress.com/cqresearcher/document.php?id=cqresrre1979121400.

16 Robin Kaiser-Schatzlein, "Why Your Boss Wants You to Love Your Job," *The Nation*, September 9, 2020, https://www.thenation.com/article/culture/jamie-mccallum-worked-over-review.

17 Shawn Achor, Andrew Reece, Gabriella Rosen Fischerman, and Alexi Robichaux, "9 Out of 10 People Are Willing to Earn Less Money to Do More-meaningful Work," *Harvard Business Review*, November 6, 2018, https://hbr.org/2018/11/9-out-of-10-people-are-willing-to-earn-less-money-to-do-more-meaningful-work.

18 Sarah Jaffe, *Work Won't Love You Back: How Devotion to Our Jobs Keeps Us Exploited, Exhausted, and Alone*, Hurst, 2021, pp. 2.

19 Fobazi Ettarh, "Vocational Awe and Librarianship: The Lies We Tell Ourselves," *In the Library with the Lead Pipe*, January 10, 2018, https://www.inthelibrarywiththeleadpipe.org/2018/vocational-awe.

20 "Zookeeper Salary in the United States," Indeed, https://www.indeed.com/career/ zookeeper/salaries.

21 J. S. Bunderson and J. A. Thompson, "The Call of the Wild: Zookeepers, Callings, and the Double-Edged Sword of Deeply Meaningful Work," *Administrative Science Quarterly*, 54(1), 2009, pp. 32–57.

22 Anne Helen Petersen, Can't Even: How Millennials Became the Burnout Generation, Mariner Books, 2021, pp. 68. 앤 헬렌 피터슨 지음, 박다솜 옮김, 『요즘 애들』, 알에이치코리아, 2021.

23 Jill Lepore, "What's Wrong with the Way We Work," *New Yorker*, January 18, 2021, https://www.newyorker.com/magazine/2021/01/18/whats-wrong-with-the-way-we-work.

24 Rachel Abrams, "On Wall Street, a Generation Gap on Work-Life Issues," *New York Times*, January 15, 2014, https://archive.nytimes.com/dealbook.nytimes. com/2014/01/15/wall-street-work-habits-show-generation-gap.

25 "Median Earnings for Women in 2021 Were 83.1 Percent of the Median for Men," TED: The Economics Daily, U.S. Bureau of Labor Statistics, January 24, 2022, https://www.bls.gov /opub/ted/2022/median-earnings-for-women-in-2021-were-83-1-percent-of-the-median-for-men.htm.

26 Brandie Temple and Jasmine Tucker, "Workplace Justice: Equal Pay for Black

Women," National Women's Law Center Fact Sheet, July 2017, https://nwlc.org/wp-content/uploads/2017/07/Equal-Pay-for-Black-Women.pdf.

27 Anne Helen Petersen, Can't Even: How Millennials Became the Burnout Generation, Mariner Books, 2021, pp.69. 앤 헬렌 피터슨 지음, 박다솜 옮김, 『요즘 애들』, 알에이치코리아, 2021.

28 Amy Dieg, Twitter, March 18, 2020, https://twitter.com/amydieg/status/1240410269970563072.

29 Ashley Balcerzak, "NJ Corona\-virus: Murphy Closes Nonessential Retail Businesses, Tells Residents to Stay Home," NorthJersey.com, March 21, 2020, https://www.northjersey.com/story/news/coronavirus/2020/03/21/coronavirus-nj-shutdown-murphy-closes-nonessential-businesses/2884153001.

4장 일에 일상을 바치는 사람들 – 나의 가치가 실적으로 결정된다는 착각에 관하여

1 "7 Questions 75 Artists 1 Very Bad Year," *New York Times*, March 10, 2021, https://www.nytimes.com /interactive/2021/03/10/arts/artists-coronavirus-lockdown.html.

2 Matthew Yi, "Young Berkeley Journalists Broke Landlord Story Early," SFGate, January 21, 2000, https://www.sfgate.com/news/article/Young-Berkeley-journalists-broke-landlord-story-3270219.php.

3 *Longform* podcast #302: Megan Greenwell, 1:06, https://longform.org/player/longform-podcast-302-megan-greenwell.

4 *Longform* podcast #302: Megan Greenwell.

5 Laura Wagner, "This Is How Things Work Now at G/ O Media," *Deadspin*, August 2, 2019, https://deadspin.com/this-is-how-things-work-now-at-g-o-media-1836908201.

6 Megan Greenwell, "The Adults in the Room," *Deadspin*, August 23, 2019, https://deadspin.com/the-adults-in-the-room-1837487584.

7 Erik H. Erikson, Childhood and Society, W. W. Norton and Company, 1993 [1950], pp. 42. 에릭 에릭슨 지음, 송제훈 옮김, 『유년기와 사회』, 연암서가, 2014.

8 Arthur C. Brooks, "Why So Many People Are Unhappy in Retirement," *The Atlantic*, May 7, 2020, https://www.theatlantic.com/family/archive/2020/05/what-the-heros-journey-teaches-about-happy-retirement/611194.

9 Karl Marx, "Estranged Labour," *in Economic and Philosophical Manuscripts of 1844*, https://www.marxists.org/archive/marx/works/1844/manuscripts/labour.htm.

10 Vivek Murthy, "Work and the Loneliness Epidemic," *Harvard Business Review*, September 26, 2017, https://hbr.org/2017/09/ work-and-the-loneliness-epidemic.

11 Irina V. Popova-Nowak, "Work Identity and Work Engagement," working paper,

George Washington University, 2010, https://www.ufhrd.co.uk/wordpress/wp-content/uploads/2010/08/9_5.pdf.

12 "Optimizing Space Itself with WeWork's Adam Neumann, Disrupt NY 2017," YouTube, https://www.youtube.com/watch?v=-EKOV71m-PY.

13 Abraham Joshua Heschel, The Sabbath, FSG Classics, 2005, pp. xiii. 아브라함 헤셸 지음, 김순현 옮김, 『안식』, 복있는사람, 2007.

14 *Alcoholics Anonymous: The Story of How Many Thousands of Men and Women Have Recovered from Alcoholism*, 3rd rev. edition, Alcoholics Anonymous World Services, Inc., 1976.

5장 우리는 한 가족일 수 없다 - 친밀할수록 좋은 직장이라는 착각에 관하여

1 "Weekly Labor Quote-Thomas Donahue," NC State AFL-CIO, April 17, 2008, https://aflcionc.org/quote-donahue-thomas.

2 Stuart Dredge, "Kickstarter on Public Good over Private Riches: 'Don't Sell Out Your Values,'" *Guardian*, November 3, 2015, https://www.theguardian.com/technology/2015/nov/03/kickstarter-chooses-public-good-over-private-riches.

3 Yancey Strickler, Perry Chen, and Charles Adler, "Kickstarter Is Now a Benefit Corporation," *The Kickstarter Blog*, September 21, 2015, https://www.kickstarter.com/blog/kickstarter-is-now-a-benefit-corporation.

4 ustwo cultural manifesto, https://assets.ctfassets.net/gw5wr8vzz44g/55QKJCqQTuqgWc4ocuIYmC/077ef0db4e38ca19651ae26264f041ea/ustwo-manifesto.pdf.

5 Jody Kohner, "The Real Meaning Behind 'Salesforce Community,'" *The 360 Blog*, February 6, 2017, https://www.salesforce.com/blog/what-is-salesforce-ohana.

6 Tom Rath and Jim Harter, "Your Friends and Your Social Well-Being," *Gallup Business Journal*, August 19, 2010, https://news.gallup.com/businessjournal/127043/friends-social-wellbeing.aspx.

7 Emma Seppälä and Marissa King, "Having Work Friends Can Be Tricky but It's Worth It," *Harvard Business Review*, August 8, 2017, https://hbr.org/2017/08/having-work-friends-can-be-tricky-but-its-worth-it.

8 Gabriella Rosen Kellerman and Andrew Reece, "The Value of Belonging at Work: Investing in Workplace Inclusion," BetterUp, https://grow.betterup.com/resources/the-value-of-belonging-at-work-the-business-case-for-investing-in-workplace-inclusion-event.

9 Julianna Pillemer, and Nancy P. Rothbard, "Friends without Benefits: Understanding

the Dark Sides of Workplace Friendship," *The Academy of Management Review*, 43(4), February, 2018.

10 Saera R. Khan and Lauren C. Howe, "Concern for the Transgressor's Consequences: An Explanation for Why Wrongdoing Remains Unreported," *Journal of Business Ethics*, 173, 2021, pp. 325–344.

11 Davey Alba, "In the Beginning Was the Founder," *BuzzFeed News*, April 17, 2018, https://www.buzzfeednews.com/article/daveyalba/kickstarter-perry-chen-founder-worship-turmoil.

12 *Always Punch Nazis*, Kickstarter, https://www.kickstarter.com/projects/pilotstudios/always-punch-nazis.

13 Charlie Nash, "Kickstarter Ignores Terms of Service with 'Always Punch Nazis' Project," *Breitbart*, August 10, 2018, https://www.breitbart.com/tech/2018/08/10/kickstarter-ignores-terms-of-service-with-always-punch-nazis-project.

14 "Kickstarter Union Oral History, Chapter 2: Catalyst," Engelberg Center, NYU Law, https://eclive.engelberg.center/episodes/chapter-2-catalyst.

15 "Kickstarter Union Oral History, Chapter 2: Catalyst," Engelberg Center, NYU Law, https://eclive.engelberg.center/episodes/chapter-2-catalyst.

16 "Union Members Summary," U.S. Bureau of Labor Statistics Economic News Release, January 20, 2022, https://www.bls.gov/news.release/union2.nr0.htm.

17 "Kickstarter Union Oral History, Chapter 3: Solidarity," Engelberg Center, NYU Law, https://eclive.engelberg.center/episodes/chapter-3-solidarity.

18 Bryce Covert, "How Kickstarter Employees Formed a Union," *Wired*, May 27, 2020, https://www.wired.com/story/how-kickstarter-employees-formed-union.

19 Bryan Menegus, "Leaked Memo Shows Kickstarter Senior Staffers Are Pushing Back Against Colleagues' Union Efforts," *Gizmodo*, March 21, 2019, https://gizmodo.com/leaked-memo-shows-kickstarter-senior-staffers-are-pushi-1833470597.

20 Bijan Stephen, "Kickstarter Will Not Voluntarily Recognize Its Employee Union," *The Verge*, May 15, 2019, https://www.theverge.com/2019/5/15/18627052/kickstarter-union-nlrb-election.

21 Clarissa Redwine, Twitter, September 12, 2019, https://twitter.com/clarissaredwine/status/1172167251623124997.

22 OPEIU Webmaster, "Kickstarter United Wins Historic First Contract," Office&Professional Employees International Union(OPEIU), June 17, 2022, https://www.opeiu.org/Home/NewsandMedia/TabId/2838/ArtMID/4815/ArticleID/2670/Kickstarter-United-Wins-Historic-First-Contract.aspx.

6장 불이 꺼지지 않는 사무실 – 오래 일하는 만큼 일을 잘하게 된다는 착각에 관하여

1 Charles Yu, *How to Live Safely in a Science Fictional Universe*, Pantheon, 2010, pp. 18. 찰스 유 지음, 조호근 옮김, 『SF 세계에서 안전하게 살아가는 방법』, 시공사, 2011.

2 Alan W. Ewert and Jim Sibthorp, *Outdoor Adventure Education: Foundations, Theory, and Research*, Human Kinetics, 2014, pp. 21.

3 Richard Kraus, *Recreation&Leisure in Modern Society*, Jones and Bartlett, 1998, pp. 38.

4 Gene Bammel and Lei Lane Burrus-Bammel, *Leisure and Human Behavior*, William C. Brown, 1992.

5 "Hours Worked," OECD Data, 2021, https://data.oecd.org/emp/hours-worked.htm.

6 Charlie Giattino, Esteban Ortiz-Ospina, and Max Roser, "Working Hours," revised 2020, Our World in Data, https://ourworldindata.org/working-ours.

7 Derek Thompson, "The Free-Time Paradox in America," *The Atlantic*, September 13, 2016, https://www.theatlantic.com/business/archive/2016/09/the-free-time-paradox-in-america/499826.

8 Ellen Scott, "People Are Not Pleased with Fiverr's Deeply Depressing Advert," Metro 50, March 10, 2017, https://metro.co.uk/2017/03/10/people-are-not-pleased-with-fiverrs-deeply-depressing-advert-6500359.

9 Valerie Wilson and Janelle Jones, "Working Harder or Finding It Harder to Work," Economic Policy Institute, February 22, 2018, https://www.epi.org/publication/trends-in-work-hours-and-labor-market-disconnection.

10 "Gig Economy 2021," PwC Legal, 2021, https://www.pwclegal.be/en/FY21/gig-economy-report-v3-2021.pdf.

11 James R. Wright, Jr., and Norman S. Schachar, "Necessity Is the Mother of Invention: William Stewart Halsted's Addiction and Its Influence on the Development of Residency Training in North America," *Canadian Journal of Surgery*, 63(1), February, 2020, pp. E13–18, https://www.ncbi.nlm.nih.gov/pmc/articles/PMC7828946.

12 Jill Lepore, "Not So Fast: Scientific Management Started as a Way to Work. How Did It Become a Way of Life?," *New Yorker*, October 12, 2009, https://www.newyorker.com/magazine/2009/10/12/ not-so-fast.

13 Bruno Dubuc, "The Organization of Manual Labour," *The Brain from Top to Bottom*, n.d., https://thebrain.mcgill.ca/flash/i/i_06/i_06_s/i_06_s_mou/i_06_s_mou.html.

14 Jodi Kantor and Arya Sundaram, "The Rise of the Worker Productivity Score," *New York Times*, August 14, 2022, https://www.nytimes.com/interactive/2022/08/14/

business/worker-productivity-tracking.html.

15 Jodi Kantor and Arya Sundaram, "The Rise of the Worker Productivity Score," *New York Times*, August 14, 2022, https://www.nytimes.com/interactive/2022/08/14/business/worker-productivity-tracking.html.

16 Rebecca J. Compton, Dylan Gearinger, and Hannah Wild, "The Wandering Mind Oscillates: EEG Alpha Power Is Enhanced during Moments of Mind-Wandering," *Cognitive, Affective, & Behavioral Neuroscience*, 19, 2019, pp. 1184– 1191, https://link.springer.com/article/10.3758/s13415-19-0745-9.

17 Ruth Ann Atchley, David L. Strayer, and Paul Atchley, "Creativity in the Wild: Improving Creative Reasoning Through Immersion in Natural Settings," *PLoS One*, 7(12), 2012, e51474, https://journals.plos.org/plosone/article?id=10.1371/journal.pone.0051474.

18 Elsie Chen, "These Chinese Millennials Are 'Chilling,' and Beijing Isn't Happy," *New York Times,* July 3, 2021, https://www.nytimes.com/2021/07/03/world/asia/china-slackers-tangping.html.

19 John Pencavel, "The Productivity of Working Hours," *The Economic Journal*, 125, no. 589, 2015, pp. 2052–2076, http://www.jstor.org/stable/24738007.

20 Gudmundur D. Haraldsson and Jack Kellam, "Going Public: Iceland's Journey to a Shorter Working Week," Autonomy, July 4, 2021, https://autonomy.work/portfolio/icelandsww.

21 Gudmundur D. Haraldsson and Jack Kellam, "Going Public: Iceland's Journey to a Shorter Working Week," Autonomy, July 4, 2021, https://autonomy.work/portfolio/icelandsww.

7장 편리함에는 대가가 따른다 – 사내 복지는 무조건 좋다는 착각에 관하여

1 Rob Harris, *London's Global Office Economy: From Clerical Factory to Digital Hub*, CRC Press, 2021, pp. 278.

2 Neil Postman, *Amusing Ourselves to Death: Public Discourse in the Age of Show Business*, Penguin Books, 2005, pp. xix. 닐 포스트먼 지음, 홍윤선 옮김, 『죽도록 즐기기』, 굿인포메이션, 2009.

3 Nikil Saval, *Cubed: The Secret History of the Workplace,* Anchor Books, 2014, pp. 68. 니킬 서발 지음, 김승진 옮김, 『큐브, 칸막이 사무실의 은밀한 역사』, 이마, 2015.

4 Karen Ho, *Liquidated: An Ethnography of Wall Street,* Duke University Press, 2009, pp. 90. 캐런 호 지음, 유강은 옮김, 『호모 인베스투스』, 이매진, 2013.

5 Cal Newport, *A World without Email: Reimagining Work in an Age of Communication Overload,* Portfolio, 2021, pp. 12. 칼 뉴포트 지음, 김태훈 옮김,『하이브 마인드: 이메일에 갇힌 세상』, 세종서적, 2021.

6 "Integrators and Segmentors: Managing Remote Workers," Knowledge at Wharton, August 31, 2020, https://knowledge.wharton.upenn.edu/article/integrators-segmentors-managing-remote-workers.

7 Adam Grant, "When Work Takes Over Your Life," *WorkLife with Adam Grant*, TED podcast, https://www.ted.com/ talks/worklife_with_adam_grant_when_work_takes_over_your_life.

8 "The Art of Not Buying Things," *Thoughts from Inside the Box*, July 9, 2016, https://frominsidethebox.com/post/the-art-of-not-buying-things/5718532058775552.

9 "Striking a Balance," Thoughts from Inside the Box, October 3, 2015, https://frominsidethebox.com/view?key=5768755258851328.

10 Evan DeFilippis, Stephen Michael Impink, Madison Singell, Jeffrey T. Polzer, and Raffaella Sa\-dun, "Collaborating during Coronavirus: The Impact of COVID-19 on the Nature of Work," National Bureau of Economic Research, Working Paper 27612, July 2020, https://www.nber.org/system/files/working_papers/w27612/w27612.pdf.

11 Claire Cain Miller, "Do Chance Meetings at the Office Boost Innovation? There's No Evidence of It," *New York Times*, June 23, 2021, https://www.nytimes.com/2021/06/23/upshot/remote-work-innovation-office.html.

12 Ethan S. Bernstein and Stephen Turban, "The Impact of the 'Open' Workspace on Human Collaboration," *Philosophical Transactions of the Royal Society B*, July 2, 2018, https://royalsocietypublishing.org/doi/10.1098/rstb.2017.0239.

13 Anne Helen Petersen, Can't Even: How Millennials Became the Burnout Generation, Houghton Mifflin Harcourt, 2020, pp. 129. 앤 헬렌 피터슨 지음, 박다솜 옮김,『요즘 애들』, 알에이치코리아, 2021.

14 "A Fighter Jet and Friends in Congress: How Google Got Access to a NASA Airfield," Tech Transparency Project, September 9, 2020, https://www.techtransparencyproject.org/articles/fighter-jet-and-friends-congress-how-google-got-access-nasa-airfield.

8장 일의 게임에서 얻어야 할 보상 – 위로 올라가야만 성공이라는 착각에 관하여

1 Warren Buffett, Terry Leadership Speaker Series, Terry College of Business at the University of Georgia, July 18, 2001, YouTube, https://www.youtube.com/watch?v=2a9Lx9J8uSs.

2   "Success Index," Populace/Gallup, 2019, https://static1.squarespace.com/
    static/59153bc0e6f2e109b2a85cbc/t/5d939cc86670c5214abe4b50/15699552514
    57/Populace+Success+Index.pdf.

3   David Brooks, "The Moral Bucket List," *New York Times*, April 11, 2015, https://
    www.nytimes.com/2015/04/12/opinion/sunday/david-brooks-the-moral-bucket-list.
    html.

4   Paola Zaninotto, et al., "Socioeconomic Inequalities in Disability-free Life
    Expectancy in Older People from England and the United States: A Cross-
    national Population-Based Study," *The Journals of Gerontology, Series A*,
    75(5), May, 2020, pp. 906-913, https://academic.oup.com/biomedgerontology/
    article/75/5/906/5698372.

5   Loretta Graziano Breuning, *Status Games: Why We Play and How to Stop*,
    Rowman&Littlefield, 2021, pp. ix.

6   C. Thi Nguyen, "Gamification and Value Capture," chap. 9 of *Games:
    Agency as Art*, Oxford Academic, 2020, online ed., https://doi.org/10.1093/
    oso/9780190052089.003.0009.

7   Wendy Nelson Espeland and Michael Sauder, *Engines of Anxiety: Academic
    Rankings, Reputation, and Accountability*, Russell Sage Foundation, 2016.

8   Mark R. Lepper, David Greene, and Richard E. Nisbett, "Undermining Children's
    Intrinsic Interest with Extrinsic Reward: A Test of the 'Overjustification'
    Hypothesis," *Journal of Personality and Social Psychology*, 28(1), 1973, pp. 129-
    137, https://psycnet.apa.org/record/1974-10497-001.

9   Daniel H. Pink, *Drive: The Surprising Truth about What Motivates Us*, Riverhead
    Books, 2011, pp. 36. 다니엘 핑크 지음, 김주환 옮김, 『드라이브』, 청림출판, 2011.

10 Grant Edward Donnelly, Tianyi Zheng, Emily Haisley, and Michael I. Norton, "The
    Amount and Source of Millionaires' Wealth (Moderately) Predicts Their Happiness,"
    Personality and Social Psychology Bulletin, 44(5), May, 2018, pp. 684–699, https://
    www.hbs.edu/faculty/Pages/item.aspx?num=53540.

11 Zach Lowe, "Why the Collapse of the Warriors Feels So Abrupt," ESPN.com, July
    2, 2019, https://www.espn.com/nba/story/_/id/27100698/why-collapse-warriors-
    feels-abrupt.

12 Karen Crouse, "Seeking Answers, Michael Phelps Finds Himself," *New York Times*,
    June 24, 2016, https://www.nytimes.com/2016/06/26/sports/olympics/michael-
    phelps-swimming-rehab.html.

13 C. Thi Nguyen, "Gamification and Value Capture," chap. 9 of *Games:
    Agency as Art*, Oxford Academic, 2020, online ed., https://doi.org/10.1093/

oso/9780190052089.003.0009.

14 "Supercharge Your Productivity," *RadReads*, https://radreads.co/courses.

9장 진짜 나를 위해 일한다는 것 – 일과 조금 멀어져도 괜찮다는 진실에 관하여

1 "We Are All Burnt Out," *The Cut Podcast*, September 1, 2021, https://www.thecut. com/2021/09/the-cut-pod cast-we-are-all-burned-out.html.

2 James Clear, *Atomic Habits: Tiny Changes, Remarkable Results: An Easy & Proven Way to Build Good Habits & Break Bad Ones,* Avery, 2018, pp. 33. 제임스 클리어 지음, 이한이 옮김, 『아주 작은 습관의 힘』, 비즈니스북스, 2019.

3 Anne Helen Petersen, "Just Because Your Early Career Was Hell Doesn't Mean Others' Has to Be," *Culture Study*, June 1, 2021, https://annehelen.substack.com/p/ just-because-your-early-career-was.

4 Luc Pansu, "Evaluation of 'Right to Disconnect' Legislation and Its Impact on Employee's Productivity," *International Journal of Management and Applied Research*, 5(3), 2018, pp. 99–119, https://www.ijmar.org/v5n3/18-008.html.

5 "Japan Offers Most Paid Leave for Fathers in World, but Few Take It," *Kyodo News*, June 13, 2019, https://english.kyodonews.net/news/2019/06/78563c3875f3-japan-offers-most-paid-leave-for-fathers-in-world-but-few-take-it.html.

6 Dana White, Twitter status, September 6, 2020, https://twitter.com/itsdanawhite/ status/1302708081437089792.

7 Anna Helhoski, "How Many Americans Have Student Loan Debt?," NerdWallet, May 20, 2021, https://www.nerdwallet.com/article/loans/student-loans/how-many-americans-have-student-loan-debt.

8 Chuck Marr, Chye-Ching Huang, Arloc Sherman, and Brandon Debot, "EITC and Child Tax Credit Promote Work, Reduce Poverty, and Support Children's Development, Research Finds," Center on Budget and Policy Priorities, October 1, 2015, https://www.cbpp.org/research/federal-tax/eitc-and-child-tax-credit-promote-work-reduce-poverty-and-support-childrens.

9 Emma Wager, Jared Ortaliza, and Cynthia Cox, "How Does Health Spending in the U.S. Compare to Other Countries?," Peterson-FF Health System Tracker, January 21, 2022, https://www.healthsystemtracker.org/chart-collection/health-spending-u-s-compare-countries-2.

10 https://www.stocktondemonstration.org.

11 "Participant Story: Zohna," https://www.stocktondemonstration.org/participant-tories/zohna.

12 https://www.stocktondemonstration.org.

13 Kim Parker and Juliana Menasce Horowitz, "Majority of Workers Who Quit a Job in 2021 Cite Low Pay, No Opportunities for Advancement, Feeling Disrespected," Pew Research Center, March 9, 2022, https://www.pewresearch.org/fact-tank/2022/03/09/majority-of-workers-who-quit-a-job-in-2021-cite-low-pay-no-opportunities-for-advancement-feeling-disrespected.

14 Lucia Mutikani, "U.S. Labor Market Very Tight, Job Openings Near Record High in January," Reuters, March 9, 2022, https://www.reuters.com/world/us/us-job-openings-slip-january-still-close-record-highs-2022-03-09.

15 Andrea Petersen, "Metaphor of Corporate Display: 'You Work, and Then You Die,'" *Wall Street Journal*, November 8, 1996, https://www.wsj.com/articles/SB847408435479148500.

16 "SHRM Survey: Nearly Half of U.S. Workers Feel Mentally, Physically Exhausted by End of Workday," press release, SHRM, May 4, 2021, https://www.shrm.org/about-shrm/press-room/press-releases/pages/nearly-half-of-us-workers-feel-mentally-physically-exhausted-by-end-of-workday.aspx.

17 Jim Harter, "U.S. Employee Engagement Data Hold Steady in First Half of 2021," Gallup Workplace, July 29, 2021, https://www.gallup.com/workplace/352949/employee-engagement-holds-steady-first-half-2021.aspx.

18 Aaron De Smet, Bonnie Dowling, Bryan Hancock, and Bill Schaninger, "The Great Attrition Is Making Hiring Harder. Are You Searching the Right Talent Pools?," *McKinsey Quarterly*, July 13, 2022, https://www.mckinsey.com/business-unctions/people-and-organizational-performance/our-insights/the-great-attrition-is-making-hiring-harder-are-you-searching-the-right-talent-pools.

19 Mutikani, "U.S. Labor Market Very Tight, Job Openings Near Record High in January."

20 Eric Garton, "Employee Burnout Is a Problem with the Company, Not the Person," *Harvard Business Review*, April 6, 2017, https://hbr.org/2017/04/employee-burnout-is-a-problemwith-the-company-not-the-person.

21 Cameron Albert-Deitch, "Hard Lessons and Simple Routines Helped These Founders Beat the Stress of 2020," *Inc.*, November 2020, https://www.inc.com/magazine/202011/cameron-albert-deitch/front-mathilde-collin-laurent-perrin-cancer-depression-crisis.html.

22 Mathilde Collin, "How I Took a Week Off Work and Completely Disconnected," *Front Page*, May 6, 2022, https://front.com/blog/how-i-took-a-week-off-work-and-completely-disconnected.

23 Chris Kolmar, "50+ Telling Paid Time Off (PTO) Statistics [2022]: Average PTO in the United States," *Zippia*, August 18, 2022, https://www.zippia.com/advice/pto-statistics/#:~:text=After%20extensive%20research%2C%20our%20data,days%20of%20PTO%20in%202018.

24 Toni Morrison, "The Work You Do, the Person You Are," *New Yorker*, May 29, 2017, https://www.newyorker.com/magazine/2017/06/05/the-work-you-do-the-person-you-are.

25 Kurt Vonnegut, Jr., "Joe Heller" (poem), *New Yorker*, May 16, 2005.

26 Toni Morrison, "The Work You Do, the Person You Are," *New Yorker*, May 29, 2017, https://www.newyorker.com/magazine/2017/06/05/the-work-you-do-the-person-you-are.

나오며 | 일을 위한 삶과 삶을 위한 일

1 William Deresiewicz, "Solitude and Leadership," *The American Scholar*, March 1, 2010, https://theamericanscholar.org/solitude-and-leadership.

2 William Deresiewicz, *Excellent Sheep: The Miseducation of the American Elite and the Way to a Meaningful Life*, Free Press, 2014, pp. 3. 윌리엄 데레저위츠 지음, 김선희 옮김, 『공부의 배신』, 다른, 2015.

옮긴이 노태복

한양대학교 전자공학과를 졸업했다. 환경과 생명운동 관련 시민 단체에서 해외교류 업무를 하던 중 번역의 길로 들어섰다. 과학과 인문의 경계에서 즐겁게 노니는 책들 그리고 생태적 감수성을 일깨우는 책들에 관심이 많다. 옮긴 책으로『꿀벌 없는 세상, 결실 없는 가을』, 『생태학 개념어 사전』, 『생각하는 기계』, 『진화의 무지개』, 『19번째 아내』, 『우주, 진화하는 미술관』, 『우리는 미래에 조금 먼저 도착했습니다』, 『수학의 쓸모』, 『아인슈타인이 괴델과 함께 걸을 때』등이 있다.

워킹 데드 해방일지

초판 1쇄 발행 2023년 9월 20일

지은이 시몬 스톨조프
옮긴이 노태복

발행인 이재진 **단행본사업본부장** 신동해
편집장 김경림 **책임편집** 김윤하
디자인 김은정 **마케팅** 최혜진 신예은 **홍보** 반여진 허지호 정지연
국제업무 김은정 김지민 **제작** 정석훈

브랜드 웅진지식하우스 **주소** 경기도 파주시 회동길 20
문의전화 031-956-7366(편집) 031-956-7087(마케팅)
홈페이지 www.wjbooks.co.kr
인스타그램 www.instagram.com/woongjin_readers
페이스북 www.facebook.com/woongjinreaders
블로그 blog.naver.com/wj_booking

발행처 ㈜웅진씽크빅
출판신고 1980년 3월 29일 제406-2007-000046호

한국어판 출판권 ⓒ웅진씽크빅, 2023
ISBN 978-89-01-27539-0 (03190)

• 웅진지식하우스는 ㈜웅진씽크빅 단행본사업본부의 브랜드입니다.
• 책값은 뒤표지에 있습니다.
• 잘못된 책은 구입하신 곳에서 바꾸어 드립니다.